国家图书馆善本掌故丛书

敦煌·西域 民语·外文 善本掌故

陈红彦　主编

上海遠東出版社

图书在版编目（CIP）数据

敦煌·西域·民语·外文善本掌故 / 陈红彦主编.
-- 上海 : 上海远东出版社, 2016
（国家图书馆善本掌故丛书）
ISBN 978-7-5476-1211-8

Ⅰ. ①敦… Ⅱ. ①陈… Ⅲ. ①古籍－善本－中国
Ⅳ. ①G256.22

中国版本图书馆CIP数据核字(2016)第264796号

敦煌·西域·民语·外文善本掌故
国家图书馆善本掌故
陈红彦　主编
责任编辑：徐忠良　张　姣　　整体设计：品悦文化

出版：上海世纪出版股份有限公司远东出版社
地址：上海市徐汇区钦州南路81号
邮编：200235
网址：www.ydbook.com
发行：新华书店　上海远东出版社
　　　上海世纪出版股份公司发行中心
制版：杭州品悦文化艺术策划有限公司
印刷：浙江新华印刷技术有限公司
装订：浙江新华印刷技术有限公司

开本：787 × 1092　1/16　印张：21.5　字数：430千字
2017年1月第1版　2017年1月第1次印刷

ISBN 978-7-5476-1211-8/ G · 772
定价：128.00元

主　编

陈红彦

副主编

萨仁高娃　谢冬荣

编　委

李文洁　白鸿叶　卢芳玉　赵爱学　全桂花　孙　俊　黄　霞

本册执行主编

萨仁高娃

本册撰稿人

（按姓氏拼音排序）

常荩心　姑丽尼格尔·艾斯卡尔　韩金彪　黄　霞　李际宁　李金花

李文洁　李燕晖　林世田　刘　波　马　琳　彭福英　彭文芳

全桂花　萨仁高娃　王建海　王姿怡　翁莹芳　徐亚娟　张志清

赵大莹　朱　玲　朱默迪　朱志美

从甲骨到名家手稿
——一场穿越千年的对话

陈红彦

中国，一个有着五千年历史的文明古国，在长期的生产与社会实践中，中华民族的祖先创造了光辉灿烂的文化，这些丰富的文化遗产不仅滋养着一代代的中华儿女，而且对全世界文明发展也有过积极、重要的影响。

在丰富多彩的文化遗产中，书籍文化无疑是其中最辉煌的一部分。

中国是善于运用典籍记述历史的国度，在造纸技术出现以前，古代中国人曾使用龟甲、兽骨、青铜、石料、竹木、砖瓦、缣帛等材料镌刻、铸造或书写文字，记录历史。造纸技术的发明、应用、推广，与被称为“文明之母”的印刷术更是传播了中华文化，并对世界文明的发展作出了最重要和最基本的贡献。

中华文明的传承是以世代积累的方式逐渐推进的，中华典籍厚载中国古代先哲的原创性智慧成果，虽说历史上屡遭政治动荡、兵燹水火之厄，但藏书、读书、爱书、护书的优良传统，使得迄今遗存下来的古代典籍，仍可谓浩如烟海。

海内庋藏中文图籍之富且珍者，首推中国国家图书馆。作为中国国家总书库，国家图书馆建馆106年来，皇家秘籍、民间珍藏、流沙劫余、考古出土，直至当代出版的书籍报刊，各类文献如涓流百川之汇大海，逐步形成了3200万余册馆藏的洋洋巨观。其中中外古籍善本和金石拓片、中外舆图、少数民族文献等特藏以其经典、宏富的面貌折射出华夏五千年文明的轨迹，映射出东西交融的历史，无疑代表着中国国家图书馆藏书的精华。

中国国家图书馆特藏古籍约300万册件，以甲骨、金石拓片、敦煌遗书、善本、普通古籍、名家手稿、革命文献、古旧舆图、少数民族文字古籍、西域文献、老照片、年画、外文善本等门类共同组成。这些珍贵的典籍一方面承袭南宋以来皇家珍藏，与南宋缉熙殿、元翰林国史院、明文渊阁、清翰林院及内阁大库等一脉相承，益之以新中国成立后中央政府向国家图书馆的多次调拨，成为国家图书馆藏珍贵典籍的基础；一方面来自历代藏家毕生积聚的慷慨捐让，瞿氏铁琴铜剑楼、傅氏双鉴楼、潘氏宝礼堂、周叔弢自庄严堪、常熟翁氏、涵芬楼等明清以来累世宝藏，著名的公私藏书，如百川归海，陆续入藏国家图书馆，形成国家图书馆珍贵典籍的丰富庋藏；再一方面是百年来国图人不遗余力的积极搜求，多方面的努力形成今天国家图书馆典籍的洋洋大观。这些负载着中华文明，凝聚着民族智慧，记录着中外文化历史交融的典籍，积聚在中国国家总书库，以一个不可分割的有机整体的形象，述说着一个个动人的故事，印证着文化作为人类共同语言的生生不息。

国家图书馆古籍馆同仁作为这些珍贵典籍的守护者，了解研究典籍，介绍传播典籍，揭示典籍恒久的魅力，传递典籍背后的故事，成为职业赋予的责任。

经过我们多年积累编辑而成的这套“善本掌故丛书”就是基于这样一个初衷，希望能让更多的同好了解古籍特藏，通过了解，热爱并共同保护传统文化，弘扬古籍中承载的民族精神。

根据古籍馆藏的类型，我们将以善本古籍、金石碑拓、敦煌西域民语外文善本、年画、古旧舆图、样式雷图档、名家手稿暨革命文献等组成善本特藏的一个系列，选取各类藏品中有特色者，以书籍、作者、版本、流传故事为主要内容加以介绍，使典籍从象牙塔走向民间，从深宫地库走向寻常百姓，让典籍里的故事活起来。

“善本”是指具有较高的历史文物性、学术资料性和艺术代表性的古代珍贵书籍。国家图书馆藏善本古籍30万册，继承了南宋以来历代皇家珍藏，以及明清以来众多名家私藏。在善本古籍卷中，作者以通俗的语言讲述司马光《资治通鉴》手稿，我国第一部纪传体通史《史记》的不同版本，堪称谱牒双璧的宋代皇族谱牒——宋内府抄本《仙源类谱》和《宗藩庆系录》，荣登世界记忆遗产的元胡氏古林书堂刻本《黄帝内经素问》，在中国印刷史上堪称里程碑的明万历程氏滋兰堂彩色套印本《程氏墨苑》,明崇祯“饾版”和“拱花”技术印制的《十竹斋画谱》《十竹斋笺谱》。也从宋代四大刻书中心的角度,选取浙刻“无上神品”世彩堂《韩柳集》、蜀刻唐人集零本、建刻绝品黄善夫本《史记》、江西周必大刻本,以及各个时期的写刻精品。其中还有不少是存世孤本。国图引以为豪的四大专藏除“敦煌遗书”另卷介绍外,《赵城金藏》《永乐大典》《四库全书》也在这里做了介绍。

公元前16世纪,黄河中游产生了一个叫“商”的国家,并出现了文字刻在甲骨上的情况,于是有了“甲骨文”。甲骨文不是最早的汉字,但具备了系统、成熟的特性,由此人们有了可以用文字记载的文明。商周时代的青铜铸造技术十分发达,许多传世和出土的青铜器造型生动,气魄宏伟,纹饰精致。古代青铜器上铸刻文字,记载事件,纪念祖先,表彰功德。西汉时期发明了纸。魏晋南北朝时期又发明了早期的文献迁移技术——传拓,这种技术将甲骨、金属、石头上的历史文献转移到纸上,方便流传。镂于金石,书于竹帛,金石文字成为中国书籍史的先河。国家图书馆藏金石文献年代上起殷商,下至当代,地域遍及全国34个省、市、自治区,拥有拓片、实物、书籍、画册15万余种,30万余件。在金石碑拓卷中,我们从馆藏35651片甲骨、约30万件金石拓片中撷取了重要而又颇具特色的藏品,推送给同好。甲骨中有著名的四方风,铜器中有大克鼎全形拓,石刻中则有曾经多少人顶礼膜拜的《曹全碑》《瘗鹤铭》《神策军碑》《绛帖》《道德经》等,还有超大的龙门洞药方，以及出自康熙宫廷画师之手的《百子团圆图》等，精美绝伦，令人叹为观止。

中国古代地图被称为“舆图”，“舆图”是国家疆土的象征，土地主权的凭证，具有神圣地位。周天子分封诸侯并赐封地地图，如有争执，“以图正之”。1977年，在河北平山县三汲村出土了战国时期（前475—前221）的《兆域图》，是中国现存最早的地图。舆图历史源远流长，融科学与艺术为一体，是自然和人文地理现象的图形再现。

国家图书馆藏中文古旧地图8000余种，无论是数量还是质量，均在海内外首屈一指。地理区划古地图、海洋地图、山川园林地图、交通地图、族姓地图应有尽有。地理区划古地图，大至世界地图、国家地图，小至省区、城市地图，反映了古人对所生存的地球、国家疆域的认识和历代区划沿革。一幅7米见方的清康熙绢地彩绘本《福建舆图》，是一件罕见的艺术珍品；《盛朝七省沿海图》等则见证了古人守疆卫土和对海洋的认识；《五台山圣境图》《长江名胜图》浓缩了祖国的大好河山；《自打箭炉至前后藏途程图》再现了古代地域间沟通交往情况。通过书中介绍的这些内涵丰富的各类地图，我们可以了解中国古代舆图的发展进程和中外交流的历史轨迹。

样式雷图档是指清代雷氏家族设计、绘制和写作的建筑图样与文字档册。雷氏家族自清康熙至清末的200余年间，共有7代11人主持皇家各类建筑工程。雷氏家族参与设计的建筑作品被列为世界文化遗产的有故宫、天坛、颐和园、避暑山庄、清东陵、清西陵等。这些建筑的图样成为珍贵的建筑史料。国家图书馆收藏的样式雷图档共计

14936件，涵盖宫殿、坛庙、王公府第、衙署等内城建筑与三山五园等外城园苑建筑，以及陵寝、行宫和庆典点景、室内装饰等设计图样。这些图样和档案，展现了清代建筑工程从设计到施工的全过程以及清代建筑施工技术和管理体制，还反映了建筑设计思想的演变。从样式雷图档卷中介绍的《南海地盘样》《正阳门瓮城内关帝庙修缮做法图》《恭亲王府地盘画样》《东陵地势全图》等图档中，大家可以深入了解这些耳熟能详的名胜建筑背后的故事、中国的建筑思想以及古人天人合一的建筑设计智慧 。

中国年画最早以唐代新年时画“神荼、郁垒”于门户的形式出现，宋明时期逐渐于民间流行并形成规模,年画的题材和种类日臻多样,清代达到鼎盛。年画属民间美术范畴，民众把熟知和喜爱的历史佳话、传奇小说、遗闻轶事和新闻时事以及对生活的美好憧憬，通过年画呈现，创作者多是民间画工与匠人，其流传形式也与春节民俗密切相关。新春佳节前，百姓带着对来年生活的美好憧憬，制作、张贴年画，祈福迎祥。这些题材多样的传统年画，不仅反映了民间的自然崇拜、神灵信仰观念，更随着春节风俗的演变，形成了春节文化中重要的组成部分。现在中国多数地方依然保留着张贴年画的习俗，年画也成为民间美术、俗文化研究的重要对象。年画作为国家图书馆特藏品，藏量已达2万余张，涉及全国各个生产年画的重要地区，如河北武强、浙江地区、江苏扬州、陕西凤翔、山西临汾、山西绛州、北京地区等，更涉及著名的年画生产作坊，如河南朱仙镇、苏州桃花坞、天津杨柳青、山东杨家埠等。善本掌故年画卷中，我们撷取中国不同地域、不同题材各具特点的年画，希望能让更多的人了解年画的文化内涵。

国家图书馆善本特藏中有一类习称“新善本”的革命历史文献，内容系辛亥革命至中华人民共和国建立之前的书刊资料及名人手稿书札。其中已形成规模的有：辛亥革命及五四运动期间的进步书刊；马克思主义经典著作的早期译本；中国共产党成立前后的重要文献；抗日根据地及解放区出版物；国统区刊行的伪装本等，收藏数量达 1.2 万种，18000 余册。

新中国成立初期，首任馆长冯仲云十分重视革命文献征集工作，同时也开始了名人手稿的征集。数十载不间断的索求征集，加之著名人士或出版单位的无私捐赠，国家图书馆手稿专藏中拥有了鲁迅《从百草园到三味书屋》，吴晗名作《朱元璋传》，郭沫若五部历史名剧《屈原》《南冠草》《棠棣之花》《孔雀胆》《筑》，巴金《家》《春》《秋》，老舍《龙须沟》，左联作家柔石、殷夫和冯铿三位烈士的手稿，梁启超《饮冰室文稿》，詹天佑的毕业论文，徐志摩的《爱眉小札》等，加之马克思、恩格斯手稿，斯特朗手稿以及众多名人的日记、信札等，可谓星光灿烂。此次特精选一批红色手稿和革命文献组成一卷，和读者分享这类藏品背后的动人故事。

在这套丛书中，我们把国家图书馆藏的敦煌遗书、西域文献、少数民族文字古籍、外文善本掌故等合为一卷，希望大家从这简要的介绍中了解这些重要馆藏。

敦煌遗书是指 1900 年在甘肃敦煌莫高窟发现的 4—11 世纪多种文字的写本、印本和拓本文献，总数约 6 万件。其中 90% 以上为佛教经典，其余为经、史、子、集四部书籍以及官私文书等文献，被誉为“中国中古时代的百科全书”。国家图书馆藏敦煌遗书有 16579 号，写卷长度居世界各大藏家之首，是世界收藏敦煌遗书最丰富的机构。学术界将敦煌遗书按时代分为魏晋南北朝时期写本、隋唐时期写本、吐蕃统治时期写本、归义军时期写本。馆藏敦煌遗书，涵盖四个阶段，时间跨度极大，内容亦十分丰富。我们着重选取介绍的有历史纪年的最早敦煌遗书——西凉建初十二年（416）写《律藏初分卷第三》；迄今留存为数不多的汉文摩尼教经典——《摩尼教经》，文学作品陆机《辩亡论》的最早版本，卷子上以雌黄涂改痕迹宣示着“信口雌黄”的来历，《博望坊巷女社规约》则记录敦煌地区女性私社的规章制度，侧面反映当地女性的社会地位。

西域文献是 20 世纪初西北考察活动中的又一大发现，具备与敦煌遗书、吐鲁番文书同等重要的学术价值，众多宝贵资料为学术界带来了新的课题与线索。

2005 年以来，中国国家图书馆陆续征集入藏了六批新疆和田等地出土的文献，总计 564 号（有的 1 号内包含多件）。这些文献均产生于 4—10 世纪，相当于中原王朝的两晋至宋初时期，时间跨度很大。 这些文献内容丰富、形态多样。从文种看，有汉文、于阗文、藏文、梵文、粟特文、焉耆 - 龟兹文、波斯文等，有的文献为双语书写，甚至还有多件于阗文 - 汉文对照文书，对西域古语言研究极富参考价值；从内容看，不仅有大量宗教文献，其中主要是佛教文献，也有四部典籍、官文书、书信等世俗文献；从载体形态角度看，包括木简、函牍、纸质文书、绢质文书、桦树皮文书等类型，带有封泥的书信与笔盒独具特色。书中介绍的于阗文陀罗尼咒是极具特色的中古时期文献，细长条卷子上于阗文从左到右自上而下书写，文中题跋表明其为于阗贵妇人所持护身符，卷起后小巧灵便，易随身携带，发挥着保护妇女儿童的功力；汉文《观世音菩萨劝攘灾经》是谶记类伪经，将中原本土的泰山信仰和印度传入的观世音信仰嫁接在一起，反映了古代民间信仰的杂糅混合状态。和田出土汉文《孝经》郑注，充分反映初盛唐时期该文献在西域的广泛流传，对于研究唐代经学史与西域历史文化有较高文献价值。这些文书，带着一份神秘色彩，宛如一扇窗户，让今天的人们可以一窥丝绸之路上古老文明的精彩画卷。

中国国家图书馆收藏的特藏类文献中还有多个民族文种文献，是中华民族文化的缩影。中国境内有民族古文字约 30 种，如佉卢文、粟特文、焉耆 - 龟兹文、古藏文、突厥文、回鹘文、契丹文、西夏文、傣文、东巴文等，都已有上千年的历史，产生了大量历史文献。作为记载和传承民族传统文化的重要载体，民族古籍是各民族历史的真实记录，是中华古代文化遗产宝库中的璀璨瑰宝，具有重要的文物、文献价值。北京版、那塘版和德格版多种版本的藏文《大藏经》，女真文书写上石的金代文献《奥屯良弼饯饮碑》，展现西夏时期皇家宫廷组织翻译佛经盛大画面的《译经图》，仍保留着回鹘式蒙古文部分特征的蒙古文《军律》，察合台文《纳瓦依诗集》，傣文《大藏经》，东巴文《创世经》，满文三十二体篆字《盛京赋》，林林总总。通过这些经典，可领会各民族灿烂厚重的文化积淀、祖国文化宝库的丰富多彩，亦可感受各民族团结融合的和谐氛围。

自意大利耶稣会士利玛窦到中国传教开始，以书籍为媒介的中西典籍与文化交流经历了一个漫长曲折的过程。那些见证中西文化交流的西文善本，以及各学科领域中重要著作的重要版本、重要汉学著作、反映新印刷技术和装帧方式的初版书恰是中国国家图书馆重要馆藏之一。中国国家图书馆藏外文善本特藏，目前已达5万余册，从《安哲罗全集》等早期摇篮本，到1543年巴塞尔初版医学史和自然科学史上具有划时代意义的巨作《论人体构造》，到哥白尼《天球运行论》、德里格音乐手稿、埃德温•丁格尔《辛亥革命目击记》等，许多是知名藏书机构和著名学者的外文专藏、名家手稿及部分近代公牍，特别是马克思、恩格斯的手稿，以及普意雅、穆麟德、郑振铎、袁同礼、梁启超、宋春舫、巴金等近现代名家专藏尤其令人关注。西方汉学典籍中对中国的研究以及文字和图像的记录，为相关专题研究提供了重要资料。

从三千多年前的甲骨，到近现代名家手稿，透过时光久远的各民族各文种的古籍，我们可以看到历史上中华民族的光荣与辉煌，也可以看到历史长河中各民族互相学习、相互融合、共同发展、共同创造的源远流长的中华民族古代文化，更看到同一个地球上不同种族的人们借文化交融带来的全社会的进步发展。海纳百川，有容乃大。博大精深的中华民族文化具有多元性，不同文化的交汇造就了中华民族、中华文化生生不息、绵延不绝的恒久动力，也让中华文明具有更加迷人的魅力。

前　言

萨仁高娃

国家图书馆藏众多古籍珍品中，敦煌遗书、西域文献、少数民族文字古籍、外文善本极具地域文明交流与文化融汇特色。

敦煌遗书是指1900年在甘肃敦煌莫高窟发现的4至11世纪多种文字的写本、印本和拓本文献，总数约6万件。其中90%以上为佛教经典，其余为经、史、子、集四部书籍以及官私文书等文献，被誉为“中国中古时代的百科全书”。

中国国家图书馆藏敦煌遗书主要有三个来源：政府调拨、私家捐赠和本馆采访。1910年京师图书馆（国家图书馆前身）创建之初，在学者们的呼吁下，清政府下令将莫高窟藏经洞劫余遗书悉数运京，成为国家图书馆所藏敦煌遗书的主体。新中国成立后，中央政府将原藏旅顺历史文化博物馆的“大谷收集品”、刘廷琛旧藏等一千多件敦煌遗书调拨国家图书馆。海内外诸多爱国人士，如何遂、顾子刚等，纷纷将自己收藏的敦煌遗书捐赠本馆。几十年来，本馆工作人员努力访求，也进一步丰富了馆藏。今天，本馆收藏的敦煌遗书已达16579号，写卷长度为世界各大藏家之首，是世界上收藏敦煌遗书最丰富的机构。

学术界将敦煌遗书按时代分为魏晋南北朝时期写本、隋唐时期写本、吐蕃统治时期写本、归义军时期写本。馆藏敦煌遗书涵盖四个阶段，时间跨度极大，内容亦十分丰富，佛教、道教、摩尼教、三阶教文献齐全，文学、艺术、医学、教育领域均备。西凉建初十二年（417）十二月二十七日抄写的《律藏初分卷第三》为我馆藏有纪年的最早敦煌遗书；敦煌《摩尼教经》与《摩尼广佛教法仪略》《摩尼教下部赞》是中国迄今留存为数不多的汉文摩尼教经典，故我馆藏本《摩尼教经》甚让法人伯希和懊悔未能携去；《辩亡论》作为文学作品代表，以雌黄涂改痕迹宣示着“信口雌黄”的来历；《贞观姓氏录》则彰显封建社会宗族谱系地位的重要性；《逆刺占》是一种看天象测人世的古代占卜类文献，佚亡已久，赖我馆藏归义军时期写本，可探其究竟；BD14546V具有壁画榜题抄本与底稿双重性质；科举考试范本《对策》中“民”“治”字均缺笔，暗示其为唐太宗时期写本；《新修本草》能与日本杏雨书屋羽40缀合，显示同一写本分藏两地甚至多地的敦煌遗书特征；《博望坊巷女社规约》记录敦煌地区女性私社的规章制度，侧面反映当地女性的社会地位；馆藏刘廷琛旧藏敦煌遗书则是散藏敦煌遗书的代表之一，承载着敦煌遗书颠沛流离史。

正因敦煌遗书的特殊性和价值所在，馆藏敦煌遗书与《赵城金藏》《永乐大典》《四库全书》成为我馆四大专藏，以图集、缩微胶卷、网络数字化途径，全方位地为全世界学者服务。目前，16579 号写卷以图集形式完全出版公布，通过拍照数字化平台在互联网上已公布高清图像 3000 余件，缩微胶卷则作为最原始的存储与使用媒介，保留着写本修复前甚至从藏经洞刚出土时的原始状态，学术价值颇高。这些写卷作为中古时期写本时代的遗物，可称作中国、印度、希腊和波斯文化交流融汇的结晶，涵盖了儒、释、道与摩尼教、景教、祆教的精华，其丰富内涵和珍贵价值，不仅受到中国学者的极大重视，也吸引了世界各国学术领域的竞相关注，已成为国际显学。

继敦煌遗书，西域文献是 20 世纪初西北考察活动中的又一大发现，具备与敦煌遗书、吐鲁番文书同等重要的学术价值，众多宝贵资料为学术界带来了新的研究课题与线索。

2005 年以来，中国国家图书馆陆续征集入藏了 6 批新疆和田等地文献，总计 564 号（有的 1 号内包含多件）。这些文献均产生于 4 至 10 世纪，相当于中原王朝的两晋至宋初时期，时间跨度很大。这些文献内容丰富、形态多样。从文种看，有汉文、于阗文、藏文、梵文、粟特文、焉耆 - 龟兹文、波斯文等，有的文献为双语书写，甚至还有多件于阗文—汉文对照文书，对西域古语言研究极富参考价值；从内容看，不仅有大量宗教文献，其中主要是佛教文献，而且有四部典籍、官文书、书信等世俗文献；从载体形态角度看，包括木简、函牍、纸质文书、绢质文书、桦树皮文书等类型，带有封泥的书信与笔盒独具特色。这些文书有着很高的文献价值，其重要性不亚于敦煌遗书、吐鲁番文书，已经引起了国内外学术界的高度关注。为此，季羡林先生曾在 2008 年 6 月 10 日发出呼吁："听说，最近新疆地区发现了很多古代语言的残卷，这对于我们中国学界以及世界学术界都是特大的好消息，无论如何不要让外国人弄走。"于是，在北京大学段晴、荣新江教授等学者的协助下，国家图书馆经过多方协调，最终分批征集入藏了这些文献。

所藏西域文献不但内容丰富，文种多样，形制亦各异。纸质文献有卷轴装、梵夹装、缝合装，木质文献有木简、木牍，木牍本身也有几种形制，有的尚存封泥和捆绳，尽显西域原始文明的古朴特色。宗教类文献则从不同角度反映了当地的民间信仰。已入选《国家珍贵古籍名录》（名录号 02284）的于阗文陀罗尼咒是极具特色的中古时期文献，细长条卷子上于阗文从左至右自上而下书写，文中题跋表明其为于阗贵妇人所持护身符，卷起后小巧灵便，易随身携带，发挥着保护妇女儿童的功力。汉文《观世音菩萨劝攘灾经》是谶记类伪经，将中原本土的泰山信仰和印度传入的观世音信仰嫁接在一起，反映了古代民间信仰的杂糅混合的状态。和田地区汉文《孝经》郑注，充分反映初、盛唐时期该文献在西域的广泛流传，对于研究唐代经学史与西域历史文化有较高文献价值，已入选《国家珍贵古籍名录》（名录号 06967）。另外，于阗文《金光明经散脂品》以丝绸之路南道所特有的正楷婆罗谜字体书写，表明在于阗曾存有比现存梵文本内容更加丰富且更接近于义净汉译本及藏译本的长部《金光明经》，文献价值尤为突出。还有为数众多的唐开元九年至十一年（721 — 723）于阗文、汉文双语纳税木简，以及买卖契约等多件于阗文、佉卢文函牍。这些文书，生动地反映了带有神秘色彩的古代于阗社会、经济、宗教与日常生活的方方面面，宛如打开了一扇窗户，让今天的人们可以一窥丝绸之路上古老文明的精彩画卷。

正因这批文献价值不菲，北京大学段晴和荣新江教授与国家图书馆合作，通过研究课题、出版专著等方式释读、揭示文献内容。目前已有不少学术论著问世，著作《中国国家图书馆藏西域文书·梵文、佉卢文卷》和《于阗文卷》已公开出版。

国家图书馆在藏书建设上充分体现了我国多民族文化融汇特点，收藏各种民族文字古籍达35000册（件）。早在1909年，清政府筹建京师图书馆时，将内阁大库四十余箱满文典籍拨交图书馆，后来殖边学校又赠送了四五箱满蒙文图书，从此开启了我馆收藏民族文字图书的先河。1926年，国家图书馆前身国立北平图书馆筹建，1931年落成。1932年，始设满蒙藏文编目室，开始了少数民族语文文献的收集整理工作。20世纪20年代末，本馆不惜重金购入一批西夏文献，成为国内收藏西夏文文献最多的机构。抗日战争期间，马学良、万斯年先生收集了数量颇丰的东巴文、哥巴文、彝文等西南文献。30至50年代，在于道泉、彭色丹喇嘛和李德启先生的努力下，先后采集了大量的藏文、满文和蒙古文文献，约占我馆民族文字古籍的三分之二。近年，本馆又征集了不少藏文、蒙古文、彝文古籍，分六批购藏的西域文献中含佉卢字、于阗文、粟特文文献，填补了我馆收藏空白。尤其，2015年购得一批黑水城西夏文文献，其部分内容将弥补国内藏西夏文献的诸多缺憾，价值非凡。

馆藏民族文字古籍中，藏文《大藏经》有北京版、那塘版和德格版多种；《奥屯良弼饯饮碑》是难得的用女真文书写上石的金代文献；西夏文译经图则展现西夏时期在皇家宫廷组织下翻译佛经的盛大画面；回鹘文《玄奘传》为10世纪写本，文献文物价值极高；蒙古文《军律》是馆藏蒙古文文献中年代较早者，古朴的字体仍保留着回鹘式蒙古文的部分特征；《纳瓦依诗集》是察合台文古籍的代表，宣扬诗人纳瓦依的多才多艺；傣文《大藏经》、东巴文《创世经》则为西南民族书籍文明的缩影，贝叶、铁笔、象形文，无不体现古老文化的质朴；满文三十二体篆字《盛京赋》，用活灵活现的满汉篆字记录乾隆帝对先人创建大清基业的丰功伟绩的追述，流露出对开国功臣们的尊敬与缅怀之情。这些珍贵文献，不仅是我馆藏中的精品，也是该文种古籍中的结晶。通过这些经典，可领会各民族灿烂厚重的文化积淀、祖国文化宝库的丰富多彩，亦可感受各民族团结融合的和谐氛围。

外文善本是国家图书馆藏的另一特色，进一步展示着中西文化交流在书籍上的体现。自意大利耶稣会士利玛窦到中国传教开始，以书籍为媒介的中西典籍与文化交流经历了一个漫长曲折的过程。那些见证中西文化交流的西文善本，以及各学科领域中重要著作的重要版本、重要汉学著作、反映新印刷技术和装帧方式的初版书恰是中国国家图书馆重要馆藏之一。

中国国家图书馆藏外文善本特藏，目前已达5万余册，大体可分为两个部分。一是善本，主要包含西文善本、日文善本及俄文善本，馆藏计 1 万余册。其中西文善本以 1850 年以前出版的外文书为主，兼顾各学科领域中的重要著作的重要版本、西方人撰写的有关中国的重要著述、反映新印刷技术和装帧方式的初版书及发行量在千册以下的珍稀限量本。另一是特藏，分为知名藏书机构和著名学者的外文专藏、名家手稿及部分近代公牍与私书，诸如英国女王和清道光帝于 1842 年 8 月 29 日在南京签定的中英文条约，革命导师马克思、恩格斯的手稿，以及普意雅、穆麟德、郑振铎、袁同礼、梁启超、宋春舫、巴金等近现代名家专藏。

从主题来看，中国国家图书馆也藏有较为完整的西方汉学典籍，包括早期的中国游记，近代以来入华传教士的著述，西方汉学家、外交官、商人等对中国的研究以及文字和图像的记录。这些藏品中除了图书外，也有绘图、手稿、照片等形式文献。藏品类型多样，主题集中，反映了收藏者的旨趣，为相关专题研究提供了重要资料。

中国国家图书馆除了常规入藏途径，近年来通过馆藏整理、数据回溯，原有藏书中的善本逐渐登记入账，数量逐渐增多，构成了我馆的重要馆藏之一。其中，《安哲罗全集》是馆藏为数不多的摇篮本之一；《纽伦堡编年史》是一部插图丰富的世界历史著作，内容上以《圣经》为基础记载了许多历史事件，被公认为早期印刷业最优秀的范例之一；1543 年巴塞尔初版《论人体构造》是医学史和自然科学史上具有划时代意义的巨作，在书籍史上也具有重要意义；哥白尼《天球运行论》、德里格音乐手稿、埃德温·丁格尔《辛亥革命目击记》等等，从不同角度反映了这些著作的流传漂泊经历，时至今日，仍为我们展现着当年的历史实况与社会生活多层面。

从2010年起，中国国家图书馆外文善本开始申报《国家珍贵古籍名录》，至2013年，已入选8种，促进了资料揭示、文献保护和为学界科研服务等工作。

目　录

西域文献掌故

少数民族文字古籍掌故

外文善本掌故

敦煌遗书掌故

敦煌唐人写本《辩亡论》

张志清

国家图书馆收藏的敦煌遗书中，有幸保存了一卷西晋文学家陆机的《辩亡论》(上篇)，黄纸墨书，工楷写就，字体舒朗俊秀，是敦煌唐人写本中的翘楚。

陆机（261—303），字士衡，祖父陆逊、父亲陆抗均为三国东吴的名臣，家族十分显赫。陆机20岁时，东吴灭亡，他与弟弟陆云退居家乡华亭，闭门勤学，积有十年，成为当时文采卓越的名士。故国的沦亡，祖、父创业的艰辛，促使他进行检讨和感慨。陆机以其秀逸的天赋，宏丽的辞藻，仿贾谊的《过秦论》，铺陈出一篇洋洋大论《辩亡论》。《辩亡论》叙述了东吴的兴亡和陆氏家族的功勋，视能否知人善任为国家兴亡的缘由，议论滔滔，笔势流畅，成为古代政论中著名的篇什，以至保荐他的张华赞叹说："人之为文，常恨才少，而子更患其多。"

陆机著作流传到南朝梁时尚有四十七卷，目录一卷，到唐代魏徵编写《隋书·经籍志》时只著录了文集十四卷。《晋书·陆机传》上记载陆机所作诗、赋、文章共有300余篇，

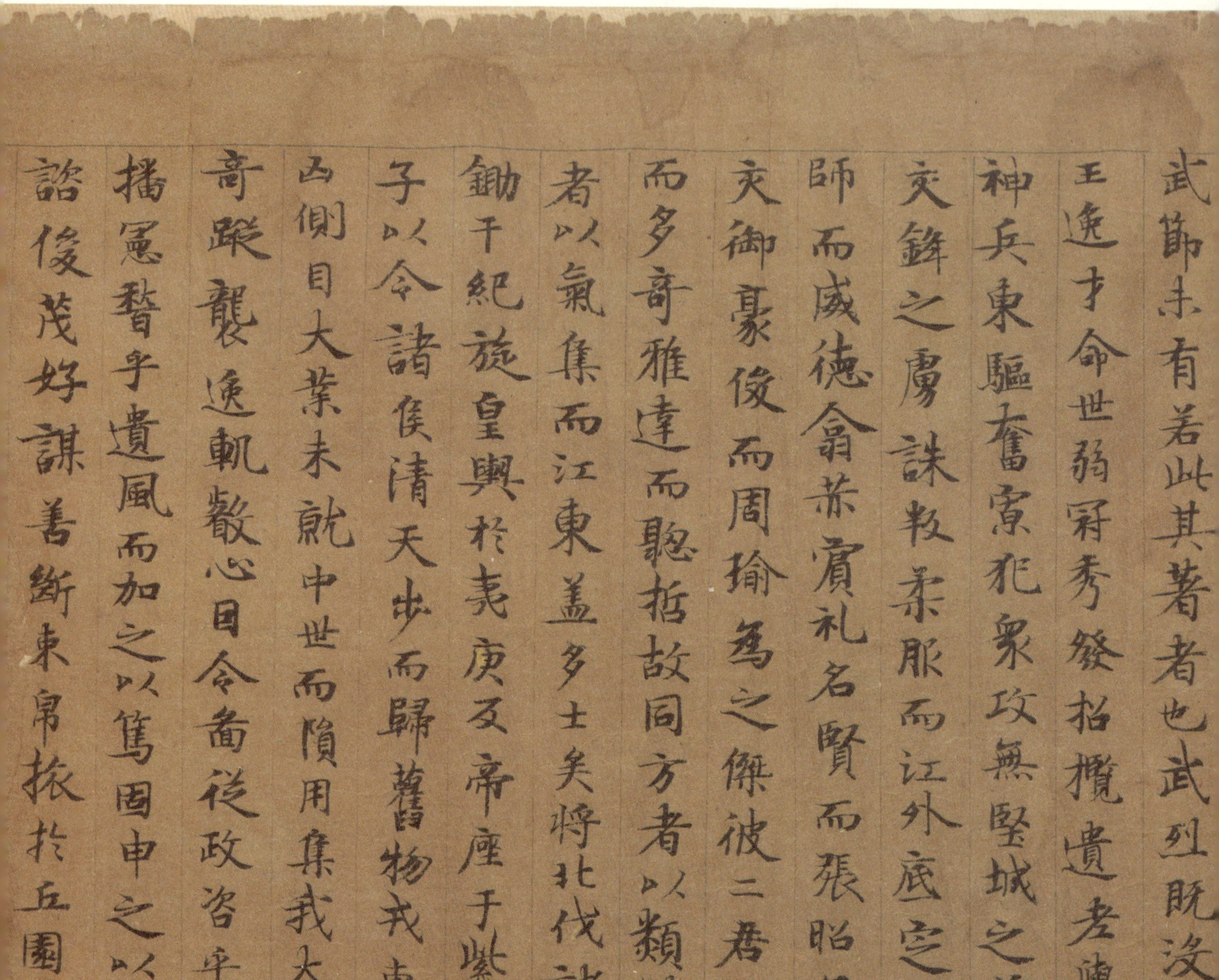
武節未有若此其著者也武烈既沒長沙桓
王逸才命世弱冠秀發招攬遺老與之述業
神兵東驅奮寡犯衆攻無堅城之將戰無
交鋒之虜誅叛柔服而江外底定飭法脩
師而威德翕赫賓礼名賢而張昭為之雄
交御豪俊而周瑜為之傑彼二君子皆弘敏
而多奇雅達而聰哲故同方者以類附等契
者以氣集而江東蓋多士矣將北伐諸華誅
鋤干紀旋皇輿於夷庚反帝座于紫闥挾天
子以令諸侯清天步而歸舊物戎車既次羣
凶側目大業未就中世而隕用集我大皇帝以
奇蹤襲逸軌叡心因令圖從政咨乎故實
播憲稽乎遺風而加之以篤固申之以節儉疇
諮俊茂好謀善斷束帛旅於丘園旌命交

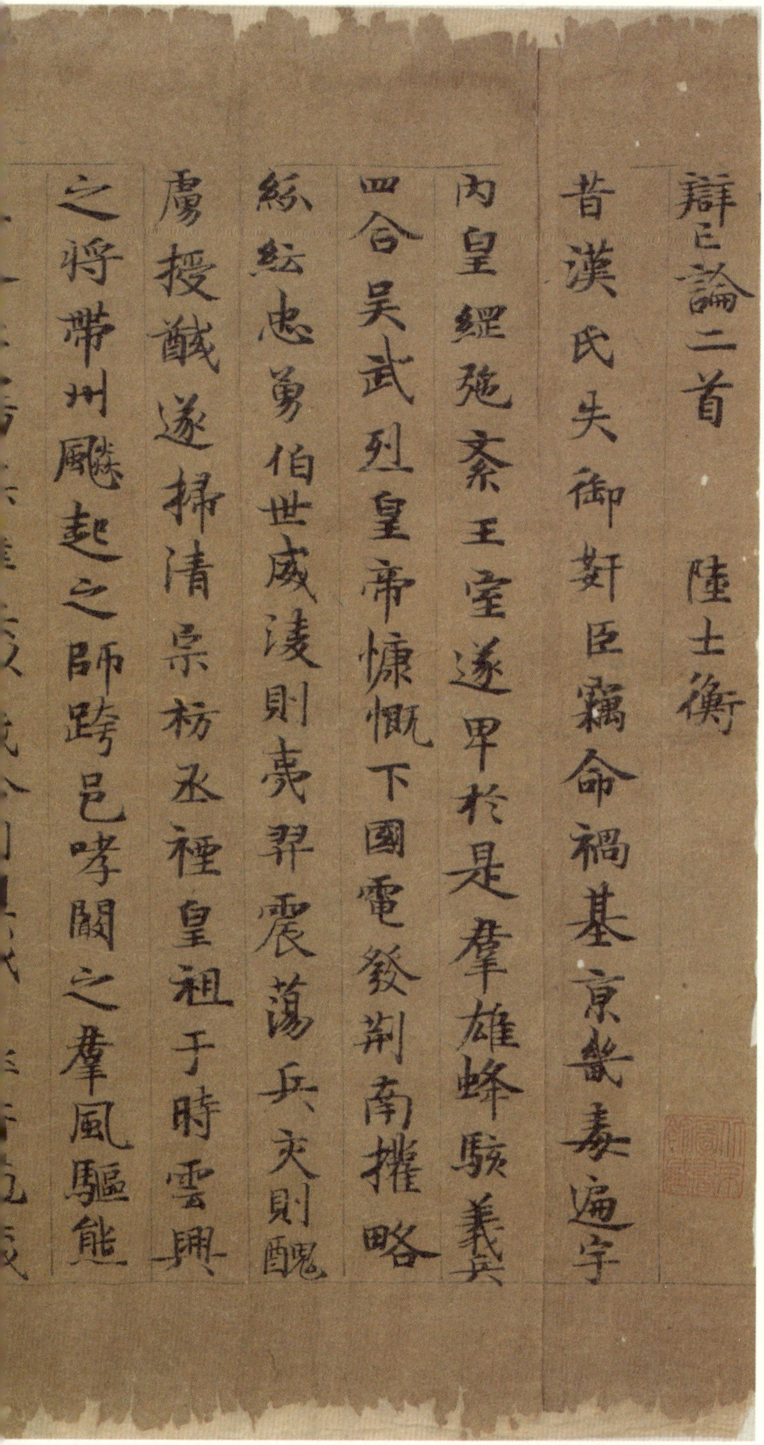

辯亡論二首 陸士衡
昔漢氏失御姦臣竊命禍基京畿毒遍宇
内皇綱弛紊王室遂卑於是羣雄蜂駭義兵
四合吴武烈皇帝慷慨下國電發荆南權略
紛紜忠勇伯世威稜則夷羿震蕩兵交則醜
虜授馘遂掃清宗祊丞禋皇祖于時雲興
之將帶州飆起之師跨邑哮闞之羣風驅熊

BD15343 《辩亡论》

流传至今者仅有诗107首、文127篇，相当一部分已佚失不存。因《辩亡论》是文论名篇，被陈寿《三国志》和梁太子萧统《昭明文选》收录，一直流传下来，确属难能可贵。

如果我们对敦煌唐人写本《辩亡论》和《三国志》《昭明文选》所收《辩亡论》加以对比，还可发现书籍传播上的一个有趣现象，就是在写本时代抄录前人的作品其实并非很严格。在敦煌唐人写本《辩亡论》中，出现了诸多异体字、俗字和异文，比较不同文本出现的“如此”和“若此”、“川流”和“顺流”、“而”和“则”、“于”和“乎”等，都是在抄录时根据语气和习惯随意改字的例子。

陆机生活的西晋时期正是纸在文士阶层开始普及的年代，

时人傅咸在《纸赋》中称赞纸的优点："夫其为物，厥美可珍。廉方有则，体洁性真。含章蕴藻，实将斯文……"说明文人对纸的重视。最有意思的是在西晋的洛阳还出现了轰动一时的"纸贵"事件，由于左思《三都赋》写就，"豪贵之家，竞相传写，洛阳为之纸贵"，十分形象地描述了优美的文章在当时是如何形成热潮，又是如何通过传写在纸上进行传播的。正是由于纸的流行，魏晋南北朝时普遍出现了一种"手抄口诵"的读书方法，就是为了记诵准确，边读边抄，并不严格择字，有时还"广略去取"，只抄需要记诵的部分；遇到虚字或文辞不当处还经常改易，所以一篇古文传到今天，满是历代传播者留下的痕迹。

敦煌唐人写本《辩亡论》中还使用了一种黄色的涂改液，发现错抄，就把错字涂掉，叫做"雌黄"，我们今天说的"信口雌黄"这个成语，就来源于古人涂字的"雌黄"，意思是随意涂改。这些都是在纸张普及后出现的现象，也说明敦煌唐人写本《辩亡论》在抄写时还算比较严格。

敦煌所出《问对》残卷
——唐代科举对策的范本

刘　波

国家图书馆藏有敦煌所出唐写本《问对》残卷两件。其一编号为 BD14491，长 150cm；其二编号为 BD14650，长 480.8cm。这两件的首尾均已残断，经比对，二者可以缀接为一。缀合之后的写卷为 16 纸 306 行，长 614cm。全卷楷书写就，字体工整，行款整齐。

这两个残卷的经历颇为曲折。BD14491 为刘廷琛旧藏。1910 年，劫余敦煌遗书解运北京，李盛铎、刘廷琛等学部官员监守自盗，窃取其中的精品。据学者统计，刘廷琛所得写卷数量应不少于 125 件，这一卷即为其中之一。1932 年刘廷琛去世后，其后人有意将所藏敦煌遗书出售，曾托董康在日本寻求买主。董康《书舶庸谭》卷九 1936 年 9 月 11 日的日记中，记载了其中的“佳品”20 件，内有《唐写本骈文》一种，指的就是这一卷。后来，刘氏旧藏大部分转给了他的亲戚张子厚。张子厚所藏卷子，则大部分被吴瓯购得。吴瓯抗战期间附逆，抗战胜利后曾向当局交代："敦煌写本经卷，原收积至八十九卷（或九十卷），中间因送礼及售出损失约十卷，现尚存七十九或八十卷。"1954年2月11日，文化部将吴瓯所藏敦煌写卷计80号拨交北京图书馆（国家图书馆前身），BD14491就在这时入藏国家图书馆。

BD14650卷首钤朱文"赵钫珍藏"印一方，卷尾钤朱文"元方审定"印一方，可知为赵钫旧藏。赵钫字元方，从事银行业，家富资财，雅好收藏古籍，藏书精品甚多。20世纪50年代初，赵元方将家藏古籍捐赠北京图书馆，其中包括敦煌遗书数件，此卷即

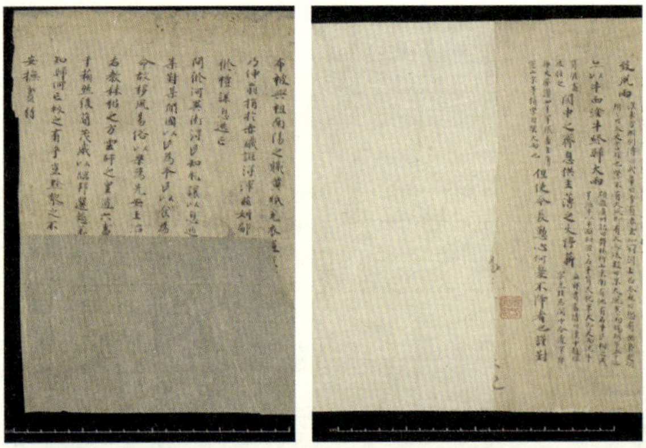

BD14650 《问对》残卷

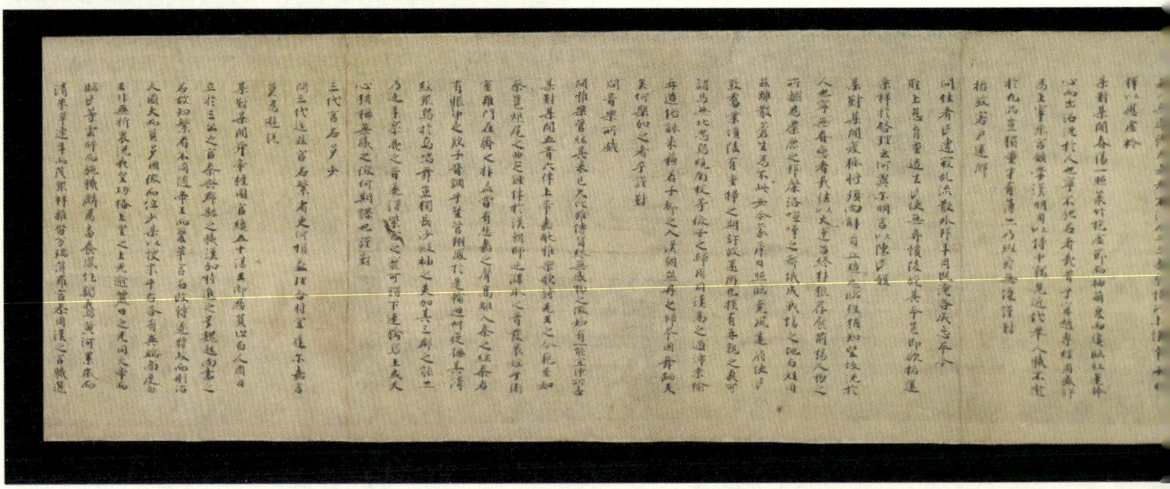

在这时入藏国家图书馆。

根据BD14491号黄绢包裹上所缀签条记录的写卷长度，可知刘廷琛旧藏编目时，这个卷子还没有被撕裂。那么，它是什么时候撕裂的呢？有两种可能：一是写卷转让给张子厚之前，刘廷琛家人为增加写卷数量以求善价，将之撕为二段。第二种可能，写卷是在流出刘家之后，撕裂为二。总之，撕下来的部分（即BD14650）转归赵元方所有。

这个写卷是典型的策问类作品，因首尾都已残缺，不知道原初的文献题名。近代收藏者根据其文体，拟名为“问对”，我们不妨沿用。此卷中，每番问对为一章，每章由章题、策题、答策三部分组成。章题为简洁的标题，如“世间贪利不惮刑书”“惟欲贪求亦有义让”“问豪富”“进士无大才”“山石”“请雨”等，以概括性较强的语言归纳内容要点。策题具体表述所问问题，均以“问”字开头，一般较简洁。答策即回答提问之词，具体阐述作者的见解。答策均以“某对某闻”开头，末以“谨对”作结。“谨对”之前，有的章节有谦辞。策题与答策均为四六骈文，对仗较工整，长于用典。有几章还有注文，注文所引用或提及的古籍有二十种，很多是佚书，对于辑佚与校勘古书，或许不无小补。

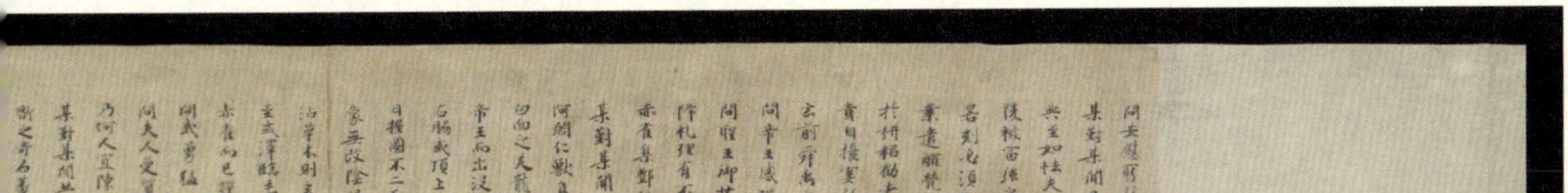

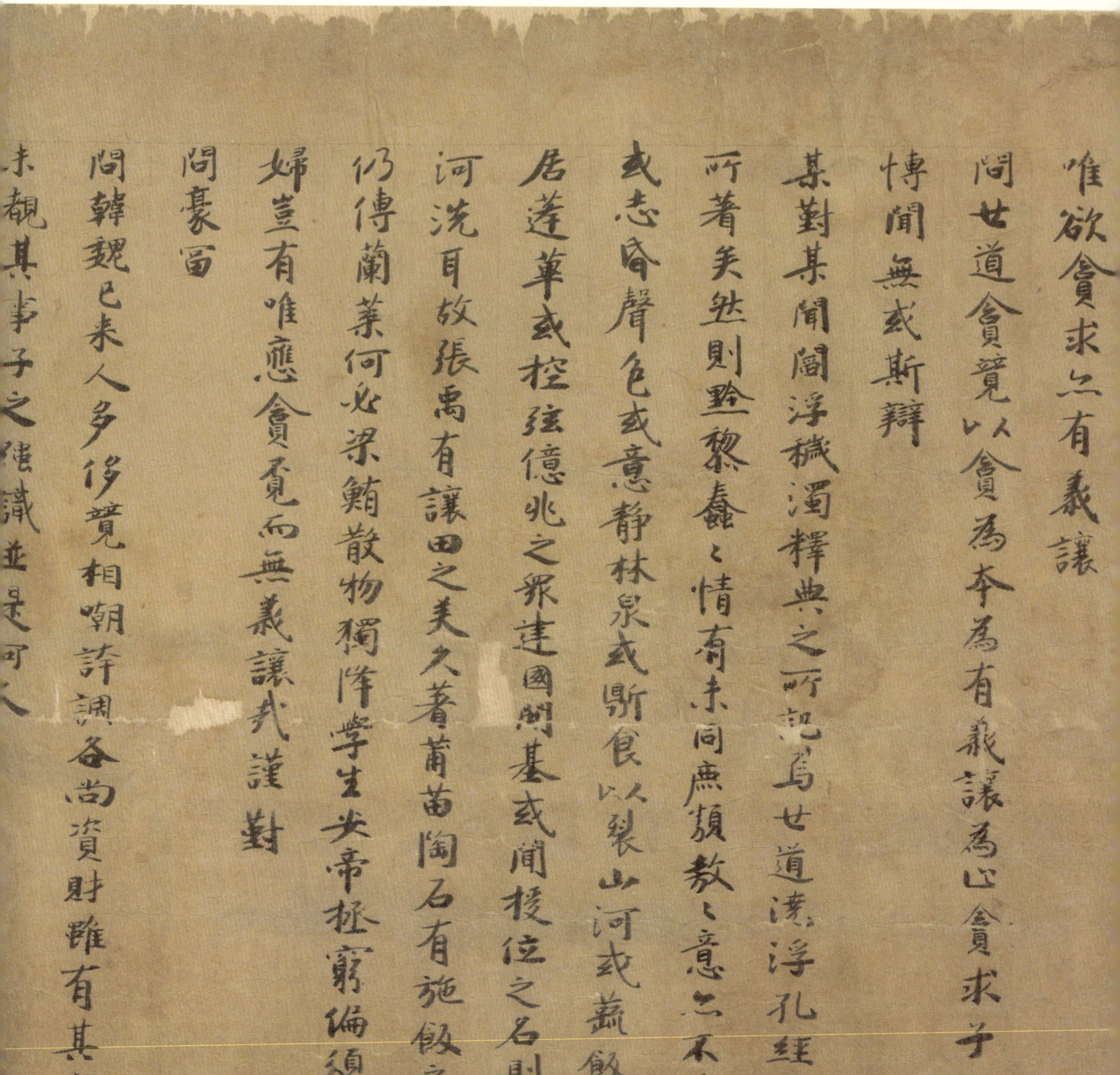
唯欲貪求亦有義讓
問世道貪覓以貪為本為有義讓為心貪求乎既
博聞無或斯辯
某對某聞閻浮穢濁釋典之所說為世道澆浮孔經之
所著矣然則黔黎蠢蠢情有未同庶類數數意亦不等
或志隱聲色或意靜林泉或斷食以養山河或蔬飯而
居蓬華或控弦億兆之衆建國開基或聞授位之名則臨
河洗耳故張禹有讓田之美久著前苗陶石有施飯之名
仍傳蘭葉何必梁鮪散物獨隆學生安帝拯窮偏須貞
婦豈有唯應貪覓而無義讓哉謹對
問襄留
問韓魏已來人多侈覺相嘲詐調各尚資財雖有其言
未覩其事子之德識並是可人

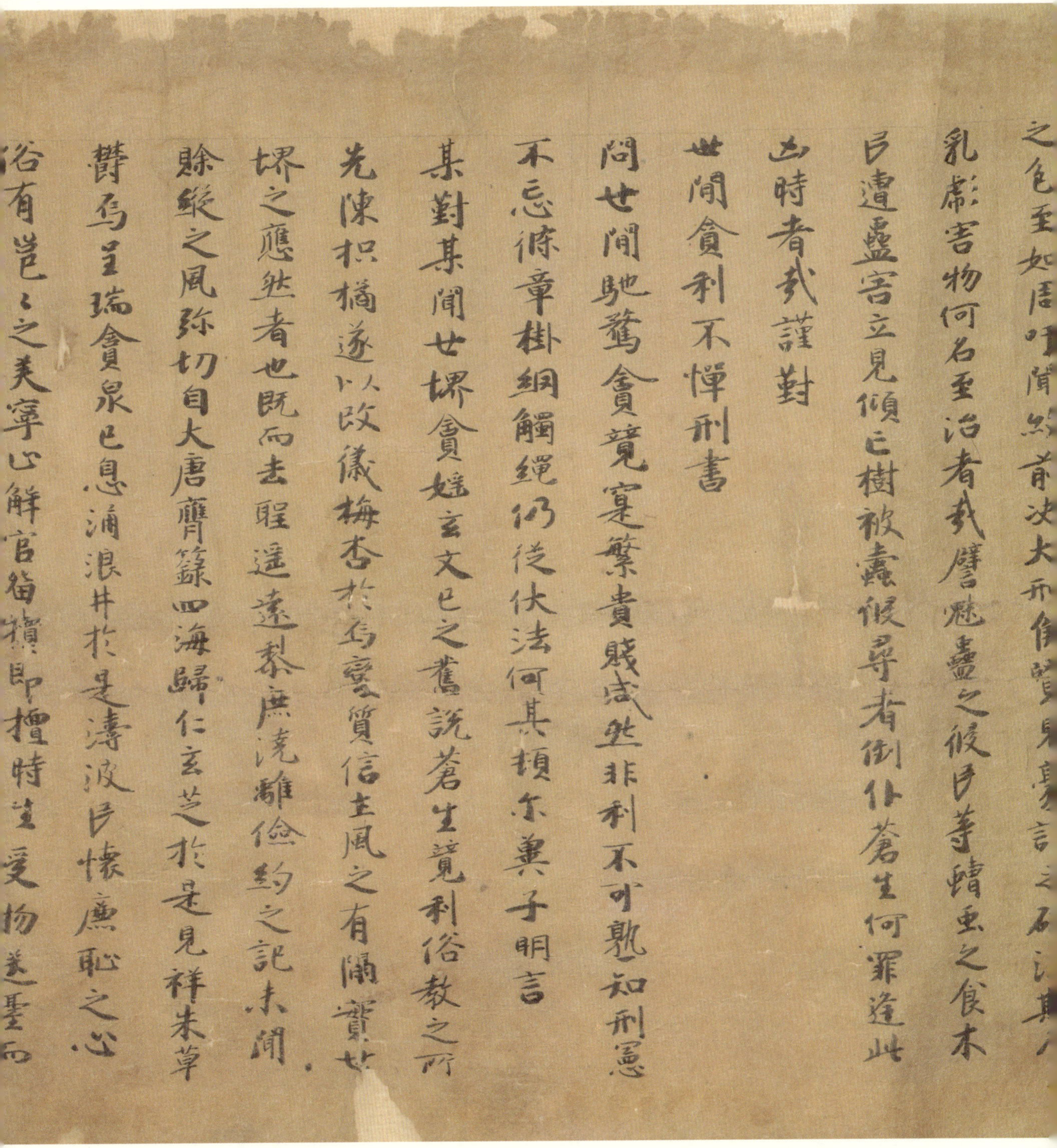
之色至如唐吁聞然前次大亦備覽見貌言之不訖其
亂彪害物何名至治者哉譬魅蠱之徒以蕃蠙蚕之食木
以遣蠱害立見傾亡樹被蠹假尋者倒仆蒼生何罪逢此
亾時者哉謹對
世間貪利不憚刑書
問世間馳騖貪覔寔繁貴賤咸然非利不可孰知刑憲
不忌條章掛網觸繩仍從伏法何其頓尒冀子明言
某對某聞世界貪婪玄文已之舊說蒼生覔利俗教之所
先陳枳橘遂以改儀梅杏於焉變質信在風之有關實廿
界之應然者也既而去聖遥遠黎庶澆醨儉約之記未聞
賒縱之風彌切自大唐膺籙四海歸仁玄芝於是見祥朱草
於焉呈瑞貪泉已息涌浪井於是濤波以懷廉恥之心
俗有邕邕之美寧心解官猶擯即擅特生受物遂置而

BD14491 《问对》残卷

"世间贪利不惮刑书"章中有"自大唐膺箓，四海归仁"一句，说明《问对》的撰著时代当在唐代立国之后。文中"括放客户还乡"等针对时事的论述，明确显示其时为社会大动荡之后的天下初定的历史时期，这一状况与唐初的时局恰相符合。写卷中"民"字共出现二十六次，均阙末笔，避唐太宗李世民讳。"治"字共出现八次，均直书本字，不避唐高宗李治讳。据此可以确定，《问对》的撰著时代应为唐初，抄写则在唐太宗贞观年间。

唐初制科主要试对策，明经科、进士科也需答策问数道，对策是唐初由科举进身的士子们的必修功课，也是他们所擅长的文体。士子们为了中举，有必要进行对策训练。《问对》残卷的性质，可能与白居易任秘书省校书郎时为应制举而作的《策林》相似，是供应试参考的对策范文。唐代的对策，留存下来的并不太多，此外只有白居易《策林》、敦煌所出《兔园策府》及吐鲁番阿斯塔那 27 号墓文书《唐经义〈论语〉对策残卷》等数件，这件文献对于考察唐代科举考试及相关问题，有很高的参考价值。

图家图书馆藏唐写本《贞观姓氏录》

王姿怡

汉魏南北朝至唐代是身份制社会，士族贵族垄断着中央和地方政权，在社会上有着很高的威望。尽管隋唐时期，九品中正制已被废除，科举制开始实行，士族势力开始衰落，皇权得到巩固，但是人们长期形成的思想观念的转变依旧很慢，旧士族依然保持着很高的荣誉，封建皇权与士族势力矛盾日益显著。为提高皇族地位，打压没落的门阀士族，巩固统治政权，贞观六年（632）唐太宗令高士廉等人勘正姓氏，修订《氏族志》。

唐永徽六年（655），高宗立武昭仪为后，为抬高武氏一族及宠臣李义府家族等的社会地位，于显庆四年（659）改《氏族志》为《姓氏录》。高宗亲自为该书写序，并规定了类例。修改《贞观氏族志》为《姓氏录》，打击和削弱了一贯反对自己的士族贵族，使士族贵族不再有入仕做官的优越条件，从而庶族出身的官员，也不再因门第贫贱而受耻于人。修成的《姓氏录》，原来在《氏族志》中不能列入的武氏，在《姓氏录》中被定为第一等姓氏，士族贵族的特权已荡然无存。

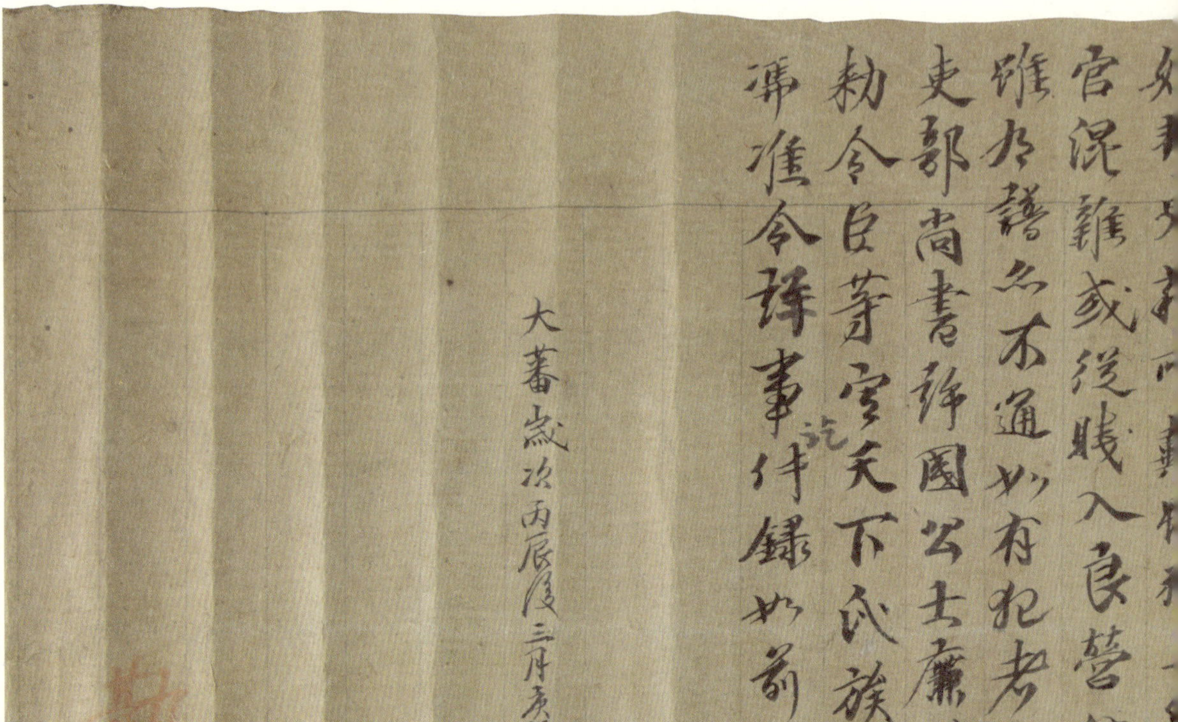
官混雜或從賤入良營門雜戶慕容商賈之類
雖於譜亦不通如有犯者剔除籍光祿大夫兼
吏部尚書許國公士廉等奉
勑令臣等定天下氏族若不別條舉恐無所
憑准令詳事件錄如前 勑旨依奏
大蕃歲次丙辰後三月庚午朔十六日乙酉魯國唐氏苾蒭悟真記

《贞观姓氏录》

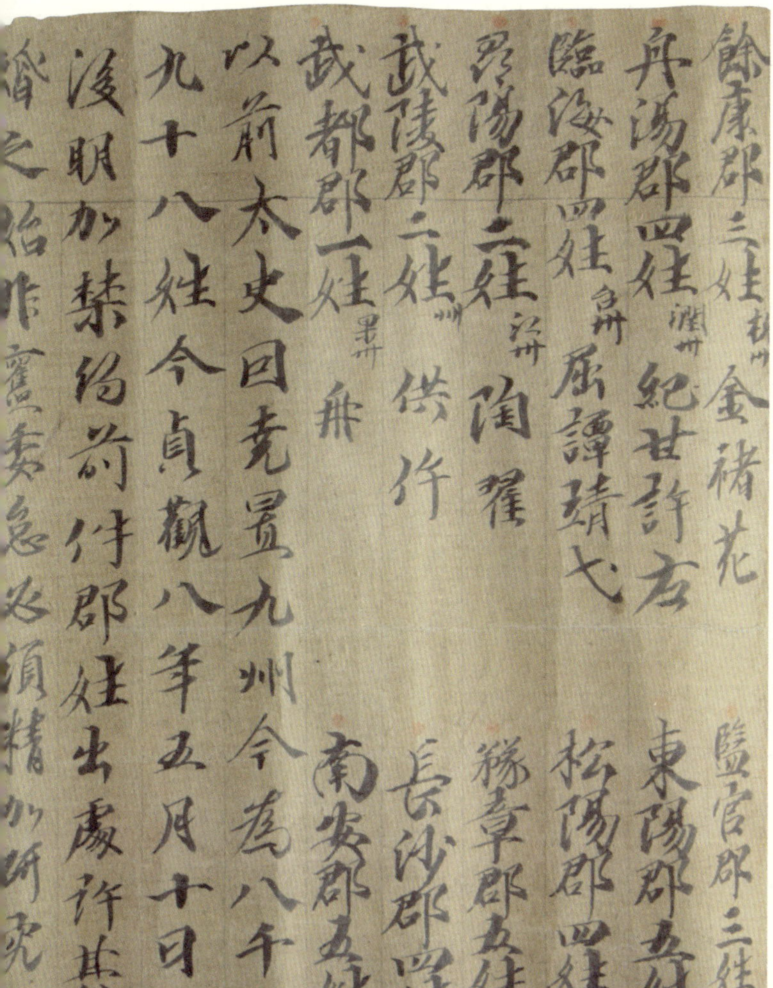

敦煌文献中姓氏谱录书存6号4件，中国国家图书馆藏《贞观姓氏录》，即其中之一，编号BD08679（千字文号位79），卷轴装，首残尾全，全卷长114.5cm，高28.3cm，共2纸，两纸纸质、颜色明显不同，但字迹相同，存46行，行字不等，有乌丝栏。通卷分两部分。第一部分35行，记66郡266姓，诸郡上首有朱点标记。第二部分计11行，为贞观八年（634）五月十日壬辰（庚）高士廉奏疏和诏敕。卷末间隔2行为抄录人题记：“大蕃岁次丙辰（836）后三月庚午朔十六日乙酉鲁国唐氏苾刍悟真记”。悟真（约811—895）为沙州灵图寺僧人，曾参与张议潮起义，大中四年（850）奉使长安，朝授京城临坛大德、赐紫、沙州释门义学都法师。此写本是其26岁时所抄。题记后又间隔4行有朱笔

“勘定”二字。

有关此卷性质、名称、用途，众说纷纭，尚无定论。缪荃孙在《辛壬稿》卷三发表《唐贞观条举氏族事件跋》，定名为《唐贞观条举氏族事件》。1931年，陈垣编《敦煌劫余录》，定名《姓氏录》。同年，向达在《北平图书馆馆刊》上发表《敦煌丛钞叙录》，认为是贞观《氏族志》残卷。1934年，宇都宫清吉在《史林》卷19第3期上发表《关于唐代贵族的考察》，认为是贞观《氏族志》的第一次版本，或者说是贞观《氏族志》的目录总说。1951年，牟润孙在台湾大学《文史哲学报》上发表《敦煌唐写姓氏录残卷考》，猜测其为“唐时山东大姓之衰宗破落户为增高卖婚价格所伪托之《氏族志》”。池田温于1959—1960年在《东洋学报》卷42的3、4号上发表《唐代的郡望表》、1965年《北海道大学文学部纪要》卷13第2期上发表《唐朝氏族志之一考察》，肯定了牟润孙的观点，并认为这件文书的性质具有“通俗性、普及性”。1983年，唐耕耦在中国社会科学出版社出版的《魏晋隋唐史论集》第二辑上发表《敦煌唐写本天下姓望氏族谱残卷若干问题》，在北京大学出版社出版的《敦煌吐鲁番文献研究论集》第二辑上发表《敦煌四件唐写本姓望氏族谱（？）残卷研究》，认为“不是官修的贞观氏族志或伪托之氏族志，而是私人所撰的有关天下姓望的常识性著作。其可能是天下姓望氏族谱”。1986年，邓文宽在《中国史研究》第1期上发表《敦煌文献〈唐贞观八年高士廉等条举氏族奏钞〉辩证》，定名为《唐贞观八年高士廉等条举氏族奏钞》，用途与唐初解决旧士族的卖婚有关，悟真和尚抄写它或是应当时寺院写邈真赞和传记等实际需要，或作为传授谱学知识的教材。

敦煌写本《博望坊巷女社规约》
——敦煌女性社会的缩影

黄　霞

在敦煌遗书中，有关“社”的文书为数不少，从这些资料可以得知唐五代宋初，敦煌地区除了官社外，私社也很盛行。私社大体上有两种类型：一类主要从事佛教活动；另一类则主要从事经济和生活的互助活动，其中最重要的是丧葬互助，也有兼营社人的婚嫁、立庄造舍的操办襄助等。在私社中，有一种纯粹由女性组成的“女社”，很引人注目。国家图书馆藏敦煌遗书 BD14682 号《博望坊巷女社规约》即为此类，它包括了女社的活动章程、活动内容等具体条款，对研究敦煌的“社”文书以及唐五代时期妇女的社会生活，具有重要的史料价值。

《博望坊巷女社规约》，首全尾缺。纸长 13.5cm，宽 26.5cm，共 1 纸 9 行（含背 1 行），行 20 余字不等。从原件涂抹甚多可知该文稿系草稿。从此规约中我们看出该女社具有如下特点：

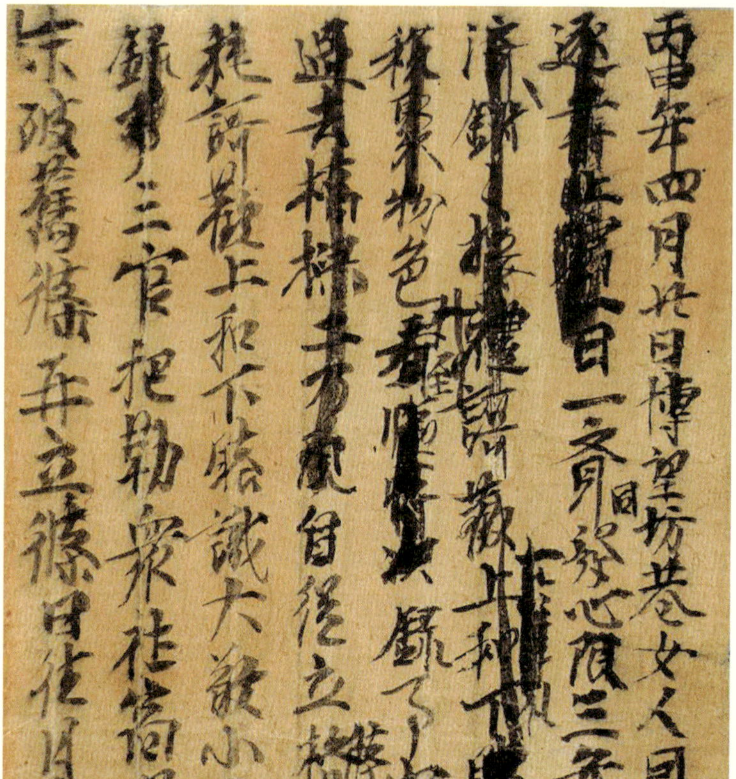

《博望坊巷女社规约》

1. 该女社的立社时间为“丙申年四月廿日”。根据社条的内容及其书写的字体判断,这个“丙申年”应该是归义军时期的唐僖宗乾符三年(876)或后唐清泰三年(936)。据此推断，它与敦煌遗书中发现的其他两个女社，即英藏S.0527与法藏P.3489同属一个时期。

2. 该社的立社宗旨为“上窟燃灯”。燃灯是佛教信徒在每年正月、十月、十二月举行的一种供佛活动。在敦煌，有一种专以燃灯为主要活动内容的燃灯社，它们主要负责莫高窟的燃灯事宜，该女社即为其中之一。

3. 该女社在社条中明确规定活动期限为三年，就是说这些妇女在一起发愿做功德，许了三年的愿，在这三年之中，每年上窟所需物品务必带到，三年之后，该女社也就自行解散。明确规定活动期限，是该女社的一大特点。

4. 用社条明确社人的行为规范,以此约束社人的日常行为。该女社在社条中规定:“自从立条以后,便须……上和下睦、识大敬小。”其目的在于号召社员亲如一家,更加和睦、友好、融洽、团结。

5. 组织完备、活动正规，也是该女社的一大特点。首先，该女社的人数不多。当时以从事佛教活动为目的的结社人数一般在十余人至数十人之间。该规约最后载“今聚集得一十三人，具列名目于后”，虽未列出社人的具体人名，但已说明该社仅十三人。这表明就人数而言，该女社在当时敦煌主要从事佛教活动的社中属于较小者，与同时期的其他两个主要从事丧葬互助的女社大体相仿,均为十余人。其次,该女社虽然人数不多,但其组织形式和活动方式却很正规。与许多同时期的其他社一样，该女社拥有自己正式的首领，即社条中提到的“三官”。当时通常将社的首领社长、社官、录事称作“三官”，负责社内大小事务，其中录事一职负责书写转帖、文状等具体事物。该女社社条规定遇有活动由录事通知社人，然后“众社齐来”，这说明该女社的活动方式也很正规。

6. 规约还反映了最重要的一点，即该女社的民主气氛。首先，该女社社条是由全体成员“众坐商议”之后拟定的，体现了一种民主精神。其次，这个女社还在其社条中明文规定“不许三官把勒”，要“众社商量，各发好意”，意思是遇事不能光由该女社的首领说了算，要由全体成员共同商量，各抒己见。据笔者考察，类似的提法在其他敦煌社文书中尚未发现，相反却有“只取三官获裁，不许众社紊乱”（英藏 S.65373V—5V）的提法。所以，“不许三官把勒”的民主作风，应该是该女社的独到之处，特别值得我们重视。

通过对该女社文书的分析，我们可以得知：其一，当时的妇女对家庭经济事务具有一定的支配权，说明她们在家庭经济结构中具有一定的自主地位。其二，从这些妇女能够单独结社，可知当时的妇女在社会生活和社交活动中具有相当大的独立性。她们可以以独立的人格在完全不受男子干涉的情况下，结成一定的社会组织，并从事相应的社会活动与社交活动。其三，在社的组织形式及活动方式上，该女社与同时期的许多其他社大体相同，说明当时的妇女在许多方面拥有与男子同样的权利。特别值得重视的是，该女社还在其社条中作出“不许三官把勒”的明文规定，这是在其他社的资料中所未见的，更证明当时的妇女拥有相当高的社会地位。

《佛说如来成道经》与《降魔变文》
——疑伪经与变文的完整阐释

林世田　李文洁

敦煌遗书中有四件与《佛说如来成道经》相关的写本：S.5649、S.1032、Дx2510、BD09145。国家图书馆藏BD09145为册页装，现存3叶，然首尾叶均残，内容为由同一人书写的两种文献组成。第一个文献为《佛说如来成道经》，首尾均残，存51行，字体粗拙，多有讹误；第二个文献为《大威仪请问经》，存3行。此本末有题记云"开运肆年三月八日自手写《观音经》一卷"，明其为五代后晋时写本。现存四件写本中，BD09145与Дx2510恰巧可以缀合。二者的装帧形式、字体一致；二者所抄的《如来成道经》上下文相接，Дx2510在前，BD09145随后。两件写本连接后，文献依次为《观音经》（首残尾全，存3行）、《如来成道经》（二者缀合后首尾全）、《大威仪请问经》，BD09145尾题所记"手写《观音经》一卷"，正与Дx2510之《观音经》相呼应。

开嬰海變户熱脈指地瑠璃
水精捨山即知作雨露海物
作空坑嶽塵等下得其數心
之一切衆生天菩提閻指即
化域所須皆隱不用切足呈行
即蕩蕩而无寻住則湛甚

《佛说如来成道经》讲述佛陀前生为悉达多太子之时修道成佛的经历，实际是根据《大事》《大庄严》《佛生因缘》《释迦牟尼佛本行》《毗尼藏根本》《佛本行集经》等佛教经典中讲述的佛陀本生经历改编而成的伪经，最早著录于《大周刊定众经目录》，后者完成于唐武周天册万岁元年（695），而之前编撰于唐麟德元年（664）的《大唐内典录》尚未著录此经，说明该经在此三十年间出现并流传。

而讲经变文中《太子成道变文》《悉达太子修道因缘》《降魔变文》《破魔变文》《八相变》《祇园图记》《难陀出家缘起》等，也取用此题材演绎因缘故事。其中,《降魔变文》叙述如来成道经历的72句中(从“如来生在南天竺国”至“最胜最尊”),有64句是从《佛说如来成道经》中直接取用或稍加改写而成。一般情况下，变文对佛经故事多有演绎发挥，而像这两种有大段文字相似的并不多见，二者之间明显有相互承袭关系。《降魔变文》中称唐玄宗为“大唐汉圣主开元天宝圣文神武应道皇帝”，此尊号始用于天宝七年（748）五月，次年闰六月则更为“开元天地大宝圣文神武应道”，因而《降魔变文》当作于唐玄宗天宝七载（748）至八载（749）之间。《佛说如来成道经》与《降魔变文》的产生相隔约五十至八十年，使得二者在大约相同的文化背景下有所沿袭借用。

《佛说如来成道经》和《降魔变文》都是取材佛经，二者与最初的文本有何关系？二者之间的文字沿袭又意味着什么？

《佛说如来成道经》极为概括地讲述了佛陀修行成道的经历,在情节上主要摘取《佛本行集经》中的《精进苦行品》《成无上道品》重新组织而成，其文字较原文精练概括。该经作为中国本土撰著的疑伪经，结合中国原有的观念重新理解佛教义理，并附加广赐福祉的功能，以此达到宣扬教义、聚拢信众的目的。与佛经正典相比，疑伪经在思想观念上本土化，在使用功能上世俗化。

BD09145　《佛说如来成道经》

变文是针对普通民众宣讲通俗易懂而富于情节的缘起、转变等等佛经的变体，以劝人信奉、捐资。《降魔变文》主要讲述的是须达建筑精舍和佛与劳度叉斗法之事，如来成道的经历只是其中的一段情节，而且舍弃了《佛说如来成道经》中偏重义理而词句反复的部分，重新整合。经过这些改造，变文的故事情节更为凸显，叙述也更为流畅，这种效果正是讲唱变文所需要的。

佛本生经、《佛说如来成道经》《降魔变文》三者的相互承继，形成了佛经—疑伪经—变文的演变链条。同样使用一种题材，同样是在继承中改写，但疑伪经、变文的改写有着各自的倾向。疑伪经以“经”为名，对佛经原典的摘编性的改造，可以看作是用中国式的思维对佛经的再次理解，推动了佛教思想本土化、传播方式世俗化。变文的改写为了迎合听众的兴趣，大大增强了故事性，这也使变文在随后的发展中，在内容上从佛经故事扩展到中国的历史故事，形式上则从佛教讲经的仪式演变为讲唱的伎艺。

敦煌唐写本《李陵变文》

彭文芳

变文是唐代的一种说唱文学，其特点是散韵相间，说唱结合，国家图书馆所存敦煌写本《李陵变文》就属此类。

李陵，西汉名将李广之孙，其事见《史记·李将军列传》和《汉书·李广苏建传》。前者对李陵经历记述很简略：“使陵将其射士步兵五千人出居延北可千余里，欲以分匈奴兵，毋令专走贰师也。陵既至期还，而单于以兵八万围击陵军。陵军五千人，兵矢既尽，士死者过半，而所杀伤匈奴亦万余人。且引且战，连斗八日，还，未到居延百余里，匈奴遮狭绝道，陵食乏而救兵不到，虏急击，招降陵。陵曰：‘无面目报陛下。’遂降匈奴。”仅一百余字。《汉书》在此基础上，用约2700字的篇幅详尽叙述了李陵的一生，从领兵时的年少气盛，到战斗中的有勇有谋，再到援兵未至、士卒管敢叛敌，最后弹尽粮绝而降。李陵投降后还有封王、招驸马、拒绝迎请汉使等情节。同《史记》相比，《汉书》的故事性已经大大增强。

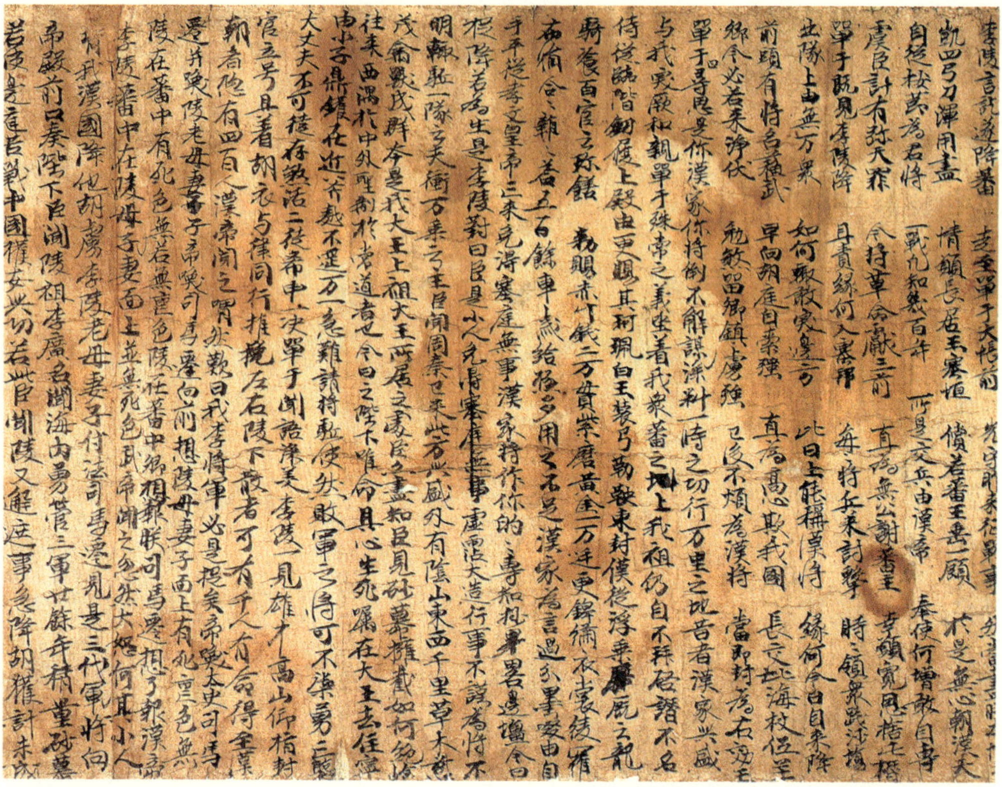

《李陵变文》

虽然《史记》《汉书》详略不同，但毕竟同为正史，必须遵守准确客观的原则。而作为文学作品的《李陵变文》，字里行间呈现出鲜明的文学色彩。首先，《李陵变文》具有浓厚的传奇色彩。如《汉书》："陵曰：'吾士气少衰而鼓不起者，何也？军中岂有女子乎？'始军出时，关东群盗妻子徙边者随军为卒妻妇，大匿车中。陵搜得，皆剑斩之。"李陵以一个将领的敏锐判断，士气不振的原因可能是由于女子的存在，果真如此而斩之，符合客观事实。同样这一事件，《李陵变文》是："陵欲攒军，方令击鼓，一时打其鼓不鸣。李陵自叹：'天丧我等！'叹之未了，从弟三车上，有三条黑气，向上冲天。李陵处分左右搜括，得两个女子，年登二八，亦在马前处分左右斩之，各为两段。其鼓不打，自鸣吼唤。"女子被发现是因为有三条黑气冲天；之前击鼓而鼓不鸣，斩杀女子后竟然不击而鸣。这些都使故事蒙上了一层神秘奇幻的色彩。其次，人物形象更加丰满。如对李陵投降时的描写，《汉书》仅有一句："陵曰：'无面目报陛下！'遂降。"而在《李陵变文》中，李陵是在左右将士劝降以求后图的情况下，才勉强同意，并作别语："丈夫失制输狂虏，负特黄天孤傅土。非但无面见天王，黄泉地下羞见祖。嗟呼叹息乃长吟，只为欺胡苦入深。上天使尔知何道，陛下应知陵赤心。"当听将士们说起希望他将来报答父母养育之恩时，李陵大"哭号啕泪万行"。临降，"李陵弓矢俱无，勒辔便走，捶凶望汉国号啕大哭。赤目明心，誓指山何，不辜汉家明主。抛下弓刀，便投突厥"。充分揭示了李陵那种矛盾痛苦而又无奈的心理。

《李陵变文》的出现，与当时的社会背景有着密切的关系。安史之乱后，人们开始思考中央与藩镇的关系，以及蕃汉将领投诚等问题。李陵与安禄山分别是降蕃降汉的两个代表，自然会成为舆论的中心。当时出现了一批关于李陵的咏叹作品，除了《李陵变文》及其姊妹篇《苏武李陵执别词》，还有王维《李陵咏》、白居易《汉将李陵论》、刘湾《李陵别苏武》等。

国家图书馆藏敦煌写本《李陵变文》，编号为BD14666，首尾均有残缺，题目据内容补拟，启功先生曾整理校录。因其具有较高的文物价值与文献价值，已于2008年入选《第一批国家珍贵古籍名录》，名录号00187。

《律藏初分卷第三》
——国家图书馆藏最早的敦煌遗书

刘 波

国家图书馆藏敦煌遗书，始于1909年清学部在罗振玉等学者的呼吁下下令将敦煌藏经洞劫余经卷解京。此后，通过政府调拨、社会各界捐赠与本馆采购等途径，馆藏不断丰富充实，目前藏量达16000余号。其中有明确纪年的最早的一件，即为西凉建初十二年（417）十二月二十七日抄写的《律藏初分卷第三》。

所谓律藏，即佛教戒律类著作的总称。戒律是佛教信徒的行为规范和僧团日常生活行事的纲纪，分止持戒和作持戒两大部分：止持是制止身口意作恶的戒法，是禁止做的事情；作持是鼓励身口意行善的戒法，是鼓励做的事情。戒律作为佛教僧团防非止恶的规范，是佛教戒定慧三种修行方法之一，在佛教修行与思想体系中占有重要地位。

这个卷子中的“律藏”，指的是《四分律》，由四部分构成。初分为比丘戒，二十一卷；第二分为比丘尼戒和受戒、说戒犍度，共十五卷；第三分为安居自恣等法，共十三卷；第四分为房舍等杂法，共十一卷。《四分律》的命名缘由，道宣法师认为是因结集时分四次诵出，而义净法师认为是因梵本由四箧组成。

在中国佛教史上，虽先后有多部律典传入中国，但只有《四分律》广泛流行，一枝独秀，这与历代高僧大德的弘扬是分不开的。《四分律》译出60余年后，北魏法聪开始弘扬，道覆、慧光等为之作注，并判为大乘律。到唐代，道宣以《四分律》为宗旨，在终南山创设戒坛，

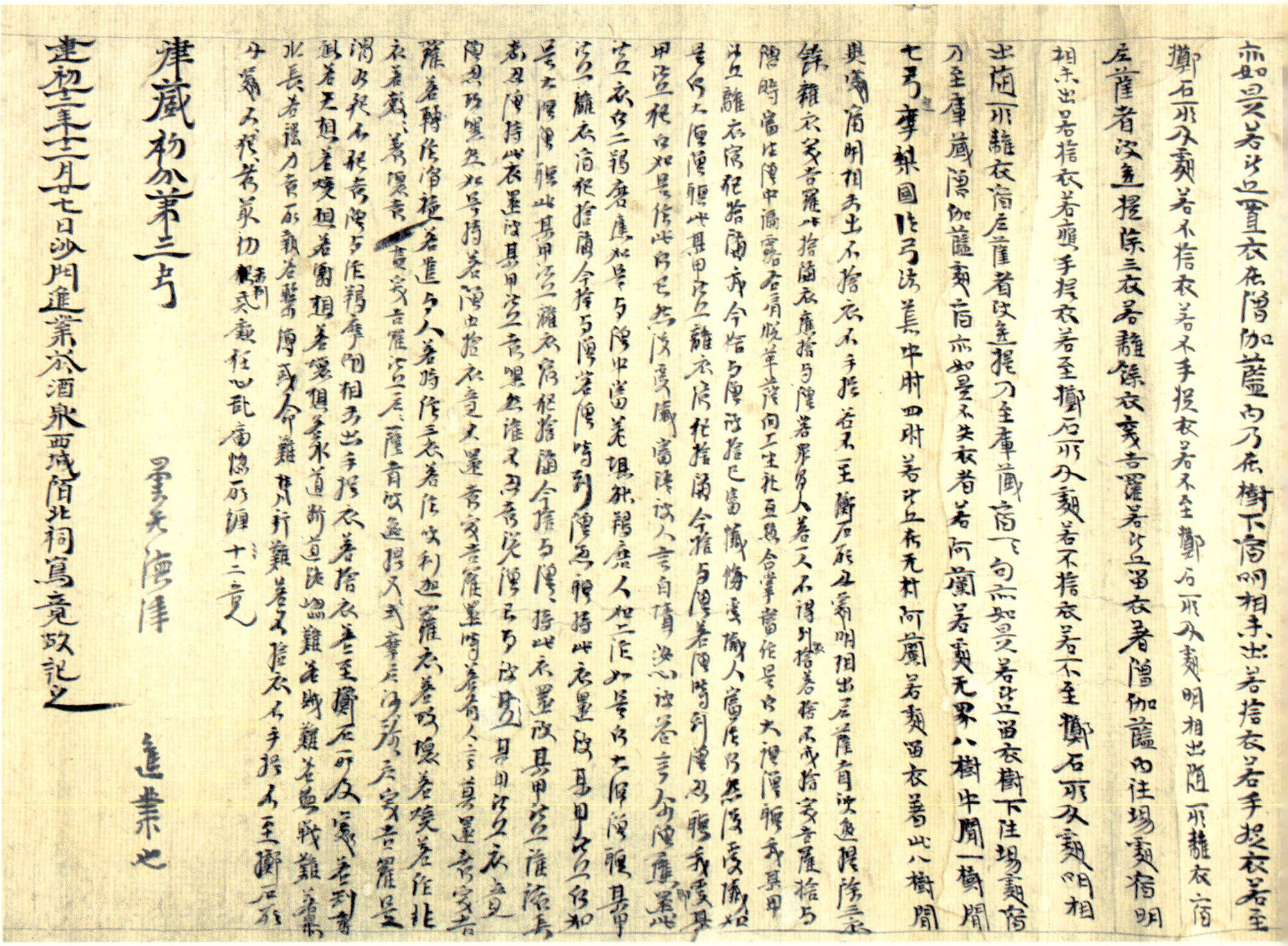
律藏初分第三卷
曇無德律
建初十二年十二月廿七日沙門進業於酒泉西城北祠寫竟故記之
進業也

制定受戒仪式，正式开创律宗。唐代，与道宣一起弘扬《四分律》的还有怀素的东塔宗、法砺的西塔宗（相部宗）。此后，《四分律》在南北各地盛行，成为中国古代最有影响的佛教戒律，至今汉地佛教僧尼受戒持戒仍奉守《四分律》。

古人认为，抄写戒律与抄写佛经一样，可以消灾祈福。敦煌遗书中存有多件《四分律》及其注疏的抄本，可见《四分律》在敦煌流传甚广。其功能形态多样：既有大藏经零本（如 S.1415《律藏第四分卷第六》、BD14519《律藏第四分卷第八》），也有为消灾祈

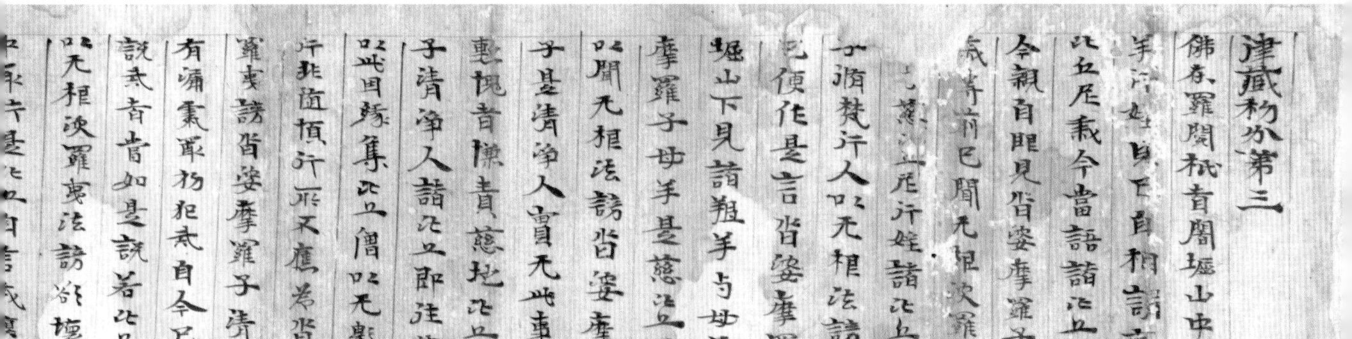

《律藏初分卷第三》

福而抄写的供养经；既有学僧听课笔记，也有为戒律流通而抄写的诵读本。

国家图书馆藏编号为BD14668的这件《律藏初分》写本，因其抄写年代较早，备受学者和世人瞩目。该卷保存完整，全卷长达10.5米，卷轴装，卷尾还存有原轴。尾题“律藏初分卷三”，即《四分律》初分的第三卷，其内容为比丘戒。

卷尾写有题记：“建初十二年十二月二十七日沙门进业于酒泉西城陌北祠写竟，故记之。”由此可知，本卷抄写于西凉建初十二年（417）十二月二十七日，即《四分律》译成后的第五年，为此经现存最早的抄本。这件遗书属于敦煌遗书中有明确纪年的早期写卷，为国家图书馆所藏敦煌遗书中有纪年的最早一卷，具有很高的文物、文献价值。

卷尾题记也反映了古代丝绸之路上的文化交流。此卷由沙门进业在酒泉抄写，后来传到敦煌。一般来说，敦煌藏经洞所存佛教典籍有两个来源：一是敦煌本地书写，二是外地传入。外地传入的途径不外三端：一、外地僧人或西行求法或到敦煌弘扬佛法带来的；二、敦煌僧人到中原“乞经”时带回；三、朝廷颁赐。本件写卷抄写于同为河西四郡的酒泉，可能是酒泉的僧人或西行求法或到敦煌弘扬佛法带到敦煌，最终封藏于藏经洞的。从这个意义上说，它是丝绸之路上佛教流传的见证。

本卷的开合与传世本有所不同，反映了《四分律》译成之初的状况。通过与传世本的对比，研究者能明了《四分律》改编的轨迹。这集中体现了它在文献研究上的珍贵价值。

敦煌本《坛经》的前世今生

李燕晖

《坛经》是中国佛教禅宗的“宗经”，记载了中国佛教禅宗创始者六祖慧能的事迹和说法。为流传至今的最重要的禅宗文献，也是惟一一部由中国人写的被尊崇为“经”的佛书，其地位之高可见一斑。《坛经》自唐代问世以来，最初只有慧能的入室弟子才被允许书写和传授。随着禅宗的迅速发展，《坛经》得到了越来越广泛的流传，历代屡经增删，流传下来的主要有四种：法海本，又名敦煌写本；晚唐或宋初的惠昕本；宋僧人的契崇本；元僧人德异、宗宝两人删定刊行于世的宗宝本。发现法海本之前，宗宝本为最常见的本子。随着20世纪初敦煌藏经洞的发现以及敦煌本《坛经》的出土，人们对《坛经》的内容及意义又有了新的认识。

敦煌本《坛经》被认为是现存最早的《坛经》写本，形成于唐中期，基本保留着中国禅宗原始的思想内容和语言形式，即使是较完整的敦煌本《坛经》也不过只有12400余字，大大少于后世通行本的两万多字。敦煌本《坛经》较为接近原貌，是研究以慧能为中心的

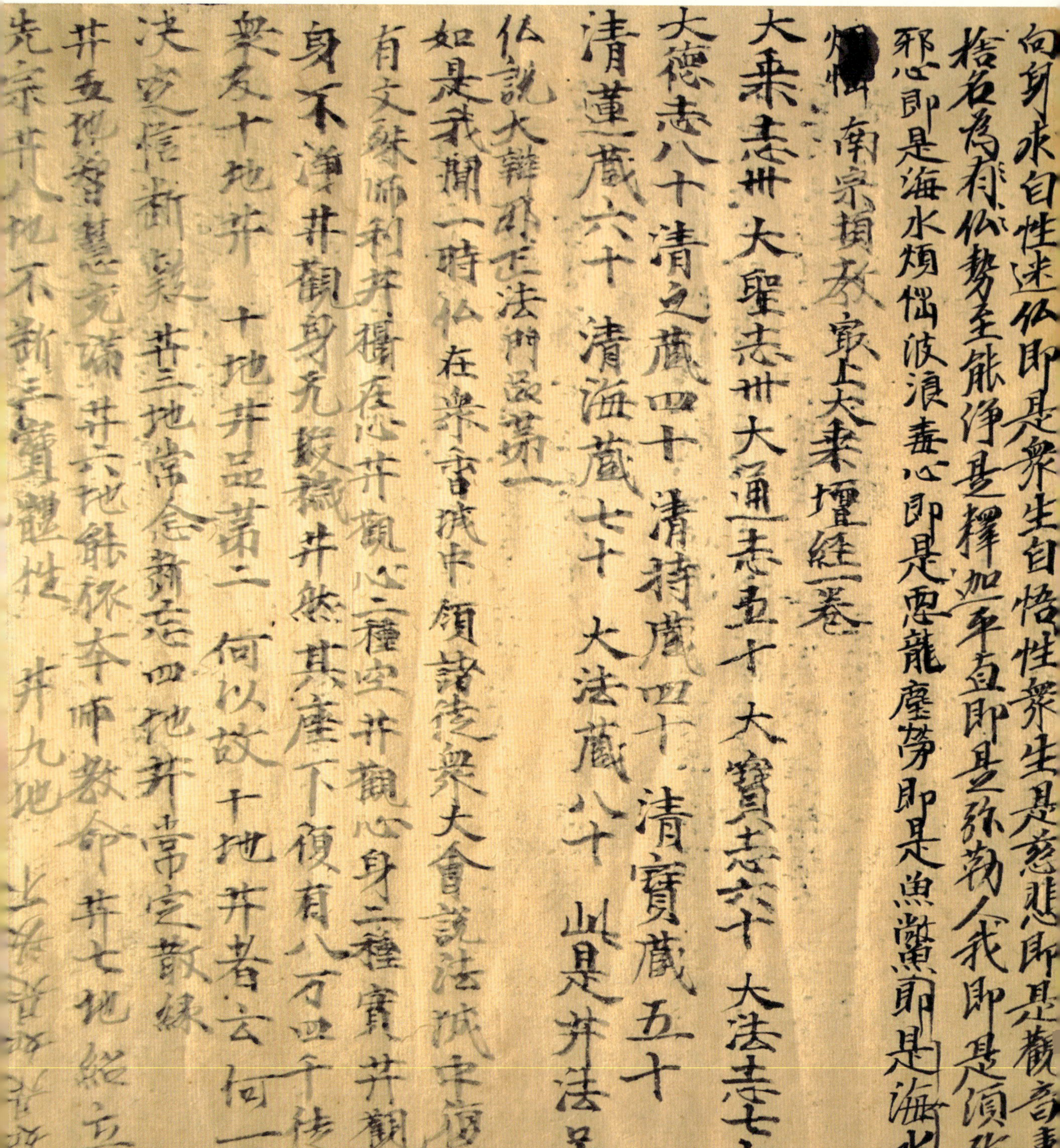
向身求自性迷仏即是衆生自悟性衆生是慈悲即是觀音善
捨名爲勢至能淨是釋迦平直即是弥勒人我即是須弥
邪心即是海水煩惱波浪毒心即是惡龍塵勞即是魚鼈即是海水
[illegible]南宗頓教最上大乘壇經一卷
大乘志卅 大聖志卅 大通志五十 大寶志六十 大法志七十
大德志八十 清之藏四十 清持藏四十 清寶藏五十
清蓮藏六十 清海藏七十 大法藏八十 此是菩法号
仏說大辯邪正法門經第一
如是我聞一時仏在衆香城中領諸徳衆大會說法城中復
有文殊師利菩薩在心菩薩觀心二種空菩薩觀心身二種實菩薩觀
身不淨菩薩觀身无數識菩薩然其座下復有八万四千徒
衆友十地菩薩 十地菩薩品第二 何以故十地菩薩者云何一地
決定信斷疑 菩薩三地常念斷惡四地菩薩常定散緣
菩薩五地智慧充滿 菩薩六地能除本師教命 菩薩七地絕立
先宗菩薩八地不斷三寶體性 菩薩九地

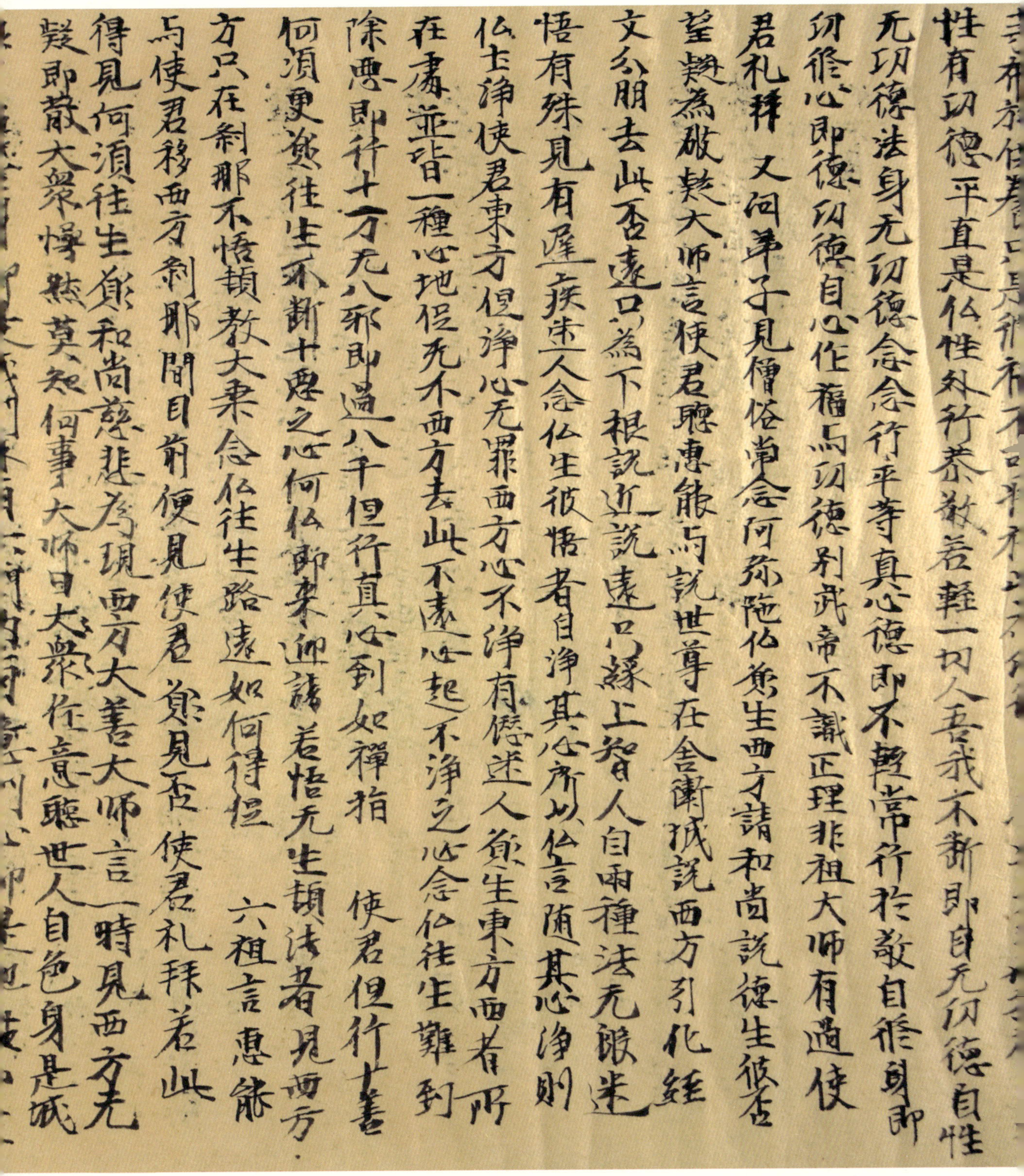
性有功德平直是仏性外行恭敬若輕一切人吾我不斷即自无功德自性
无功德法身无功德念念行平等真心德即不輕常行於敬自修身即
功修心即德功德自心作福与功德別武帝不識正理非祖大师有過使
君礼拜　又问弟子見僧俗常念阿弥陀仏願生西方請和尚説德生彼否
望為破疑大师言使君聴恵能与説世尊在舍衛城説西方引化経
文分明去此不遠只為下根説近説遠只緣上智人自両種法无不一迷
悟有殊見有遲疾迷人念仏生彼悟者自淨其心所以仏言随其心淨則
仏土淨使君東方但淨心无罪西方心不淨有愆迷人願生東方西者所
在處並皆一種心地但无不淨西方去此不遠心起不淨之心念仏往生難到
除悪即行十万无八邪即過八千但行真心到如禅指　使君但行十善
何須更願往生不斷十悪之心何仏即來迎請若悟无生頓法者見西方
方只在剎那不悟頓教大乘念仏往生路遠如何得達　六祖言恵能
与使君移西方剎那間目前便見使君願見否　使君礼拜若此
得見何須往生願和尚慈悲為現西方大善大师言一時見西方无
疑即散大衆愕然莫知何事大师曰大衆作意聴世人自色身是城

《坛经》

初期禅宗的重要资料，对研究中国禅宗历史、慧能及其思想有重大价值。敦煌本《坛经》的内容大致包括两部分：一是大梵寺开法记录，构成《坛经》主体；一是包括与弟子问答、临终嘱咐等在内的附录性资料。从目前散存世界各地的敦煌遗书看，敦煌本《坛经》尚存5件：

其一为英国图书馆藏敦煌遗书S.5475号，首尾完整，全名"南宗顿教最上大乘摩诃般若波罗蜜经六祖慧能大师于韶州大梵寺施法坛经"，下署"兼受无相戒弘法弟子法海集记"，说明这是六祖慧能当年在广东传法的记录，卷末题为"南宗顿教最上大乘坛经法"。该本1923年由日本学者矢吹庆辉于伦敦大英博物馆收藏的敦煌文书中发现，并引起中外学者重视，在很长一段时间内作为敦煌本《坛经》的底本来研究。日本《大正藏》据其录文收入第四十八卷。其二是中国国家图书馆藏敦煌遗书BD04548（冈48号），卷轴装，首残尾存。其三为敦煌市博物馆藏敦煌遗书077号，首尾完整，字迹清秀。其四为中国国家图书馆藏敦煌遗书BD08958号（有79号），残片，仅存四行半。其五为原日本大谷探险队所得本。该本的发现最具传奇色彩。此件写本在旅顺博物馆收藏了近90年，学术界一直以为其已佚失。直到2009年12月，在全国善本普查中，旅顺博物馆请专家对其进行重新认定，才确认旅博本《坛经》，即由大谷探险队得自敦煌藏经洞，学术界认为佚失多年的《坛经》写本。据卷尾题记知其抄写于"后周显德五年己未年"，敦煌本《坛经》中惟一有抄写年代者，且还保留了完整的缝缋装装帧形式。此外，旅博本《坛经》经文中有朱笔间隔符号和断句标点，这在散存于世界各地仅有的5个敦煌本《坛经》写本中是仅见的。因此，此卷的发现具有重要学术价值。

从敦煌本《坛经》的发现，我们看到古籍作为文化传承的载体，为我们保存下许多珍贵的历史印记。中华文明传承数千年没有中断，就是因为我们重史传书，典籍宏富，把民族思想文化精髓承接了下来，文化根脉不断。

国家图书馆藏敦煌礼忏文
——忏悔发愿文实用文本

林世田　常荩心

佛教由印度传到中国，僧人们为了宣教弘法，将大量经典译成汉文。但这些经典义理高深，晦涩难懂，往往只能流传于高僧大德与士大夫阶层，不易深入民间。而真正使佛教深入民间、普及中国社会的，则是一些较为简单的善恶报应、因果轮回和功德思想等观念。尤其是在功德思想的影响下，各式各样的礼忏活动在信徒的生活中展开，成为汉传佛教中风行的活动之一。随着对记录这些群体共修的礼忏仪式的程序，礼忏文便应运而生。

自 1900 年，封闭千年之久的敦煌莫高窟藏经洞被打开后，大批 4 至 11 世纪的写本、绢画等重见天日。敦煌文书成为中国近代学术史的四大重要发现之一。因其为佛教寺院藏书，约有百分之九十的文献为佛教典籍，举凡佛经、讲经文、变文、法会文书、僧侣度牒等，为研究中国古代佛教的历史面貌提供了重要资料。特别是佛教典籍中的礼忏文，

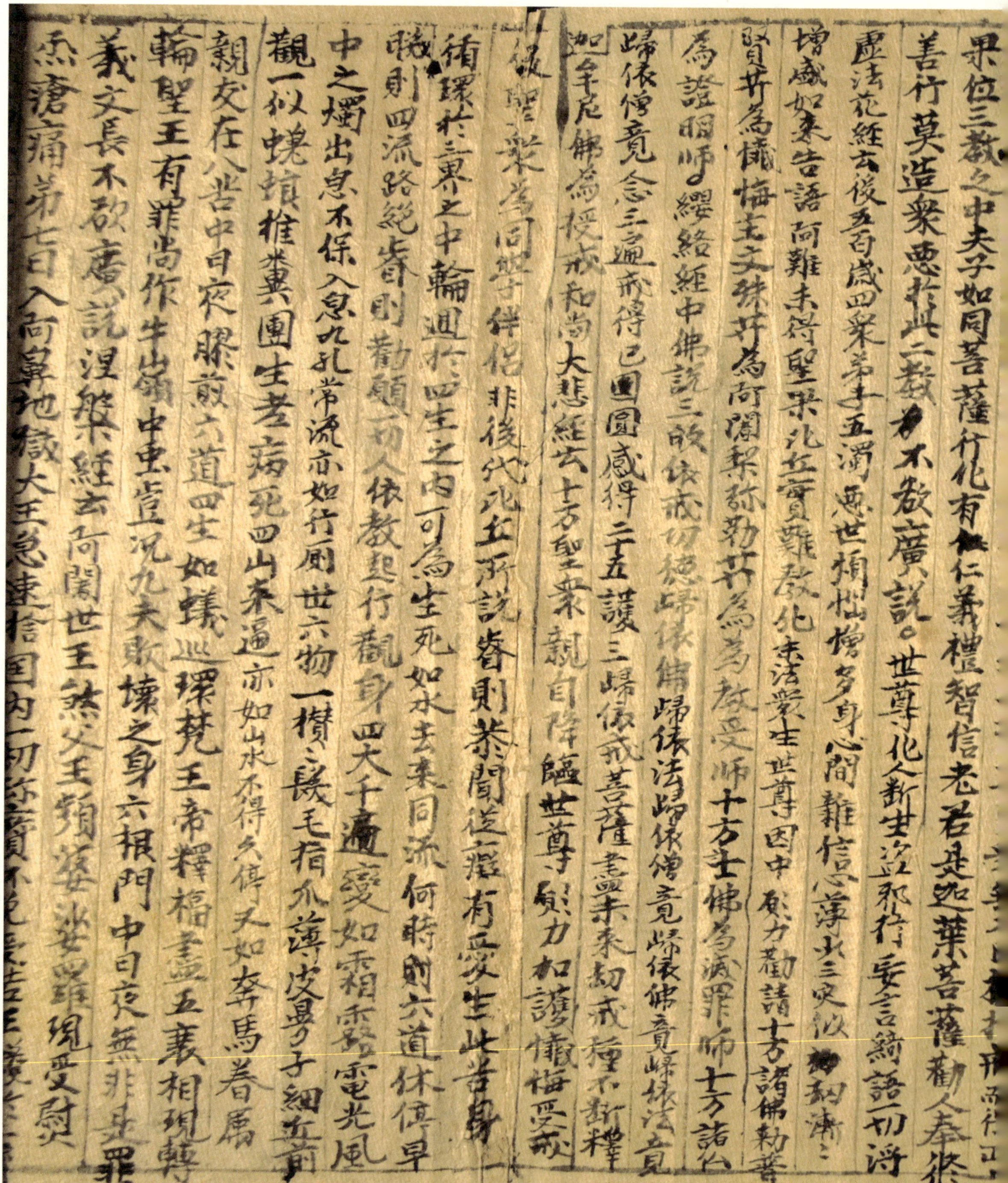

果位三教之中夫子如同菩薩行化有□仁義禮智信老君是迦葉菩薩勸人奉修
善行莫造衆惡於此二教□不敢廣〻說。世尊化人斷生盜邪行妄言綺語一切酒
虛法花經云後五百歲四衆弟子五濁惡世煩惱增多身心闇雜信心薄水三灾□劫濟〻
增盛如來告語阿難末得聖果比丘貧難教化末法衆生世尊因中慇力勸請十方諸佛勸普
賢菩薩為懺悔主文殊菩薩為阿闍梨彌勒菩薩為教受師十方世佛為滅罪師十方諸仏
為證明師瓔珞經中佛說三歸依戒功德歸依佛歸依法歸依僧竟歸依佛竟歸依法竟
歸依僧竟念三遍戒得已圓〻感得二十五護三歸依戒菩薩盡未來劫戒種不斷釋
迦牟尼佛為授戒和尚大悲經云十方聖衆親自降臨世尊〻慇力加護懺悔受戒
緣聖衆為同學伴侶非後代凡夫所說昏則恭聞道場有受生此皆歸
循環於三界之中輪迴於四生之內可為生死如水去來同流何時則六道休停早
脫則四流路絕昏則勸願一切人依教起行觀身四大千遍變如雲霜霧電光風
中之燭出息不保入息九孔常流亦如行廁世六物一攢〻髮毛指爪薄〻皮鼻子細並前
觀一似蟯蟥推糞團生老病死四山來逼亦如山水不得久停又如奔馬眷屬
親友在〻苦中日夜聚散六道四生如蟻巡環梵王帝釋福盡五衰相現轉
輪聖王有罪尚作牛山嶺中虫豈況凡夫敗壞之身六根門中日夜無非是罪
義文長不敢廣〻說涅槃經云阿闍世王煞父王頻婆娑羅現受又尉
悉瘡痛第七日入阿鼻地獄大王急速捨国內一切珍寶不免受苦王兼

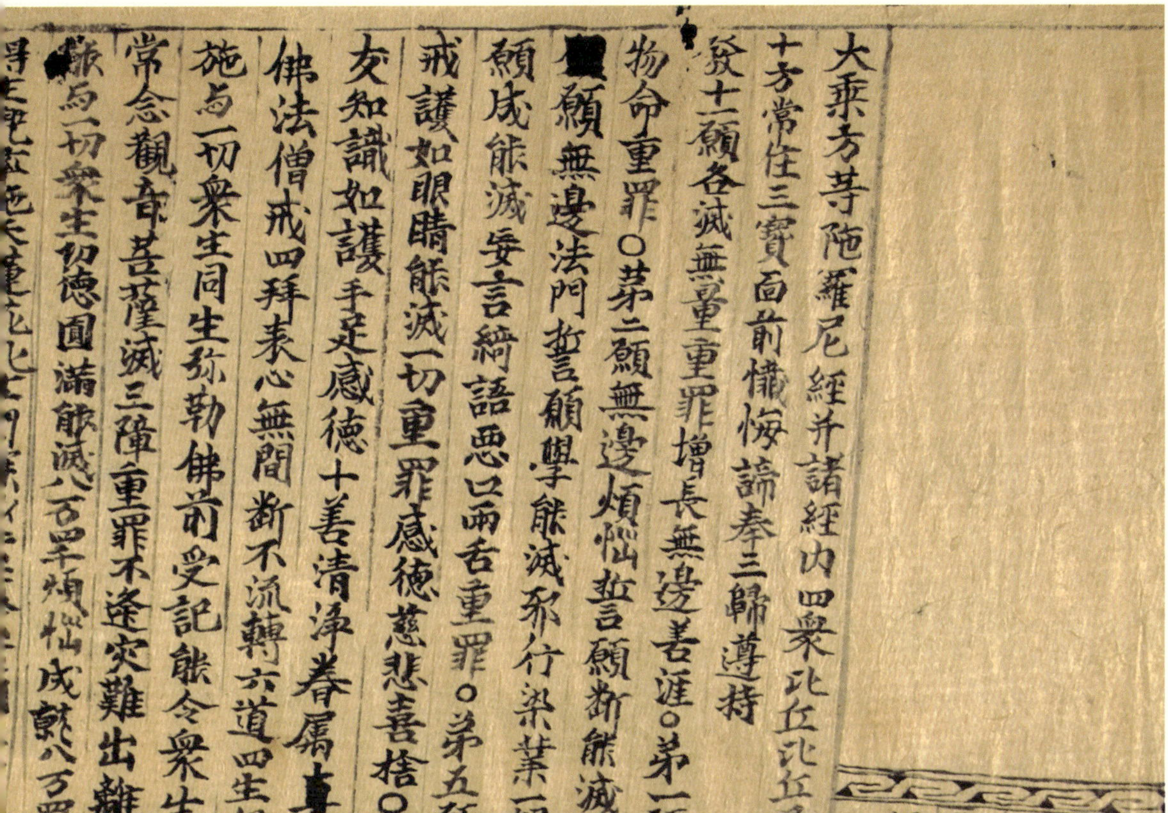

大乘方等陀羅尼經并諸經内四衆比丘比丘尼優婆塞優婆夷懺悔發願文今於
十方常住三寶面前懺悔歸奉三歸遵持
所發行願狀与一切衆同
發十二願各滅無量重罪增長無邊善涯。第一願無邊衆生誓願度能滅煞一切
物命重罪。第二願無邊煩惱誓願斷能滅偷盜諸般物色一切重罪。第三
願無邊法門誓願學能滅邪行染業一切重罪。第四願無上菩提誓
願成能滅妄言綺語惡口兩舌重罪。第五願供養恭敬佛法僧三寶持如來
戒護如眼睛能滅一切重罪感德慈悲喜捨。第六願孝順父母六親骨肉善
友知識如護手足感德十善清淨眷屬直至成佛。第七願每日礼
佛法僧戒四拜表心無間斷不流轉六道四生得見諸佛。第八願幡燈供養功德
施与一切衆生同生彌勒佛前受記能令衆生身心柔和得具律儀。第九願
常念觀音菩薩滅三障重罪不遂災難出離生死。第十願常念釋迦牟尼佛
願与一切衆生功德圓滿能滅八万四千煩惱成就八万四千法門。第十一願者常念慈氏菩薩

中心本師釋迦牟尼佛
慈悲喜捨四無量心菩
薩護福足恵足戒神与
無數善神常隨擁護

《大乘方等陀罗尼经并诸经内四众忏悔发愿文》

对研究佛教教团活动具有重要意义。

国家图书馆藏敦煌遗书中有一件完整的礼忏文，题为“大乘方等陀罗尼经并诸经内四众比丘、比丘尼、优婆塞、优婆夷忏悔发愿文”，编号 BD06158。全文首尾完整，4 纸，凡 115 行，正反面接抄，长达 5000 余字，这在敦煌文献同类忏愿文中可谓绝无仅有，弥足珍贵。根据卷子纸质判断，当为唐末五代时期，即公元 10 世纪左右的遗物。

据文献内容可知，这件珍贵的敦煌遗书是由唐末五代时期比丘睿则撰写，并在为善男信女主持的忏愿仪式上所宣讲的忏愿文文本。全文可分为四部分：首先，领众发十一大弘愿。而后由忏主也就是比丘睿则讲经，讲经部分是本文重点，作者大量引用《涅盘（槃）经》《法华经》《璎络（珞）经》《大悲经》《优婆塞戒经》《较量功德经》《华严经》《菩萨六度经》等八种经及圣光法师偈宣讲持戒、忏悔功德。从所引经文看来，睿则虽旁征博引，但其所引经文多与现存不同，应为讲经时恣意发挥所致。再次为请佛仪、三皈依。忏主讲经之后，率众斋诵请佛仪、三皈依等的课文。斋诵是敦煌地区流行的礼忏文的通用程序，其中三皈依课文，既是成为佛教徒所必需的仪式，也是各种法事活动的常见仪式。忏愿仪式的最后，忏主领众齐诵回向文。至此，全部忏仪以“某甲白十方圣众，愿我与一切众生诸恶断尽，愿一切善满，所有善根回施众生，皆共成佛”，作为回向，宣告结束。

国家图书馆藏《大乘方等陀罗尼经并诸经内四众比丘、比丘尼、优婆塞、优婆夷忏悔发愿文》应为忏愿仪式上的忏悔发愿文实用文本，而非范本。借由此卷可以窥见修忏的一套程式，即首列十一大愿，而后由忏主讲经，最后领众回向的程序，有别于敦煌所出绝大多数简单的忏悔发愿词、礼忏文范本。一般礼忏文多为礼忏程序，很难见到忏主的讲经活动。而从这篇礼忏发愿文可以看出，一篇完整的礼忏文应由忏主讲经和礼忏程序两部分组成。当地一般礼忏文多为当时所流行的礼忏程序，大多没有作者，而这篇则不同，在大量的讲经内容中透露了作者也就是忏主的信息。通过比丘睿则讲经时所引经文的情况，我们也可看出当时一般僧众的佛学修养。

国家图书馆藏敦煌本《大唐三藏圣教序》

萨仁高娃

唐代堪称中国译经史上的颠峰时期，这与众多本土僧众译经事业有关，其中代表人物应为大唐三藏法师玄奘。玄奘（602—664）于唐贞观三年（629）西行取经，贞观十九年（645）正月返还长安，带回657部大小乘经论，组织规模宏大的译场，始于其译经事业。唐太宗为表彰玄奘法师西行取经伟业与译经弘佛善举，为新译经作了总序，即后世所传《大唐三藏圣教序》。该《序》流传世间者有写、刻本，也有石刻拓本，尤其唐咸亨三年（672）十二月八日，怀仁集王羲之行书《三藏圣教序》石刻，书法流畅自然，犹如书圣手书，当系其最成功之集字典范，为后人所信赖。

贞观二十二年（648）夏五月甲午，法师翻讫《瑜伽师地论》，凡一百卷，便请太宗为新译经写"序"。其实，早在贞观二十年（646）七月十三日，玄奘译毕五部经后，曾启表，但帝"国务繁剧，未及措意"。此次，帝应允撰写"序"，名曰"大唐三藏圣教序"，凡781字。

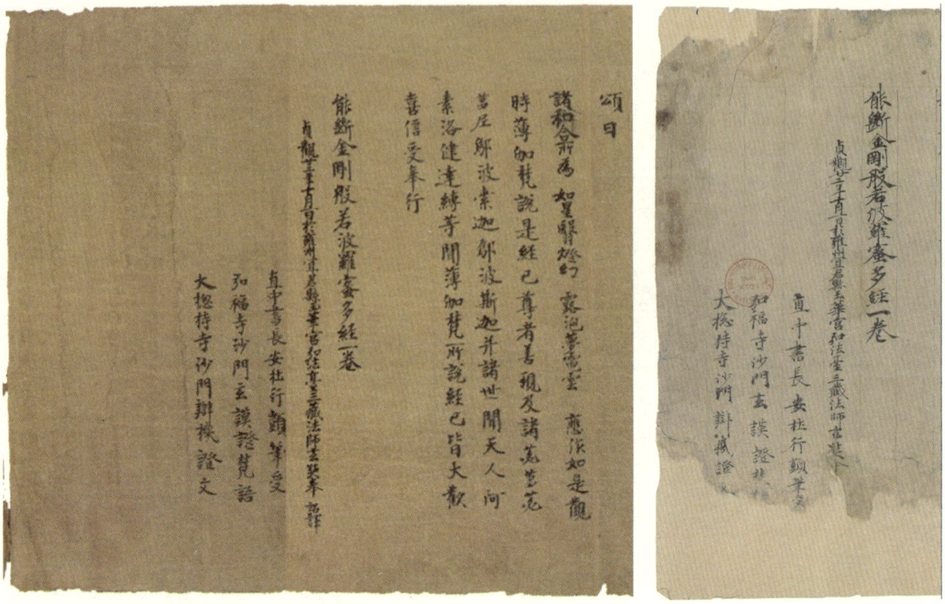

玄奘译《能断金刚波若波罗蜜多心经》

国家图书馆藏金石拓本中，有一件怀仁集王羲之行书《大唐三藏圣教序》拓本。此石刻成于唐咸亨三年（672）十二月八日。该《序》能够闻名于世，正借助此墨宝，流传于今日。然而，作为贞观二十二年（648）写就成文的序，其最早本应早于怀仁集本。追踪其最早版本，我们还要求助现存的敦煌遗书。

已公布敦煌遗书中存13件《序》，其中年代最早者为国家图书馆藏BD15243（新1443）。该写卷首残尾全，凡21纸，一纸28行，行16—18字，2、3、17、18、21纸皆有刮改痕迹。第3纸第2行首题“能断金刚般若波罗蜜多经一卷　三藏法师玄奘奉诏译”，其前抄《序》。尾题“能断金刚般若波罗蜜多经一卷”，尾纸第8行起题记“贞观廿二年十月一日于雍州宜县玉华宫弘法台三藏法师玄奘奉诏译 / 直中书长安杜行颛笔受 / 弘福寺沙门玄谟证梵语 / 大总持寺沙门辩机证文”。

由题记可知，此卷离“序”写就时间仅晚五个月，为目前所见最早本。另，据《玄奘传》所记时间推断，此写卷亦为该经最早写本，由其刮改痕迹及字体稚嫩程度看，甚者为初译稿。敦煌写本中，法藏 P.2323 亦为《能断金刚般若波罗蜜多经一卷》，首残尾全，计 20 纸，一纸 28—29 行，行 16—19 字。有护首，护首外题名曰“能断金刚经一卷”，显然出自后人之手。除卷首及卷尾破损程度与我馆藏品稍有区别外，其余完全一致。当然，字迹比前者更为规整、流畅，整卷无刮改痕迹，更显成熟、端庄，可称作定稿。由此再次确定我馆藏本为《大唐三藏圣教序》以及玄奘译《能断金刚般若波罗蜜多经一卷》的最早写本。

尾记中所提笔受杜行颉，除此经外，在玄奘所译其余佛经译场中从不见。笔受，直意即是用笔记录别人口授的话。杜行颉，唐代译经居士，京兆人，仪凤中年（676—678）任朝散郎、行鸿胪寺典客署令，通晓多国语言，兼善文藻，尤精天竺语书。唐人智周（668—723）《成惟识论掌中枢要记》载：“依杜行颉梵者。此俗士有学识。善双语。其时亦参预翻译。”又记：“当为帝慧问。诸经中此方引缘灵验多者。三藏。答。以此经（《能断金刚般若波罗蜜多经》）证时。即令翻译三藏梵本。先在慈恩。应不及取。杜行颉先有梵本。其夜即翻。……故今所传文。由勇质三百卷。即六百卷中。其能断初八等

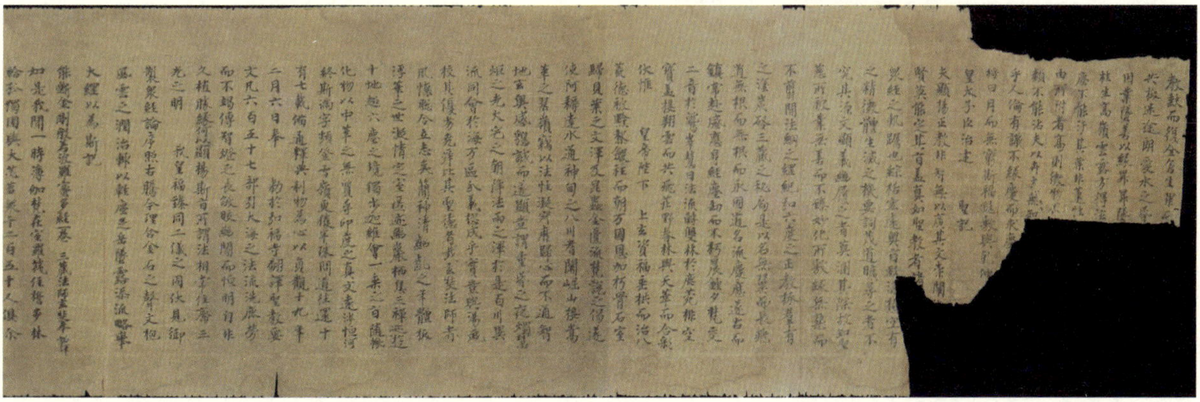

BD15243 《大唐三藏圣教序》

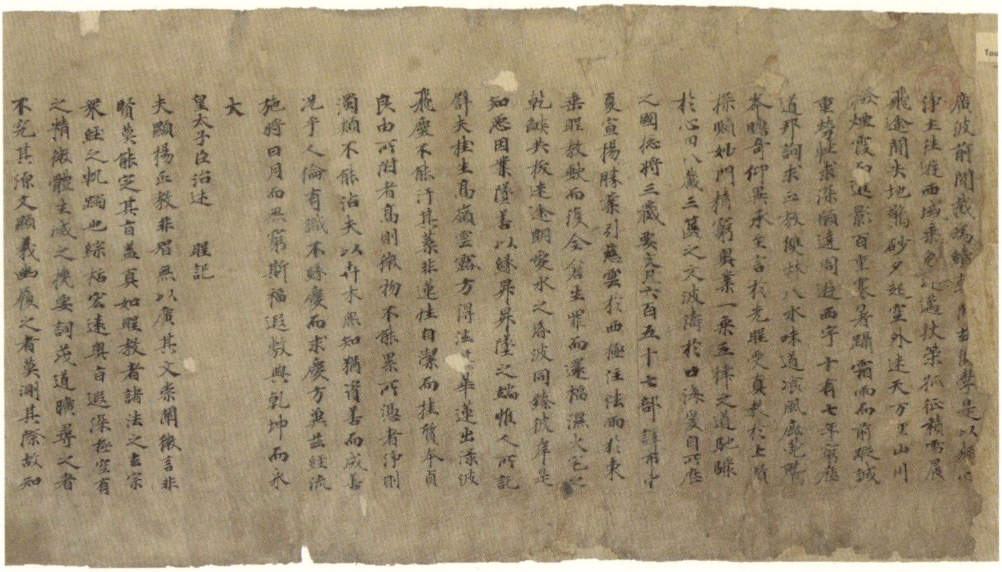
廣彼前聞截偽續真開茲後學是以翹心
淨土往遊西域乘危遠邁杖策孤征積雪晨
飛途間失地驚砂夕起空外迷天萬里山川
撥煙霞而進影百重寒暑躡霜雨而前蹤誠
重勞輕求深願達周遊西宇十有七年窮歷
道邦詢求正教雙林八水味道餐風鹿苑鷲
峰瞻奇仰異承至言於先聖受真教於上賢
探賾妙門精窮奧業一乘五律之道馳驟
於心田八藏三篋之文波濤於口海爰自所歷
之國總將三藏要文凡六百五十七部譯布中
夏宣揚勝業引慈雲於西極注法雨於東
垂聖教缺而復全蒼生罪而還福濕火宅之
乾焰共拔迷途朗愛水之昏波同臻彼岸是
知惡因業墜善以緣昇昇墜之端惟人所託
譬夫桂生高嶺雲露方得泫其華蓮出淥波
飛塵不能汙其葉非蓮性自潔而桂質本貞
良由所附者高則微物不能累所憑者淨則
濁類不能沾夫以卉木無知猶資善而成善
況乎人倫有識不緣慶而求慶方冀茲經流
施將日月而無窮斯福遐敷與乾坤而永
大
皇太子臣治述　　聖記
夫顯揚正教非智無以廣其文崇闡微言非
賢莫能定其旨蓋真如聖教者諸法之玄宗
眾經之軌躅也綜括宏遠奧旨遐深極空有
之精微體生滅之機要詞茂道曠尋之者
不究其源文顯義幽履之者莫測其際故知

P.2323　《大唐三藏圣教序》

中者。杜行顗本也。”显然，玄奘译《能断金刚般若波罗蜜多经》所依底本为杜行顗所持本，而并非其从印度带回梵本。杜行顗既为精通梵文的信士，又持《能断金刚般若波罗蜜多经》的梵本，故玄奘奉诏译此经，在未及从慈恩寺取回梵本的情况下，只得依杜行顗所持梵本，并由其担任笔受。

一部写卷不仅记录文献本身，其更重要的价值则是承载文献形成始末以及文献问世之初的面貌与轮廓，此即敦煌写本所拥有的魅力。

味青斋旧藏敦煌本《老子道德经义疏》

李燕晖

国家图书馆藏敦煌写本《老子道德经义疏》，编号 BD14677，为唐初写本，注疏者古佚。卷轴装，首尾残，现存 270.5cm，经文 148 行。麻纸。原件脱落一块残片，现存英国图书馆。本卷纸质细密柔软，楷书字体，经文朱笔，色彩鲜红；疏文墨笔，字黑如漆。前半部内容为开题序例，与唐代河上公注本及李荣注本相同。后半部内容为经文及注疏，起于第 1 章，止于第 7 章。经文用《五千文》本，疏义近于李荣、赵志坚等唐代道士所作。《正统道藏》未收，故无传世本。

此件原为味青斋旧藏。味青斋主人许贞干，字豫生，福建侯官（今闽侯）人，光绪十八年（1892）进士，官至浙江廉访使。出身于书香门第，与许亨超、许利宾有“叔侄父子三进士”之称。其父许利宾，道光丁未（1847）年进士，官至河南知县，在许贞干六岁时去世。许贞干的母亲陈氏将他带回家乡并严格督导他的学习。许贞干的老师黄见三，字景如，一字心垣，长乐青山下人。咸丰癸丑（1853）进士。历任河南杞县、汜水、内黄、林县、太康等县的知县及郑州、睢州的知州。在任期间整饬吏治、勤政爱民、振兴文教。许利宾去世后，黄见三为其操办丧事，并用心教导许贞干。许贞干十岁时，成为一名邑诸生。母亲陈氏认为他还年幼，三次乡试都不让他参加。许贞干十五六岁的时候出游，结识了闽县人陈宝琛，被他留下出任掌书记。许贞干严谨机敏的作风深为陈宝琛器重。癸酉年（1873），贞干由于考试成绩优秀，得到了一个教职，但他中乡试时已三十岁，从而担任武平县的县学教员。由于武平县地处偏远，没有多少薪水，于是贞干以文墨为生，赚钱侍奉其母。因他的兄长在陈宝琛手下做事，许贞干中乡试后，陈宝琛将其推荐到船政局的刘铭传处。当时台湾富绅林维源以朝廷的名义帮办抚垦事务，就请许贞干帮忙。许贞干为工作频繁往返于两地，官至道员。翁同龢与他交往甚密，在他被放逐后曾在《题许豫生贞干青灯有味似儿时图》中云："富贵何足道，坚贞永自持。"许贞干素来擅长于殿体书，但是后来参加考试时名次却并不好，就请求仍旧担任原来的官职，去浙江管理书局、督察苏州盐局，执掌运司，兼管刑律。贞干性情平和，但得意时非常自负，对他不满者不乏，以至于一再被人排挤，降职为县丞。后来他担任北洋军的幕僚，有幸经江北提督王士珍等人的提携，官复原职。武昌起义前，军机大臣袁世凯执掌大权。许贞干执掌行营，不久便得重病去世，没有留下子嗣。其妹夫为北洋海军"威远"舰管带方伯谦。

许氏生前著有《八家四六文注》八卷，并藏书数万卷，其中多秘册。他收藏的旧抄本有明张萱撰《西园见闻录》一书，当属海内孤本，共六十册，十分珍贵。无奈他死后，家人不识其宝，将此书并全部家藏廉价尽售与陈宝琛。

对于味青斋藏书的重现，源于1991年仲春之际萧新祺在中国书店书库整理古籍。发现有《味青斋藏书画目》抄本一册，未署姓氏，著录皆为宋元名迹书画及宋元旧刻名椠的古籍善本，后面附有敦煌秘籍佚卷存目，藏有敦煌遗书23件。萧新祺根据燕京大学教授、著名史学家聂崇歧藏书中有一枚味青斋藏书印和"丁卯后人"印鉴，并根据"丁卯集”为唐代许浑所撰，断定味青斋主人当为许氏之后裔无疑。于是《敦煌研究》1991年第4期公布了味青斋敦煌藏卷的目录，其后附有李正宇、杨森的《检对记》，检对出天和二年（567）《涅盘经》和血书《观音经》藏于中国国家图书馆。

1995年，国家图书馆李际宁先生在《敦煌学辑刊》1995年第1期上发表《味青斋敦煌秘籍佚卷存目点勘及其价值》，在萧文基础上根据国家图书馆档案，认定这批遗书大部分保存在国家图书馆。根据国家图书馆敦煌遗书入藏登记底账和文化部文物局《文物移交单证》记录，这批遗书于1955年底由文化部移交我馆保管，次年7月正式办理移交手续，基本弄清楚了其入藏我馆的过程。在这篇文章中还根据对原卷的调查，对这批遗书的状况及史料价值略做了介绍。

国家图书馆得知中国书店发现《味青斋藏书画目》之后，便与中国书店联系，希望购入，与味青斋敦煌遗书一起收藏，珠联璧合。然而文物出版社孟宪钧先生独具慧眼，购入《味青斋藏书画目》。当他得知国家图书馆希望收藏时，当即决定捐赠我馆。2002年5月24日，孟宪钧先生将这部珍贵稿抄本慷慨捐赠国家图书馆，并于2002年8月27日国家图书馆善本部开办的“敦煌学学术史展览”中展出，特在展品说明中表彰了孟宪钧先生的善举。

味青斋的敦煌遗书可以说价值连城，如《咸通六年灵图寺点勘藏经目录》，卷端写有“咸通六年正月三日，奉处分吴和尚经论，令都僧政法镜点检。所是灵图寺藏论及文疏，令却归本藏。诸杂蕃汉经论，抄录以为籍帐者。谨依处分，具名目如后”。其下所列当是点检吴和尚身后遗物的记录。方广锠先生在《九洲学刊》上发表《关于敦煌遗书北新八七六号》一文，进行了录文和研究。指出该目录的前部分是依据《大唐内典录·入藏录》组织的灵图寺佛经目录。该目录的性质是吴和尚（法成）“生前身边留用大量经典，故敦煌教团在其死后第二年正月对其所用的经典进行清理”，足见其珍贵。在我们过去的研究和论著中，虽然没有对味青斋浓墨重写，但却无损味青斋藏书的独特价值。

国家图书馆藏唐写本《摩尼教经》

王姿怡

摩尼教（Manichaeism，意译明教），是公元3世纪中叶在波斯创立的宗教，因创始人摩尼（约216—约277）而得名。他吸收琐罗亚斯德教、佛教、基督教的思想观念，创建了自己的教义、教规和教仪，宣称自己是继琐罗亚斯德、释迦牟尼、耶稣之后的第四位“先知”，并试图建立一个拯救人类的世界性宗教。

摩尼教主张善与恶的二元论，认为宇宙间充满善与恶、光明与黑暗的斗争，并且有严密的教团组织和宗教制度。摩尼教在波斯被指为异端，摩尼本人获极刑而死，其信徒因而转向罗马东部、印度北部扩张影响，从4世纪至6世纪广泛流行于中亚以及地中海一带，摩尼教的经典也由古叙利亚文先后被译成拉丁文、希腊文、亚美尼亚文、中古波斯文、帕提亚文、突厥文、粟特文、大夏文、回鹘文、阿拉伯文以及汉文。武则天延载元年（694），波斯人拂多诞持《二宗经》献武则天，从而摩尼教在中原地区公开建寺传教。唐开元二十年（732）七月，唐玄宗曾下诏：“摩尼法本是邪见，妄称佛教，诳惑黎元，

癡禁於皮城令其妙火俱得解脫貪慾二魔禁於中間
飢毒猶火放令自在猶如金師將欲鍊金必先藉火若不
得火鍊即不成 其惠明使喻若金師其凝嚠而去暖猶如金
釙其彼飢魔即是猶火鍊五分身令使清淨惠明大使於善
身中使用飢火爲大利益其五明力任和合體囙彼善人
銓簡二力各令分別如此宍身亦名故人即是骨筋脉宍
皮怨嗔婬怒癡及貪饞婬如是十三共成一身以像无始无
明境界第二暗夜即是貪魔毒惡思惟諸不善性所謂
愚癡婬慾自譽亂他嗔毒不淨破壞銷散死亡誑惑返逆
暗相如是等可畏无明暗夜十二暗時即是本出諸魔記

山事已生嗔姤心即遣二并破此苦於心放日月三大
明船惑亂明性令昇暗船墮入地獄輪迴五趣備受諸
苦卒難解脫若有明使出興於世教化衆生令脫諸
苦先從耳門降妙法音後入故宅持大神呪禁衆毒
虵及諸惡獸不令自在復齎智斧斬伐毒樹除去株
杌并餘穢草並令清淨嚴餝宮殿敷置法座而乃坐之
猶如國王破怨敵國自於其中庄餝宮殿安處寶座
平斷一切善惡人民其惠明使亦復如是既入故城壞怨
敵已當即分判明暗二力不令雜亂先降怨憎禁於骨城
令其淨氣俱得離縛次降嗔恚禁於筋城令淨風妙即

宜严加禁断。”

公元 8、9 世纪，回鹘汗国将摩尼教奉为国教，其僧侣在回鹘汗廷的支持下，在中原地区兴建寺院，四处活动，盛行一时。开成五年（840）回鹘国破，被迫西迁，失去护法的摩尼教风光不再，每况愈下，至会昌三年（843）遭唐武宗敕禁。此后摩尼教转入民间，从正统转为异端，并影响到唐以后的多次农民运动。

摩尼教在历史上曾经盛极一时，但因屡遭迫害，存世文献湮灭无闻。过去学者们主要依靠古代与摩尼教对立的一些基督教徒、伊斯兰教徒的记载及零星的考古资料来展开研究，长年处于资料欠缺、研究受到局限、有失偏颇的状态。

20 世纪初，敦煌藏经洞遗书中发现的包括《摩尼教经》在内的三件摩尼教经卷写本，乃中国迄今留存的惟一汉文摩尼教经典，分别命名为《波斯教残经》《摩尼广佛教法仪略》《摩尼教下部赞》。《摩尼教经》最早名为《波斯教残经》，现收藏国家图书馆，编号 BD00256（千字文号宇 56，胶卷号 8470），卷轴装，首残尾全，全卷长 639cm，高 27cm，共 17 纸，345 行，行 19 至 21 字不等。该经行文与佛经相类，以教主与弟子答问的形式，阐发摩尼关于人类自身并存明暗二性的教义。此写本对于研究摩尼教及其在中国的演变具有重要参考价值。

1911 年罗振玉以“波斯教残经”名，将录文刊布在《国学丛刊》第二册上。同年，法国学者沙畹（Ed. Chavannes）和伯希和（P. Pelliot）在 11 和 12 月的《亚洲学报》上发表《中国发现的摩尼教经典》，将罗振玉刊布的《波斯教残经》译成法文，并对其内容详加考释，并定此经为摩尼教残经。1923 年，陈垣在《国学季刊》第 1 卷第 2 号上发表《摩尼教入中国考》，猜测此经为延载元年（694）摩尼僧献给武后的《二宗经》；在同刊第 1 卷第 3 号上，则定名为“摩尼教残经一”，并加以校录。1983 年，林悟殊在《文史》第 21 辑上明境界第二暗夜即是貪魔毒惡思惟諸不善性所謂愚癡婬慾自譽亂他嗔恚不淨破壞銷散死亡誑惑返逆暗相如是等可畏无明暗夜十二暗時即是本出諸魔記驗以是義故惠明大智以善方便於此宍身銓救明性令得解脫於已五體化出五施資益明性先從明相化出憐愍加被淨氣次從明心化出具足加被明力又於明思化出忍辱加被淨水又於明意化出智惠加被淨火呼嚧瑟德嘞嘍嘫德於語藏中加被智惠其氣風明水火憐愍誠信具足忍辱智惠及呼嚧瑟德嘞嘍嘫德与彼惠明如是十三以像清淨光明世界明尊記驗持具戒者猶如日也

《摩尼教经》

发表《〈摩尼教残经一〉原名之我见》，考定其可能为《摩尼光佛教法仪略》所提及的摩尼第五部经典《钵迦摩帝夜》，即《证明过去教经》。

另两件写本是《摩尼光佛教法仪略》和《摩尼教下部赞》。《摩尼光佛教法仪略》前半部收藏在英国图书馆，编号为 S.3969，后半部收藏在法国国家图书馆，编号 P.3884。经过日本学者石田干之助的比对，两个写卷可以缀合在一起。该写本是唐开元十九年（731），摩尼教法师拂多诞奉唐玄宗诏书而撰写的解释性文献，简要介绍了摩尼教的教义和仪轨，是我们认识摩尼教的基本文献。

《摩尼教下部赞》收藏在英国图书馆，编号为 S.2659，它是中国摩尼教徒举行宗教仪式活动时用的赞美诗，卷首略残，计有七言诗 1254 句，以及少量的四言和五言诗等。根据林悟殊的研究，它是译自某种中古伊朗语，而不是中国摩尼教徒自己撰写的著作。

另据学者最新研究，国家图书馆藏编号 BD09401《佛性经》，即《开元释教录》卷十八所载伪经，是以摩尼教思想为核心，而掺杂佛教因素的具有融合性质的经典。

敦煌遗书摩尼教经卷写本一经公开，引起国内外学者的极大关注，不论是对文献本身的研究，还是对东方摩尼教史的研究都取得了成果，也为深入研究摩尼教提供了更大的学术发展空间。

翟奉达写本《逆刺占》

李际宁

在国家图书馆敦煌遗书中，有一件归义军时期抄写的《逆刺占》，很能反映我馆藏敦煌遗书的丰富和文物价值之高。

本件《逆刺占》，为敦煌归义军时期（唐晚期至北宋间）写本，卷轴装，首尾共12张纸相连，张纸长度多为50cm至40cm，最短者仅为11cm，总长444.3cm。一面以《逆刺占》为主，卷尾缀残《历书》4行；一面以《毛诗郑笺》为主，后缀《大历序》残本9行。

该件正背两面钤多枚印章，如“化隆韩泉如鉴赏之章”“化隆韩辅丞德如之印”“漱霞山房”“百拙子”“秀峰珍藏”“秀”“峰”“邓秀峰章”“秀峰”“淡泊明志”“邓秀峰”“老大口易”等，皆为后代收藏者之印。

《逆刺占》一卷，已被收录在国务院颁布的《第一批国家珍贵古籍名录》中，其重要之处反映在文献与文物价值两方面。

《逆刺占》是一种佚亡已久的看天象测人世的古代占卜类文献。该件首尾俱全，存首尾题名“逆刺占一卷”，护首背题“逆刺占一卷”。全文297行。从古籍分类角度讲，其属于历数类。《隋书·经籍志》(简称《隋志》)历数类著录《逆刺占》一卷，可能就是此书。此书久佚，幸由敦煌藏经洞保存了下来。《隋志》历数类下，还收有多部“逆刺”类典籍，说明当时社会对这类书籍有很大需求。《隋志》解释说：“历数者，所以揆天道，察昏明，以定时日，以处百事，以辨三统，以知阨会，吉隆终始，穷理尽性，而至于命者也。”用现代话解释，就是一种以察天象为手段、以占卜吉凶为目的的书。这类典籍的流传，反映了中国古代天人感应的哲学观。

卷背抄《毛诗郑笺》，内容为“毛诗文王之什诂训传第二十三卷”，共存122行。《毛诗》卷中破损处，以民国间信笺衬补并题识：“此唐抄郑笺毛诗残片，为敦煌石宝藏之一，初以字体不佳，遭人贱视。余于二十年冬见诸敦市，特以郑氏旧年□□经传多题为注，而此独题笺者，盖明示表识古人之意，而以己意断之，使学者有所识；前究未定，与今学者有无竟同，且为手抄遗迹，足见古人读书之不易。隋购而藏之，从未示人，将□供诸研究文学者之参考也。今经大千先生赏阅之，□所见略同，曷胜劳屿。癸未新春人日金城邓秀峰识于敦煌寄卢。”

《毛诗》之后缀有一段《大历序》片段，题“唐天成三年戊子岁具注历日一卷并序，随军参谋翟奉达撰上”云云，即公元928年的记录。

《毛诗郑笺》是汉代经学大师郑玄解释古文《诗经》的著作。《诗》自汉代毛亨、毛苌注释后，影响较大，成为注疏《诗经》诸家中流传最广的一种。东汉之后，又经经学大师郑玄笺注，遂成今日通行本《诗经》的主要形态。敦煌遗书中有多件唐写本《毛诗》，反映了中古时期《诗经》传播的状况，而此本之内容，又可补他本之缺，成为现今研究《诗经》的重要文献。

该卷近代以来的流传经历及其原抄写者翟奉达的资料，彰显其文物价值。

1942年到1944年间，国立北平图书馆(国家图书馆前身)著名学者向达在西北地

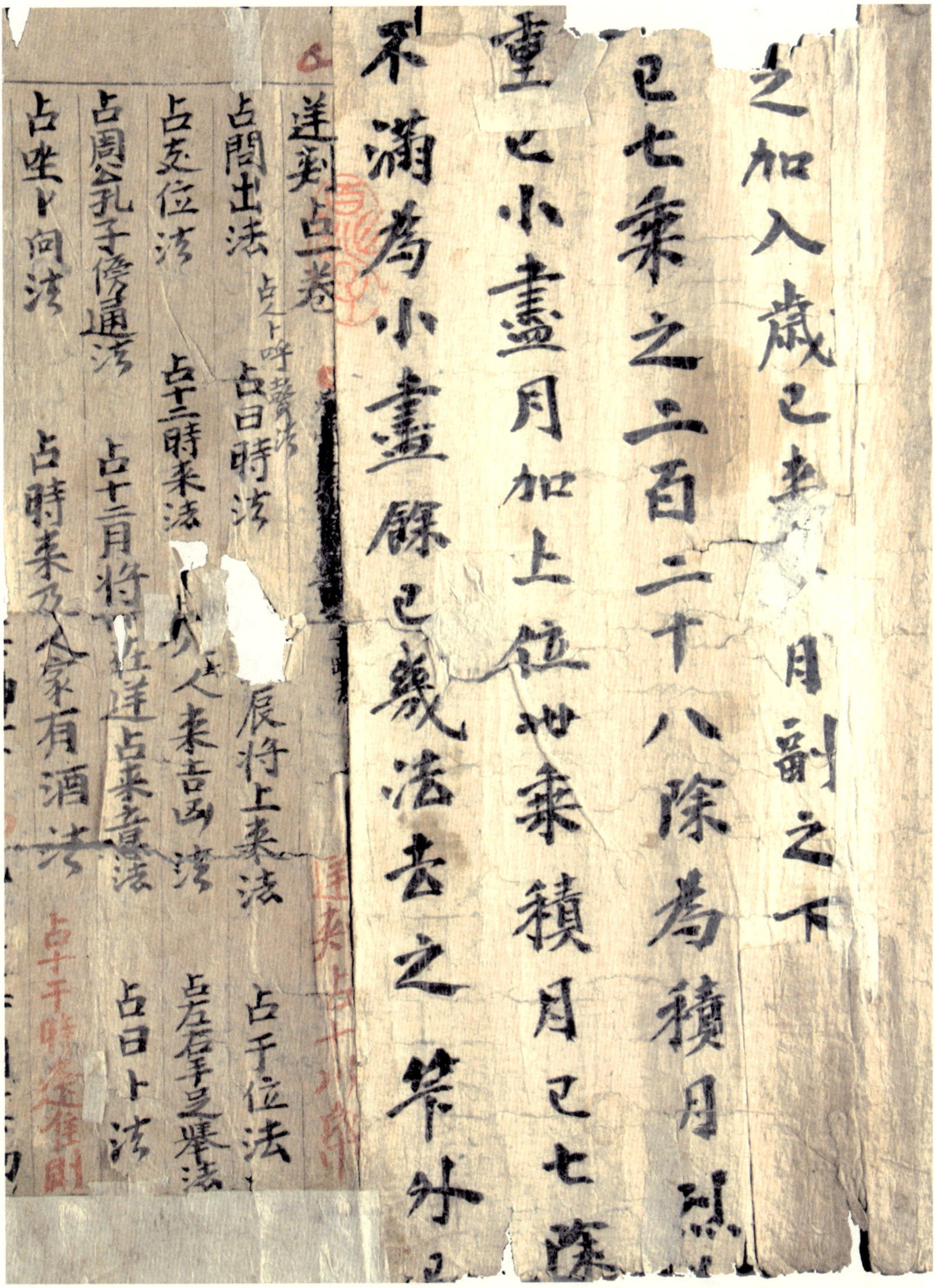
之加入歲已來[illegible]月副之下
已七乘之二百二十八除為積月[illegible]
重已小盡月加上位卅乘積月已七除
不滿為小盡餘已幾法去之筭外[illegible]
逆刺占一卷
占問出法　占卜呼聲法
占日時法
辰將上來法
占干位法
占支位法
占十二時來法
[illegible]人來吉凶法
占左右手足譽法
占周公孔子傍通法
占十二月將在逆占來意法
占日卜法
占坐卜向法
占時來及人象有酒法

BD14636　《逆剌占》

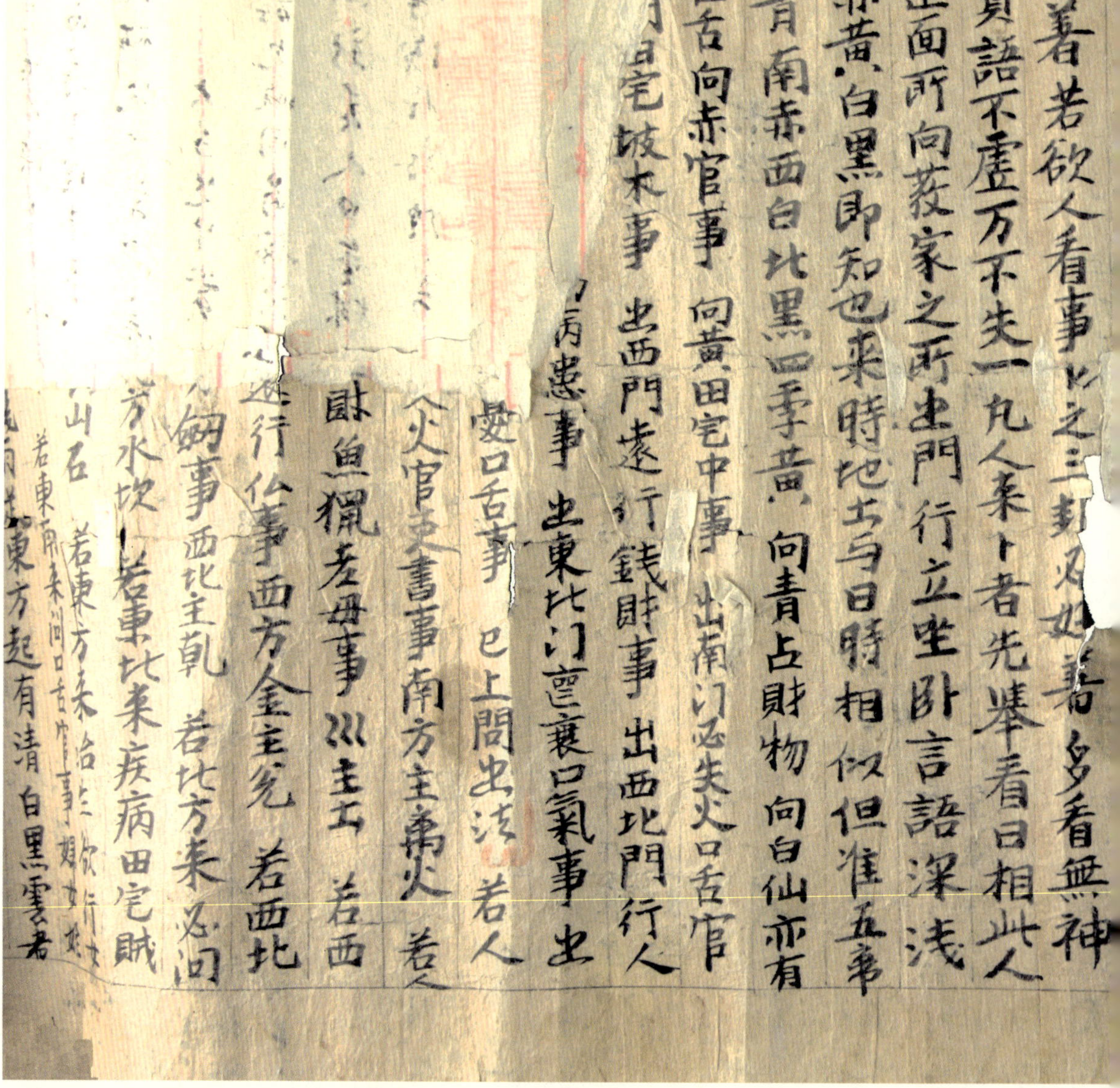
来卜之不善若欲人看事卜之三卦
不善先賢語不虛万不失一凡人来卜者先舉看日相此人
所坐之地正面所向落家之所出門行立坐卧言語深浅
顏色青赤黄白黑即知也来時地与日時相似但准五事
法東方青南赤西白北黑四季黄 向青占財物 向白仙亦有
口顏 向黑口舌 向赤官事 向黄田宅中事 出南门必失火口舌官
宅破木事 出西門遠行錢財事 出西北門行人
病患事 出東北门
口舌事 巳上問出法 若人
火官史書事南方主爲火 若人
行仏事西方金主兑 若西北
婚事西北主乾 若北方来必问
方水坎 若東北来疾病田宅賊
東方起有清白黑雲者

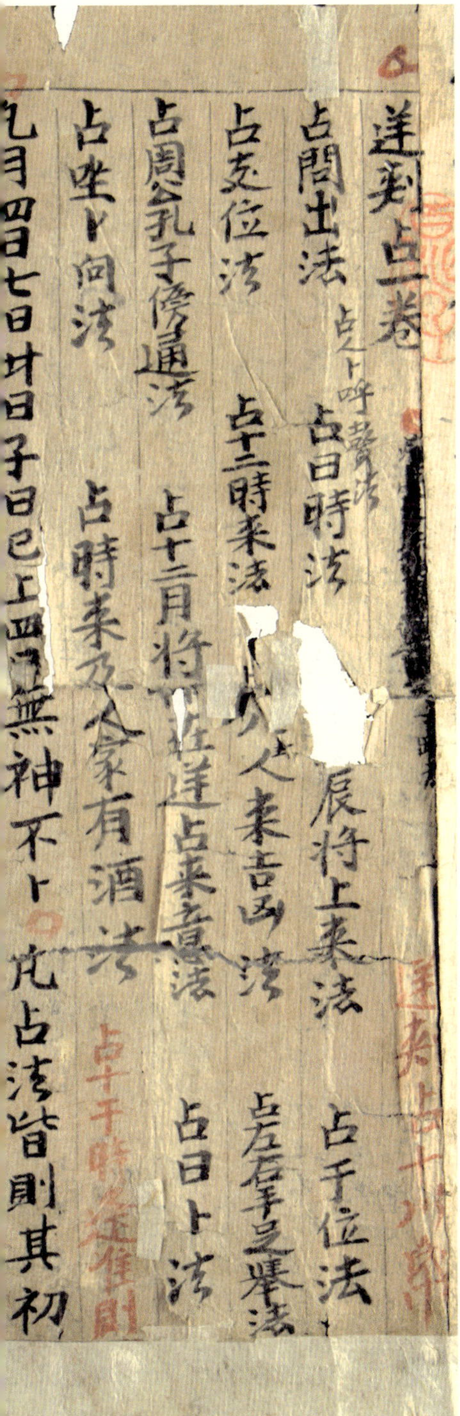

区考察。1943 年他来到敦煌地区，寻访散落的敦煌遗书。他在记述此次西北考察的文章《西征小记》中，专辟“在此所见到之敦煌写卷”，说道：“余于三十一年十月抵敦，以之询人，辄不之应。三十二年以后，始辗转获见二十余卷。世变方殷，则此区区者将来或亦不免为有力者负之而趋，以致荡为云烟，化作劫灰！”对该卷描述：“又天复二年翟奉达写《逆刺占》一卷，存二百九十六行，长四四一点七公分，首尾完具，仅卷中略有残损。纸背唐人书《诗·毛氏文王之什诂训传第廿三卷十六郑氏笺》，存一百二十二行……此与残道经等二种俱从张大千处见到。《逆刺占》藏敦煌邓秀峰处，三十二年归青海粮茶局局长韩某，装裱时将《逆刺占》裙去，亦一劫也。”

向达当年首先在张大千处见到此卷，知此件为敦煌人邓秀峰收藏，邓秀峰在衬补《毛诗》残缺处题跋云“今经大千先生赏阅”，记录了张大千经眼一段佳话。但是，此卷后来又转手到青海粮茶局局长韩某。在世事动荡的年月，向达先生多么希望这些经眼的经卷能够保存下去，于是才详细地记述了他所经眼者，他希望能够为将来研究者保留一份资料，“因于所见诸卷，凡稍有可取者，俱为略识数语，汇记篇末，庶几征文考献者有所稽焉”。

今日可以告慰的是，这件当年辗转数易藏家的重要

BD14636 《逆刺占》

资料终被国家图书馆收藏，并得到全部影印出版。

《逆刺占》卷尾有抄写者翟奉达题记："于时天复贰载岁在壬戌四月丁丑朔七日，河西敦煌郡州学上足子弟翟再温记。""翟再温"三字旁注："再温，字奉达也。"向达先生说："奉达为历学世家，至显德六年（959）尚从事于撰历工作。天复二载（902）年二十，显德六年已七十七，可谓耄而好学矣。"翟奉达为归义军时期掌管历日的军师类人物，地位较高，可惜有关他的资料不多。所幸本卷《逆刺占》卷后，保存了翟奉达年轻时写的三首诗。第一首："三端俱全大丈夫，六艺堂堂世上无。男儿不学读诗赋，恰似肥菜根尽枯。"第二首："又续前七言：躯体堂堂六尺余，走笔横波纸上飞。执笔题篇须煮用，后任将身选文知。"第三首："又五言：哽噎卑末手，抑塞多不谬，嵯峨难遥望，恐怕年终朽。已前□走笔题撰之耳。"年轻时写的诗，随这件《逆刺占》保存了数十年，到年老时，翟奉达重新检视这些少年之作，不禁感慨，提笔于诗后再写道："幼年作之，多不当路，今笑，今笑。""年二十作，今年迈，见此诗，羞煞人，羞煞人。"翟奉达的新题，将这位归义军政权内重量级人物内心的窘状，活灵活现地表现了出来，今人读之，能不莞尔！

翟奉达抄写和使用过的书籍，在敦煌遗书中还有，比如国家图书馆等单位还收藏了他为亡妻马氏七七斋和百日斋祭祀活动抄写和使用的仪轨典籍，都成为今日研究古人斋仪的重要资料。

事死如事生

——国家图书馆藏敦煌文献中的“祭文”类文书

赵大莹

《荀子·礼论篇第十九》曰：“礼者，谨于治生死者也。生，人之始也；死，人之终也。终始俱善，人道毕矣。故君子敬始而慎终，终始如一，是君子之道，礼义之文也。”丧礼作为儒家礼仪的重要内容，在中国传统社会中，上自天潢贵胄，下至平民百姓，无不谨慎遵从。丧礼中广泛应用的祭文，因而也备受历代学者重视。

祭文，是古代祭祀时所用的一种实用文体，其文体格式、基本用语都有严格的规定，足可为实际写作提供范例，并通过这些规定传承儒家文化。儒家祭文具有独特特征，与佛教的“释门文范”中带有很多佛教色彩的亡文、追福文、忌日行香文不同。

传世文献中保留的祭文资料较多。不过，敦煌文书中也有一定数量的祭文文献，这些资料与传世文献有共性也有不同，显示了敦煌独特的地域文化以及地方与中央之间的礼仪互动。

国家图书馆所藏的敦煌遗书中，就有 8 篇儒家祭文：（1）BD02126V5（藏 026vb）《兄什郎祭阇梨文》《祭妹文》；（2）BD4400V1（出 100V，北 7224）《张留德索文文等祭故师兄文》；（3）BD9332（周 53）《己丑年正月十二日社老周诜等祭曹氏文》；（4）BD09339V1（周 060）《己丑年正月十二日社老周说（诜）等祭曹氏文》；（5）BD09339V2《戊子年正月周禄子等祭丈母文》；（6）BD9334V（周 65）《丁未年十月卅日社长翟良友等祭王丈人文》；（7）BD09338-1（周 059）《未年正月索满子祭姊丈吴郎文》；（8）BD09370V1 残祭文。

显然，这些或完整或残缺的祭文都是生活中实际使用过的。从题名还可以看出使用对象的不同，有俗众所用祭奠亲人的，也有在俗亲友祭奠僧人的。实际上，综观敦煌祭文文献的使用对象，可以将之分为“祭人事”“祭鬼神”“祭畜物”和“祭圣文”等几类。

存世敦煌祭文的流传方式也有所不同，有的是作为写作范例的书仪类祭文，有的是生活中实际使用过的、不完整的祭文文钞；有的如我馆所藏，是分散的单件祭文，也有专门集合在一起的成组祭文。其中成组祭文（不论是书仪，还是文钞）的大量存在，反映了祭文在丧葬礼仪中的广泛应用——它们不仅是写作范式，更是民间礼仪的指导和实践。

从祭文所记祭品来看，主要是酒类、“牺牲”类及粮食菜蔬等儒家传统祭品。就一般祭文而言，“清酌”“酒”“单酒”“单酌”等祭品使用非常普遍。对僧人则须遵循释家

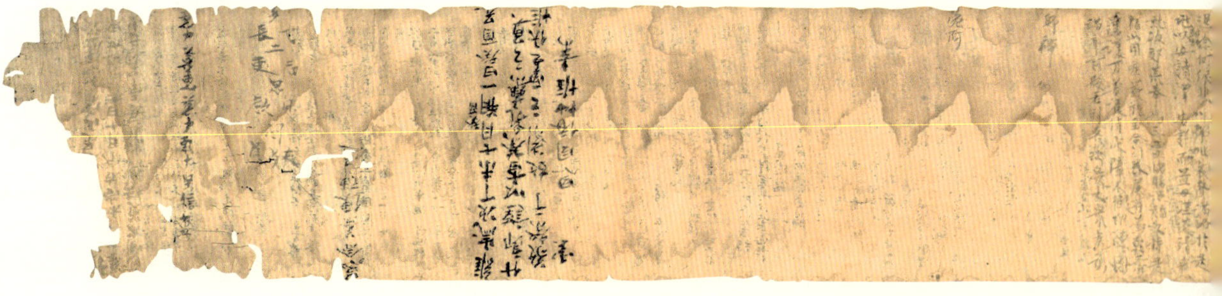

礼仪，如《兄什郎祭阇梨文》特别写明使用“香茶乳药”祭奠。不过，在《张留德索文文等祭故师兄文》中，我们则看到使用“清酌”作为祭品。这样的记载，一方面可能是参照《礼记》等规范祭品记载，不一定在实际祭祀中使用；另一方面则是由于敦煌社会存在僧人饮酒的情况，也可以视为部分敦煌僧人的独特性。

在“清酌”之外，可以发现“甘味时新”也有用于祭品的情况。这其实是强调使用应季祭品，更多地流露出一种家人般的亲近感，以表达所谓“事生之礼”。在这一点上，官场或民间所谓的“时羞之奠”，只有丰俭不同。

从祭文内容还可以发现，无论是俗众还是僧尼所用的儒家祭文，其祭奠地点，几乎全都是“郊边”“路佐”“路傍”“歧”等词。这是源于《大唐开元礼》卷一四七《六品以下丧之二》“将葬”条的详细规定。即除诸孝以外的亲属宾客，都只送葬到郭门外。故而此类祭文主要应用在郭边和所谓的“郊外”。同时，选取郊荒或郭外等较为空旷的场所祭奠亡者，可能也含有致祭者希望更好地“志意思慕之情”的愿望。

儒家祭文在一般俗众、僧俗彼此，乃至僧尼之间行用，说明敦煌民间僧俗社会的礼仪是互通的，也是互相影响的。致祭者通过对亡者生前德行的回忆，勾勒出百姓的生活情境和他们的价值观。《丁未年十月卅日社长翟良友等祭王丈人文》中写道：“(王丈人)性直恭谨，惠布恩情，乡闾美德，善著声名。”反映了亡者不仅在亲族，更是在乡闾间有着重要的影响，其善言懿行符合“社”的互助互惠取向。而祭祀僧人的祭文，很多是

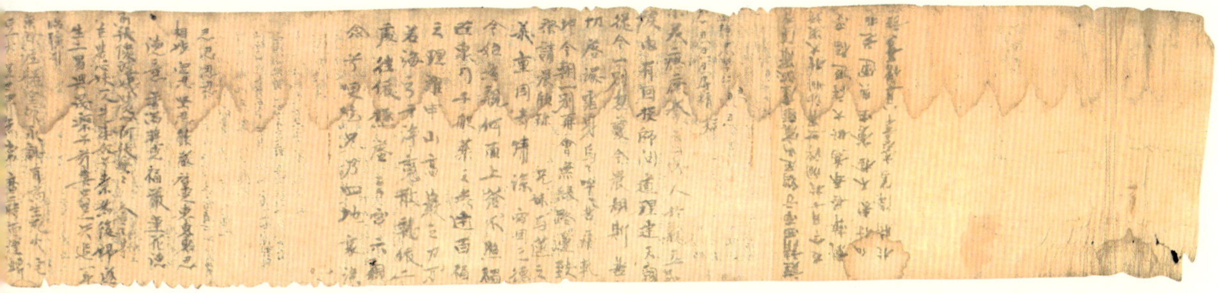

BD02126　敦煌祭文残片

强调其亲族内的关系，表现出敦煌的地域特色和人际关系网络特点。

从释文内容可以总结出祭文基本格式：以时间开头（实际应用的祭文通常注明年号或干支，或二者并用，通常也注明月、日、朔日的干支），交待致祭者与亡者的关系（写明致祭者和亡者的行第、名字，为官者要注明官称）、祭品。通常为了表示尊重，会使用平阙式（在亡者名前或“灵”字前留空格或提行），接下来追述亡者生前的善言德行，通常会用“呜呼”等感叹词表达致祭者的哀思，文末交待设祭的地点。最后以“伏惟尚飨”结束全文。

国家图书馆藏敦煌祭文，保留了当时使用的痕迹，为研究 8 至 10 世纪的敦煌民间祭祀的具体情形、比较品官和下层民众的丧葬礼仪异同，以及研究实用祭文的使用情况等，提供了丰富的史料。

十王信仰与七七斋
——佛教与本土信仰的交融

刘　波　林世田

国家图书馆藏敦煌遗书中有一件《佛说无常经》，是敦煌历学家翟奉达为亡母祈福所抄的，它反映了中国本土鬼神信仰与佛教地狱思想、六道轮回思想、因果报应思想的结合，从而产生了七七斋和十王信仰。

七七斋是广泛流行于我国民间的一种祭仪。从亲人去世之日起，以每七日为一个周期举行祭奠、追荐仪式，从“一七”“二七”直至“七七”连续七个周期，共四十九日。七七斋在古印度就很流行，随佛教传入中国后，与中国传统葬仪中卒哭（百日）、周年忌（小祥）、三年忌（大祥）等礼仪相结合，逐渐形成十王信仰中的十王斋供。到唐代，营七七斋为亡人追福已很普遍，风气很盛，以至于唐代名相姚崇虽不信佛，死后亦“须顺俗情，从初七至终七，任设七僧斋”。生人不但可以为去世的亲属作斋荐福，也可以

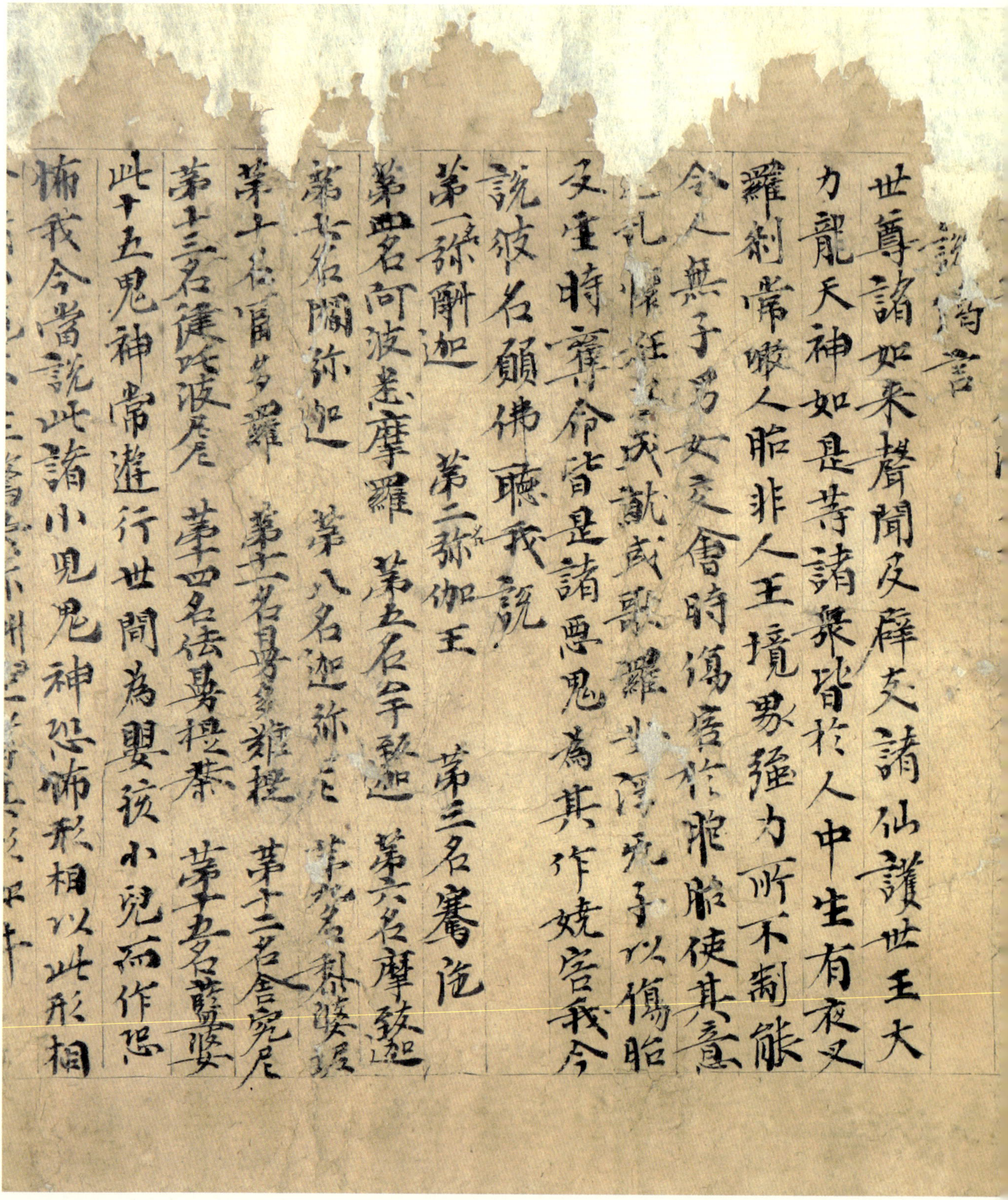
説偈言
世尊諸如來聲聞及辟支諸仙護世王大
力龍天神如是等諸衆皆於人中生有夜叉
羅剎常噉人胎非人王境界强力所不制能
令人無子男女交會時傷害於胞胎使其意
迷亂懷妊不成就或歌羅邏等死子以傷胎
及生時奪命皆是諸惡鬼為其作嬈害我今
說彼名願佛聽我說
第一彌酬迦 第二彌伽王 第三名騫陀
第四名阿波悉摩羅 第五名牟致迦 第六名摩致迦
第七名閻彌迦 第八名迦彌尼 第九名梨婆坻
第十名富多羅 第十一名曼多難提 第十二名舍究尼
第十三名揵吒波尼 第十四名法緣提荼 第十五名藍婆
此十五鬼神常遊行世間為嬰孩小兒而作恐
怖我今當說此諸小兒鬼神恐怖形相以此形相

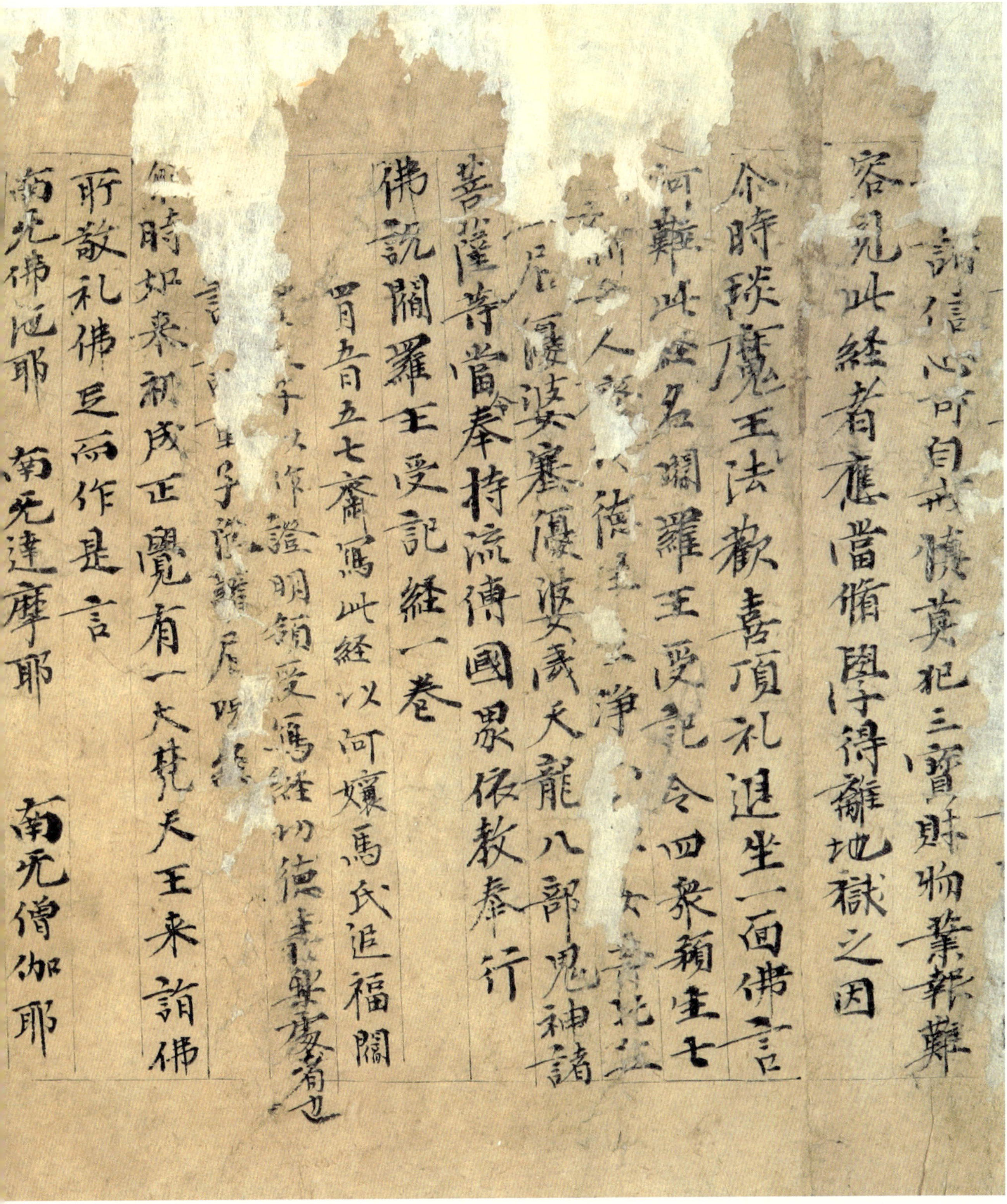
容免此經者應當脩學得離地獄之因
尒時琰魔王法歡喜頂礼退坐一面佛言
阿難此經名閻羅王受記令四衆預生七
一居優婆塞優婆夷天龍八部鬼神諸
菩薩等當奉持流傳國界依教奉行
佛說閻羅王受記經一卷
四月五日五七齋寫此經以阿孃馬氏追福閻
爾時如來初成正覺有一大梵天王來詣佛
所敬礼佛足而作是言
南无佛陀耶 南无達摩耶
南无僧伽耶

BD04544 《十王经》

为自己预修生七斋。

十王信仰，指崇信和设斋供养冥间十王，祈求死后免受地狱之苦，转生极乐好处的信仰观念和修持活动。十王，也称十殿阎王、十殿冥王、十殿阎君等，即指秦广王、初江王、宋帝王、五官王、阎罗王、变成王、泰山王、平等王、都市王、五道转轮王。十王信仰，兴起于晚唐、五代，一直延续到今天，成为我国民间信仰的主要部分，其六道轮回、因果报应的说法深刻影响着国人，为亡人作“七七斋”及百日斋、周年斋、三年斋直至今日还在我国民间流传，成为民间一种风俗习惯。

传说亡人在阴间最初每隔七日要过一王，其家属和亲人要按照“七七斋”的顺序，认真斋供，这样亡人才可免遭冥间业报之苦。“七七”过后，亡人的“福业”仍然不能决定，还需过百日、一周年、三周年这三斋。“若阙一斋，乖在一王”，亡人就不能顺利“转世”。

翟奉达所抄经卷就是这种信仰的突出反映，这一写卷现断为二段，分别藏在天津博物馆与国家图书馆。在这一长卷上，共抄写了七种佛经。除此之外，P.2055也是翟奉达为其亡母祈福所抄经，该卷共抄写《盂兰盆经》一卷、《佛母经》一卷、《善恶因果经》一卷，分别为百日斋、一年斋、三年斋所抄。这三件写卷完整地反映了十王斋供的祭奠程序。从其写经题记中，我们不仅可以看到当时社会上层人士对“七七斋”的虔诚态度，而且可以得知写经也是“七七斋”做功德超度亡灵的一项重要内容。

晚唐五代宋初的敦煌十王信仰非常盛行，因此留下非常多的《十王经》写本。《十王经》是把“七七斋”和百日、一年、三年“三斋”与“十殿阎王”牵合在一起的标志性文献，这也是佛教信仰中国化的表现之一。

敦煌五代印本《大圣文殊师利菩萨像》

王姿怡

国家图书馆藏敦煌遗书中的五代印本《大圣文殊师利菩萨像》，可称作我国现存早期雕版印刷的实物，具有深厚的历史文化内涵。

两汉之际，佛教通过丝绸之路传入中原，经过长期的融合，形成中国化的佛教，五台山文殊信仰即为代表。文殊师利菩萨为佛教四大菩萨之一，被称作七佛之师、菩萨之母，代表智慧，辩才无碍，为释迦佛的法王子，在佛教中具有极其崇高的地位。据西晋竺法护译《佛说文殊师利菩萨现宝藏陀罗尼经》、东晋佛陀跋陀罗译六十卷本《华严经》，五台山被附会为文殊菩萨道场，自北魏之后成为佛教徒向往的名山，居中国四大佛教名山之首，是佛教信仰与文化的重镇。自隋代起，五台山文殊信仰通过丝绸之路反馈到敦煌，推动了敦煌以及西域地区佛教的发展。据学者统计，敦煌遗书中保存了50多件《五台山赞》《五台山曲子》《五台山行记》等有关五台山的文献；敦煌石窟壁画中也保留了150多幅文殊变和12幅《五台山图》，反映了敦煌地区五台山文殊信仰的盛行。特别是在曹元忠

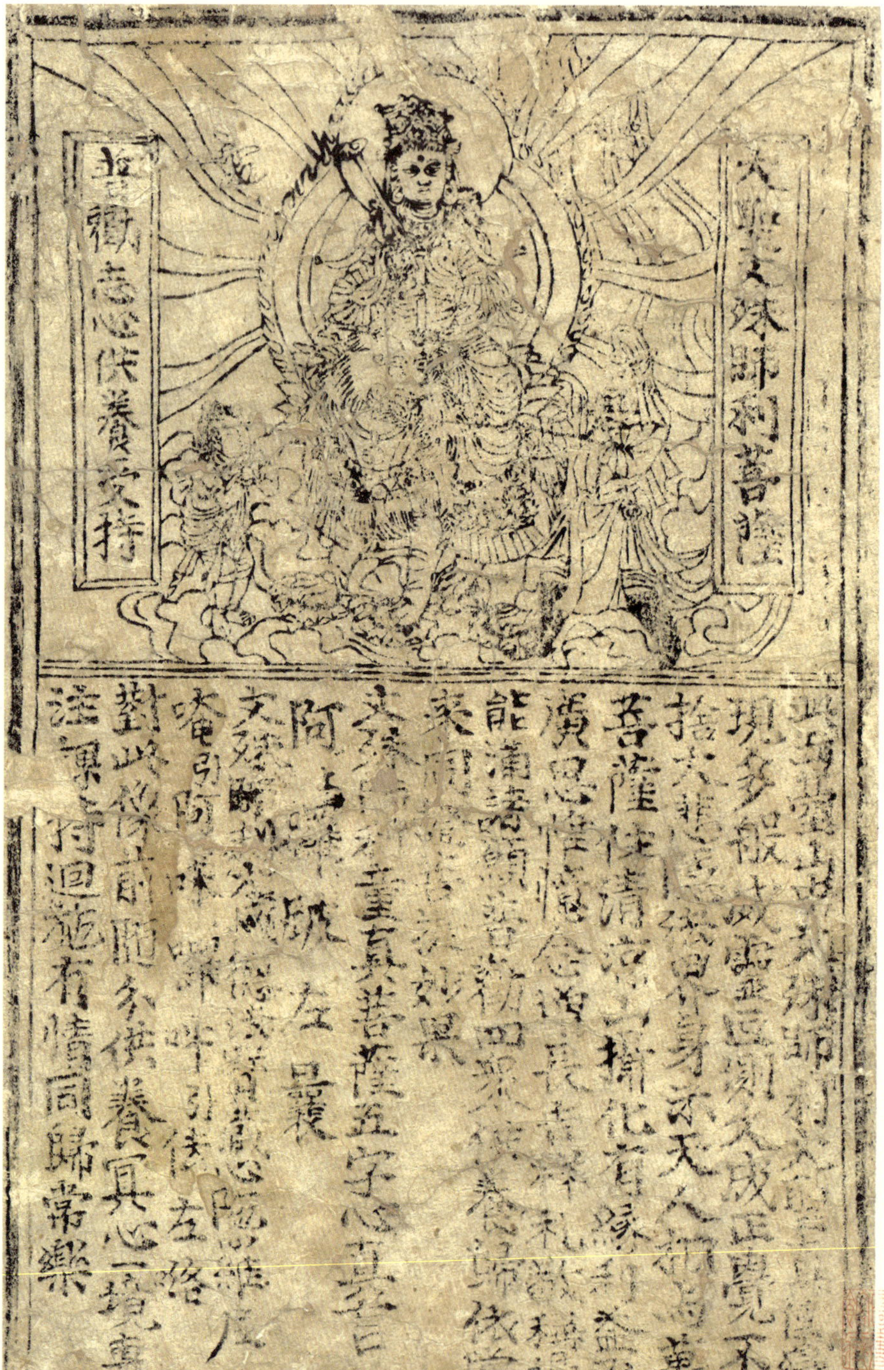

BD13796《大圣文殊师利菩萨像》

現多般威靈叵
捨大悲隱法界
菩薩住清涼山
廣思惟憶念增
能滿諸願普勸
來同證菩提妙
文殊師利童子五字
阿囉跛者娜
文殊師利大威德法寶藏
唵阿味囉吽佉左

担任归义军节度使时期（944—974），敦煌社会稳定、经济繁荣，五台山文殊信仰达到鼎盛。他不但兴建了主题表现五台山文殊信仰的“文殊堂”（莫高窟第61窟）作为自己礼拜、修行、供养的功德窟，同时创建以雕版押衙雷延美为首的雕版印刷机构，印制一批反映五台山文殊信仰的《大圣文殊师利菩萨像》。

国家图书馆藏BD13796《大圣文殊师利菩萨像》，单页装，长35.5cm，宽20cm，卷面四周有双墨栏子母边框，中间用3条细墨线将整幅画面分为上下两栏，上图下文。图为文殊师利菩萨骑狮白描画像，头戴花冠，身着天衣，有背光、顶光，狮子四蹄踏莲花，立于祥云之上。右边有与曹氏归义军政权有姻亲关系的于阗国王双手牵狮，左边有屈身合十作揖礼拜文殊的善财童子。两边为劝持文，题文分别写在双墨线边框中，右侧为“大圣文殊师利菩萨”，左侧为“普劝志心供养受持”。下栏为持颂功德文及陀罗尼，共13行。《大圣文殊师利菩萨像》构图紧凑，中心突出，笔调简洁，刀法清晰，刚劲而不呆板，古朴而不庸俗，代表了这一时期雕版印刷技术的水平。《大圣文殊师利菩萨像》开本较小，携带方便，可随时随地礼拜供养；又因成本低廉，可使普通百姓“供养受持”，因而广泛流传于敦煌地区各层民众当中。

据学者研究，《大圣文殊师利菩萨像》画面与翟奉达后唐同光三年（925）施绘的莫高窟第220窟新样文殊基本一致，说明它与敦煌石窟艺术一脉相承，是敦煌艺术的组成部分，也是科学技术与佛教艺术相结合的产物，在佛教传播史、美术史和印刷史上都有十分重要的意义。

BD14546V壁画榜题抄本
——壁画创作过程的遗迹

刘　波

国家图书馆所藏敦煌遗书 BD14546V 号卷背所抄，是一件壁画榜题写本。所谓榜题，指的是在画像、壁画中的人物、动物、植物等形象旁边刻画的文字，这些文字的主要作用是解释事物或人物的姓名，或略述故事梗概。

这件榜题抄本首尾俱全，长达 55 行，1700 余字。墨迹较淡，字体略显草率，但并不稚拙。写卷中存在将不同内容穿插抄写的情况，这表明它最初不太可能是画工或者他人草拟的榜题底稿，而更可能是壁画榜题抄本。同时，榜题中的很多条目，前面标有“”符号，笔迹粗犷，与抄录文字的笔迹明显不同，显然为抄录完成之后所标识。这表明，它在抄录之后曾被使用，很有可能是被用作另一处壁画的榜题底稿。也就是说，这件文献很可能具有壁画榜题抄本与底稿双重性质。

卷中记录有供养人题记一条："常乐县节度押衙兼检校太子宾客兼监察御史上柱国某乙。"从官名来看，壁画的绘制年代应为归义军时期（848 年至 11 世纪初）。从写卷纸质及书法等情况分析，写卷的抄写时代也应在归义军时期。

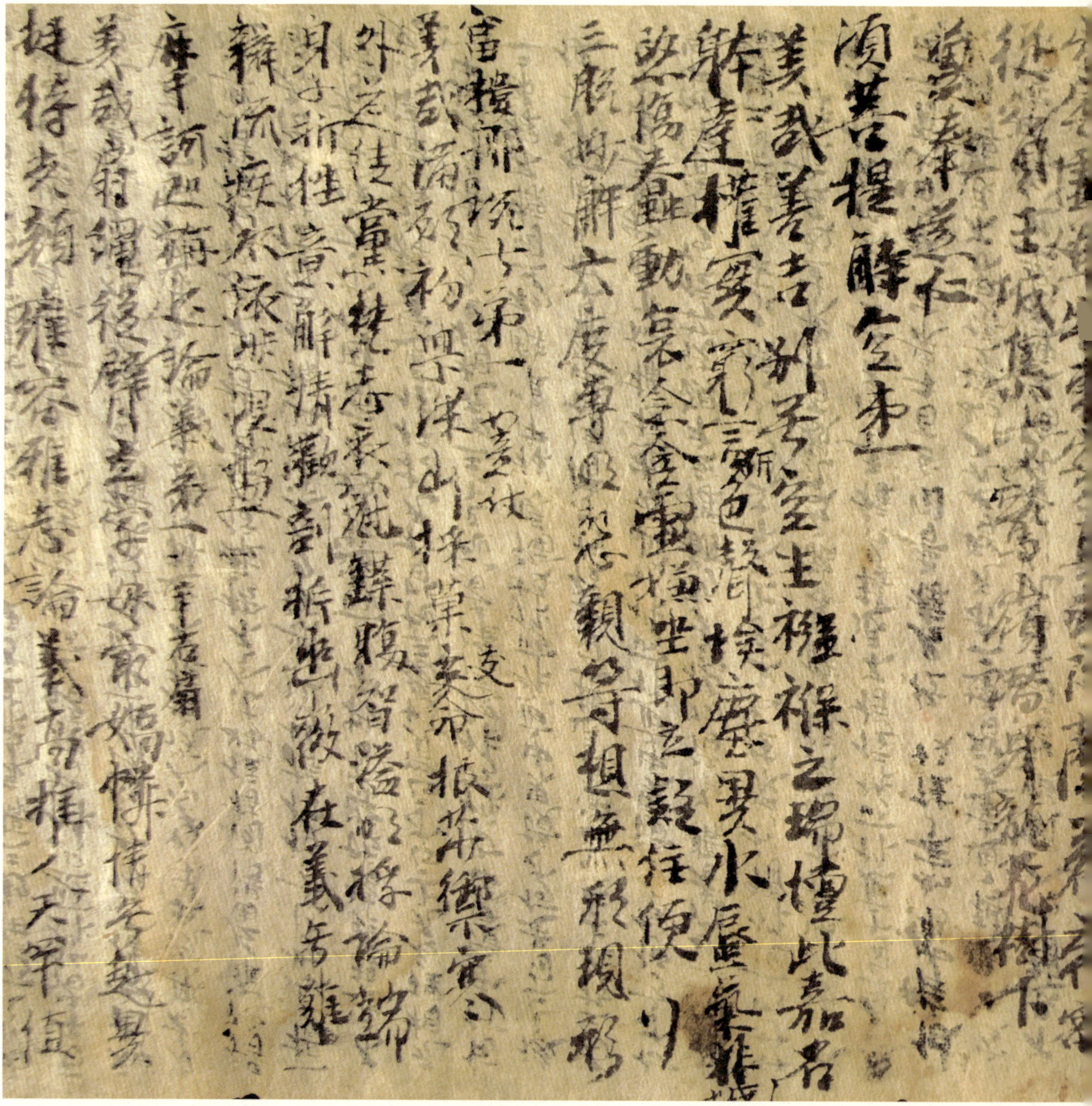

此件榜题写本包含多组壁画。第一组自卷首的“舍利弗智惠第一”条起至“优波离持律第一”止，为释迦十大弟子瑞像。不过，这个卷子仅仅抄出八位弟子的画像榜题，缺失罗睺罗、阿难陀两位。榜题是四言韵文，每篇赞文各十六句，规制整齐。从赞文规

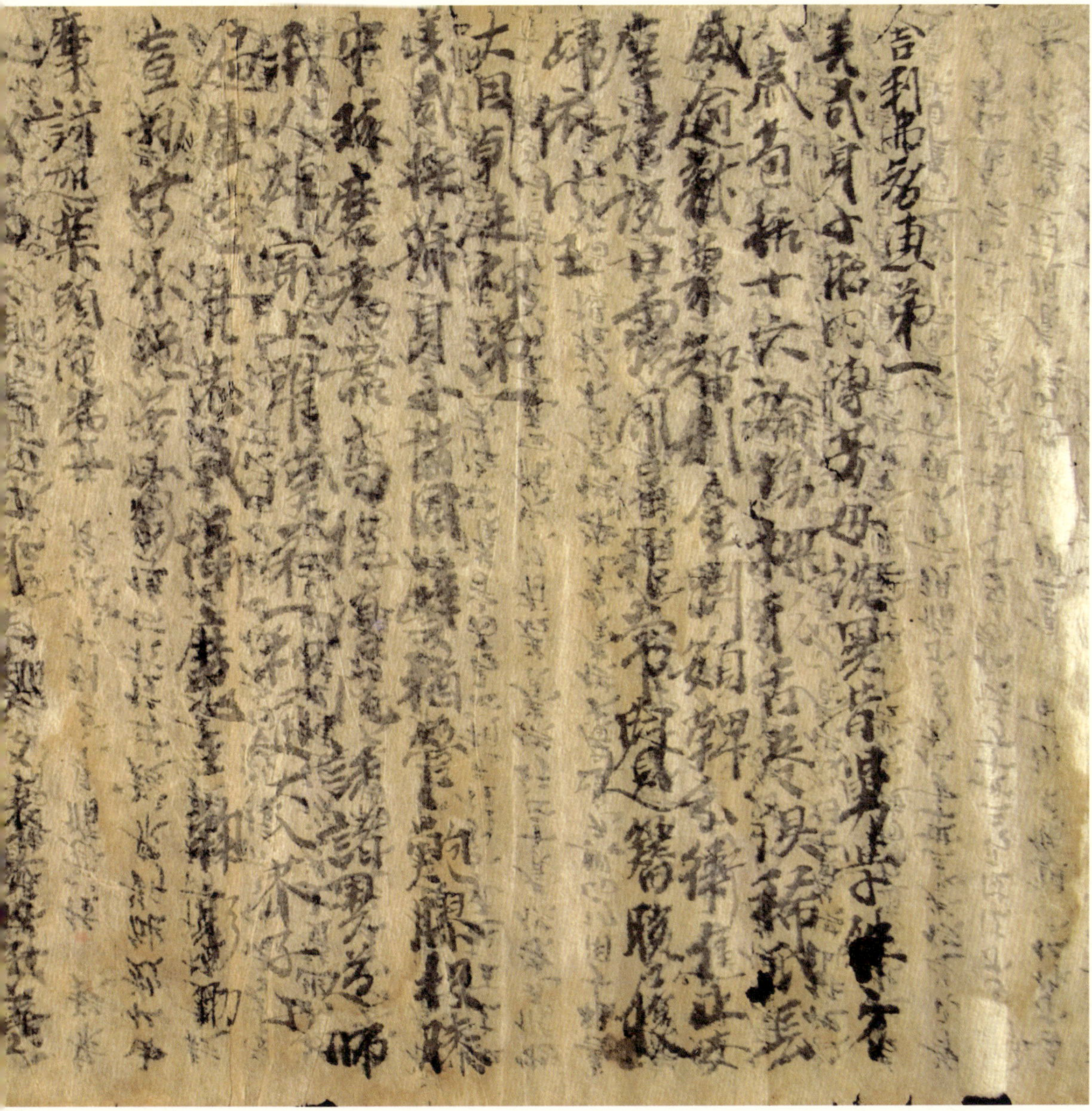

BD14546V壁画榜题抄本

模看，这一组壁画很可能是画幅较大的人物画像。

第二组为佛经故事画。壁画的主要人物为舍利弗、迦叶、目连、阿那律、阿难陀，他们都名列释迦十大弟子之内，因此这一组壁画可能就是十大弟子故事壁画。故事都取自佛经，不过有的经过了改编。比如迦叶故事，据《付法藏因缘传》《杂譬喻经》记载，迦叶夫妻在获得父母允许后，辞别父母出家；榜题写本中，将其改编为迦叶夫妻在父母去世后，厌弃家事，于是出家修道。这个情节的改编，显示了孝道观念的影响。在深受儒家孝道思想浸润的中国社会，赡养双亲是为人子女的基本义务，父母在世时出家修行，是与孝道相冲突的。改编者将迦叶夫妻的出家安排在父母去世之后，让他们完成为人子女的义务，避免了这一冲突。自然，这样的解说更容易被中国百姓所接受。

第三组可称为十梦壁画。十梦本事分别见于《增一阿含经》卷五十一、《俱舍论颂疏论本》卷第九，榜题写本对其中很多故事都有改编。比如，第八梦："梦见众兽师子象虎等以猕猴为王者，为末代时坊政、里政等下人断割乡俗贤良，君子被他逐之。"这个梦出自《俱舍论颂疏论本》："又梦见一猕猴，实无有德，众共扶捧，海水灌顶，立以为王。此表遗法弟子，诸恶朋党，举破戒僧，犹以为众首。"二者相比，梦象情节基本一致，但解说完全不同，《俱舍论颂疏论本》解说主旨为弘法，而榜题则解为吏治败坏，可见民众对官吏贪腐的痛恨心态。

遗憾的是，这个写卷记录的壁画榜题，目前还没能在敦煌壁画中查对出对应的壁画。虽然如此，我们还是可以通过榜题的记载，大致了解壁画的概貌，也能看到壁画创作过程的一些遗迹，可谓不幸中的万幸。

敦煌写本《新修本草》

林世田　朱　玲

《新修本草》(又称《唐本草》),唐显庆四年(659)由苏敬等20多人集体编纂完成，系统地总结了唐以前中药学的成就，是我国历史上第一部由国家颁布具有药典性质的药学著作，比欧洲最早的纽伦堡药典(1542)早800多年。

《新修本草》共54卷,包括正文20卷、目录1卷、《新修本草图》25卷、目录1卷,《本草图经》7卷。《本草》部分主要在梁陶弘景《本草经集注》的基础上增入部分新药和注文重新编订而成，共收载药物850种，分为玉石、草、木、兽禽、虫鱼、果、菜、米谷、有名未用9类，主要论述药物名称、性味、主治和附方等，在编写体例方面遵从朱墨分书的原则。《药图》根据实物绘制,《图经》是对《药图》的说明，主要论述药物产地、形态鉴别、采药时日和炮制加工等。书中订正药物纰谬400余处，增加药物百余种。该书是由政府组织编纂，在本草编纂史上留下了浓墨重彩的一笔，代表了唐代最高药学成就。本书不但作为临床用药的依据，而且成为医学生的必修科目，甚至远播日、朝等国，

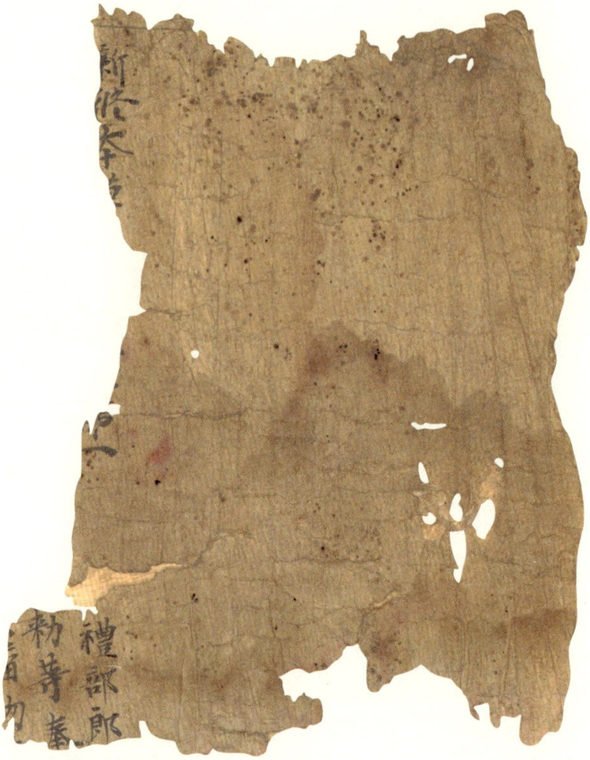

BD12242《新修本草》

亦被奉为经典，促进了中医药文化的海外传播。

原本在宋开宝以后，渐次亡佚，如今仅存正经 20 卷，此外尚有敦煌写本、日本写本残卷。《新修本草》中本草内容绝大部分为《开宝本草》《嘉祐本草》《证类本草》《本草纲目》《本草品汇精要》等本草文献所继承，图经部分内容收载于《蜀本草》及《千金翼方》二书中。目前，《新修本草》的辑本有清末李梦莹的补辑本、1962 年尚志钧辑本《补辑新修本草》、日本冈西为人的《重辑新修本草》等。

敦煌写本《新修本草》共有 6 件，S.4534 存卷十七果部、卷十八菜部之末和卷十九米部的个别药物，S.9443 存卷十七果部二药残文，P.3714 存卷十三十种药，P.3822 存卷十八菜部八种药，BD12242 和日本杏雨书屋羽 40 均为序例，两件可以缀合。敦煌写本虽为断篇残帙，但为现存最早传本，片羽吉光，弥足珍贵。

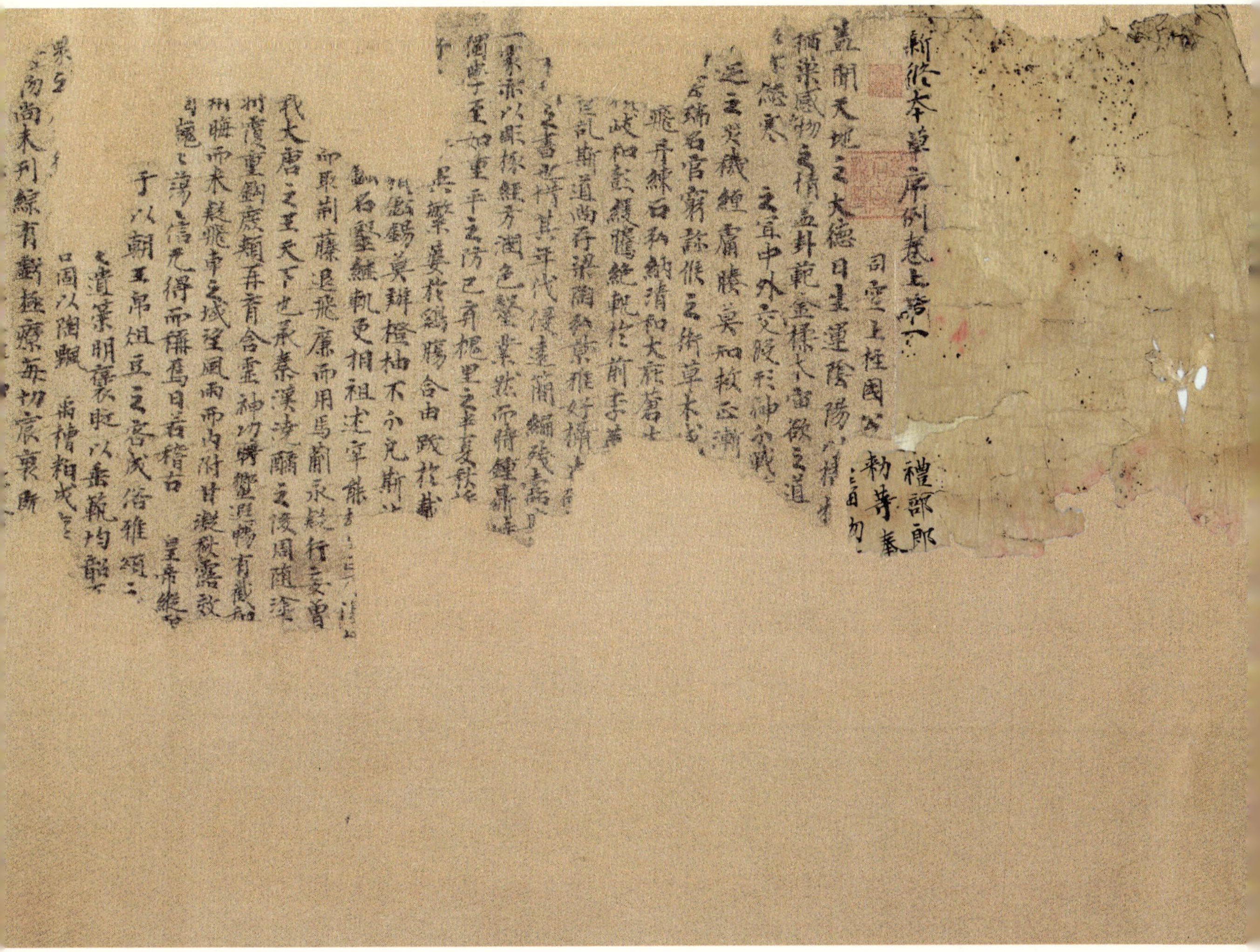

《新修本草》缀合后

道真补经——千年前的修复风采

林世田　刘　波

1900 年敦煌莫高窟发现的敦煌遗书，为中国古代历史文化的研究提供了丰富的资料，打开了了解我国中古社会的一扇窗户。敦煌写经的时间跨度，从 4 世纪一直延续到 11 世纪，长达 7 个世纪。在漫长的岁月里，不少经卷都因长期反复使用变得残损破烂，需要修补才能继续使用。古人是如何修补佛经的？古人没有为我们留下详细的记载。幸运的是，敦煌文献中留存了一些这方面的记录，而且很多都与一位高僧有关，他就是道真。

道真和尚俗姓张，约生于 915 年，去世于 987 年，生活时代是五代宋初，当时敦煌在归义军的统治之下。他是敦煌三界寺的僧人，负责管理寺院的佛经。在典藏佛经时，他看到许多年代久远的写经都有所残损，他感到这是对法宝的不敬。再者，敦煌地处偏远，物资匮乏，佛经得来不易。因此，道真和尚发愿修补佛经。国家图书馆藏 BD05788《佛名经卷第十三》上面，有一则道真本人题写的修经题记："沙门道真修此经，年十九，浴（俗）性（姓）张氏。"这是道真 19 岁时修经的记录。

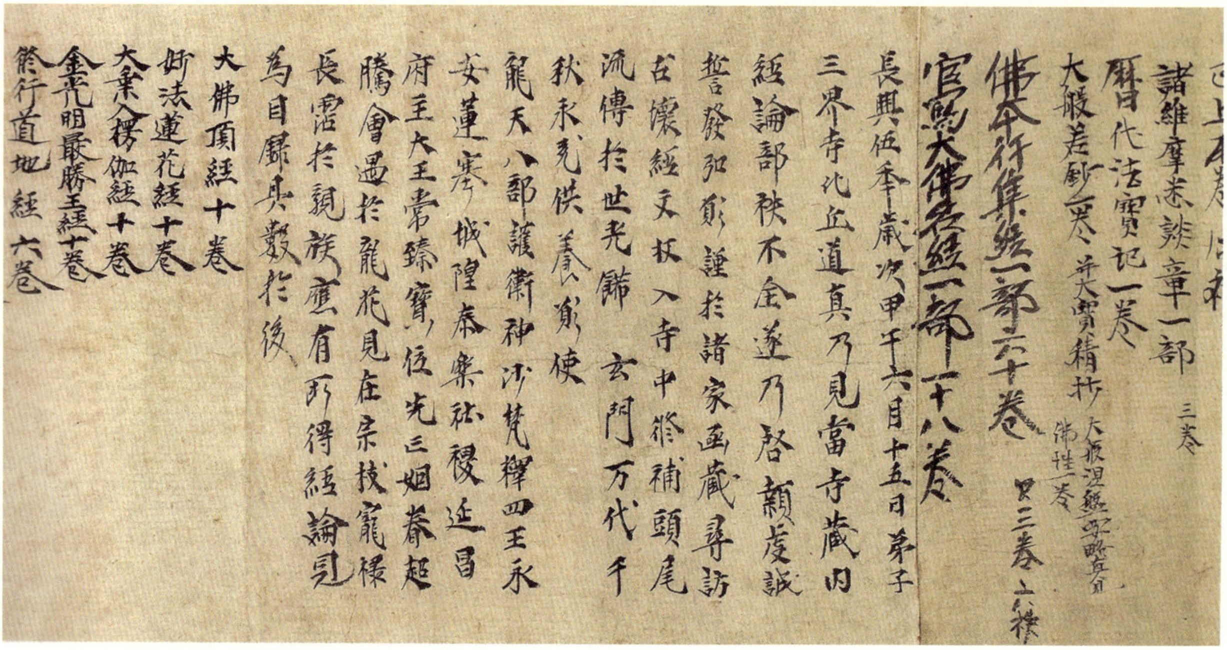
諸維摩慈疏章一部
曆代法寶記一卷
大般若鈔一卷
佛本行集經一部六十卷
官寫大佛名經一部十八卷
長興伍年歲次甲午六月十五日弟子
三界寺比丘道真乃見當寺藏內
經論部袟不全遂乃啓顙虔誠
誓發弘願謹於諸家函藏尋訪
古壞經文收入寺中修補頭尾
流傳於世光飾玄門万代千
秋永充供養願使
龍天八部護衛神沙梵釋四王永
安蓮塞城隍泰樂社稷延昌
府主大王常臻寶位先亡姻眷超
騰會遇於龍花見在宗枝寵祿
長霑於親族應有所得經論見
為目錄具數於後
大佛頂經十卷
妙法蓮花經十卷
大乘入楞伽經十卷
金光明最勝王經十卷
修行道地經六卷

BD14129 道真补经发愿文

修补损坏的经卷，需要用到纸张。当时纸张是军事战略物资，非常难得，归义军政权专门设军资库司来负责纸的管理和支用。寺院里没有那么多素纸，道真便四处搜集废纸，过期的地契、合同、公文、告示、档案，以及缺头断尾的佛经，都被道真搜集起来，用作裱补或配补残破的经卷。在英国图书馆藏 S.2952 号的题记中，道真有过“纸墨难得”的感叹。

唐长兴五年（934），道真大规模配补、修复三界寺的佛经，发愿“寻访古坏经文，收入寺中，修补头尾，流传于世，光饰玄门，万代千秋，永充供养”。据敦煌研究院专家施萍婷先生研究，这次整理佛经，其全过程都在敦煌遗书中有所反映。道真和尚整理前三界寺原有藏经目录，现存敦煌研究院，即编号敦研 345 的《三界寺应有藏内经论目录》。道真修整后三界寺藏经目录的初稿，现存国家图书馆，即 BD14129 号《三界寺见一切入藏目录》。英国图书馆所藏 S.3624《三界寺见一切入藏目录》，修整后三界寺藏经目录的定稿。

英国图书馆藏 S.6225 号正面，写有佛经目录："集《大般若经》一部，六百卷，具全。又集《大般若经》一部，未全。《大般涅槃经》三部。《大悲经》三卷，具全。经录一本。"背面则写有题记："三界寺比丘道真诸方求觅诸经，随得杂经录记。"据此可知这是道真寻访、修复的佛经目录。

从这些材料中可以看到，道真在 934 至 935 年间，也就是在他 19 到 20 岁这两年，整理、寻访、修复三界寺藏经 166 部，特别是把篇幅长达 600 卷的《大般若经》整理成足本，可谓功德圆满。这次佛经修补活动，堪称中国古代记录最完整的图书修复活动，为我们了解古人怎么使用、保护书籍，提供了很多有益的信息。道真后来担任沙州僧政，是位仅低于都僧统、都僧正的高级僧官。他所访得、修复并整理的佛经，都成为三界寺的藏经，后来存入藏经洞，封藏千年，保存至今。

自从敦煌遗书发现以来，这批文物文献的来源，一直是学者关注的要点问题之一。对此有过很多种不同的推测，比如避难说、废弃说等等。有关道真补经的零星资料，为我们理解这个问题提供了另外一个角度：修补古坏经文应是三界寺藏经的重要来源，藏经洞文献文物与道真搜罗古坏经卷和修补佛典的活动有密切的关联。

国家图书馆藏敦煌遗书《金光明最胜王经》——尽显古代修复技艺

林世田　萨仁高娃

《金光明最胜王经》因其宣称凡护持、流传本经者，其国土将得到四大天王的佑护，将会国泰民安，故被历代统治者视为护国佑祚、灭罪积福之圣典。敦煌遗书中存《金光明最胜王经》1100号以上，而国家图书馆藏有700号以上，足见当时流传之广，习者之众。另外，由馆藏700余号写卷可揣摩出古代写卷修复技艺端倪。

加装护首及卷尾。敦煌遗书绝大部分为卷轴装，收起时从左向右卷起，展阅时则从右打开，以致卷子右端极易污损残破，卷首大多或残损或脱落。古代修复常在卷首缀接一张素纸，作为护首。有的在护首前粘一根竹条（或芨芨草），竹条两端与写卷横幅相齐，叫天杆。天杆中间缝缀一条丝带，用以捆扎。卷尾边缘有时加木制或竹制的轴，轴两端各露出1cm，用来手捏卷经，叫地轴。逢卷尾脱落或残破，则缀接一段尾纸，作为拖尾，

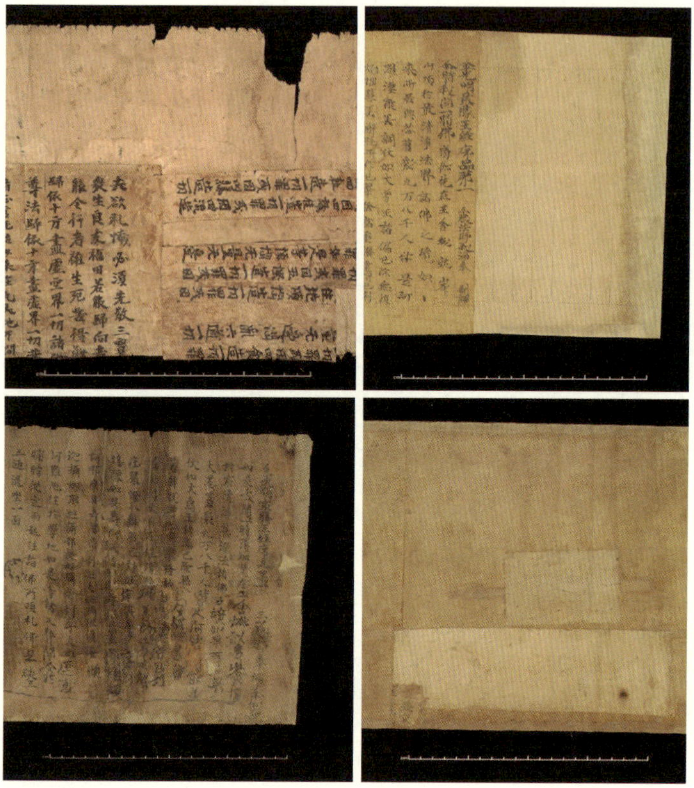

BD00068 BD00288
BD00394 BD00481
《金光明最胜王经》

以保护原卷正文。BD00707，用保存完好的《大般若波罗蜜多经卷第五百八十三》的护首配补为本卷护首，存竹制天竿和缥带系孔，缥带已失。BD00288、BD01243、BD02635卷首均接出一张纸，用作护首。BD00432、BD01430则有意将背面裱补纸留出余幅作为护首，保护原卷。BD02654、BD05417均属配补尾纸，作为拖尾，以保护原卷。

配纸。配纸是修复的一项重要工序，现代修复要求修复者应根据写卷纸质、颜色、厚薄以及纸纹的横竖进行纸张选择。如果配纸适当，修复后的卷子宛若天成。反之，即使技术高明，精工细作，也难协调一致。因此修复质量的好坏，与配纸极有关系。敦煌在吐蕃统治时期以及归义军时期，纸张作为军事战略物资，极为匮乏，归义军政权曾专门设军资库司来负责纸的管理和支用。因此，对写卷进行修复时，手边有何种废纸便使用何种废纸作裱补纸，基本无法加以选择。另，补原卷残失处时补纸的纸纹应与原卷一致，这样既可以使原卷在裱补后天衣无缝，又可以保持写卷的平整。同时，修复之前，裱纸应根据原卷破损部位的大小裁剪整齐，但敦煌古代修复者大多尚未意识到这一点，敦煌写卷中很多补纸不整齐，显得修复十分粗劣。BD00071B、BD00481、BD01240 补纸极为不规则，随意撕就，补纸两端亦用手撕裂。与此相反，BD01098、BD03441 所有补纸均剪切整齐，裱补端正，可见其修复之认真。

划栏补字。残破的写经常常缺栏短字，念诵起来极为不便。如果从使用角度来讲，缺栏处要照原样划齐补全，新补的栏应与原卷栏的粗细完全一致，缺字处也应根据经文，仿照原字体补全。敦煌写经中有许多写卷修复后并无划栏补字，而划栏补字者质量亦参差不齐，有的写卷即利用裱补纸上的乌丝栏，但裱补纸上的乌丝栏与原卷乌丝栏并未对齐，上下左右错落。补的字体与原卷字体风格相去甚远，多稚拙，而且还有错字，尽显修复者文化素养的低浅。BD00394，卷首残破，最初修复时用长 40cm、高 24.2cm 的补纸几乎以通卷托裱，补纸正面补写残失文字，字迹拙劣，多有错字；卷首补纸下界栏为补者用毛笔随意所画，未用细笔、尺子等专用工具，栏粗而歪。

糨糊。现代修复一般使用淀粉制作的糨糊作为黏合剂，要求糨糊稀稠适度，并且，修复时糨糊要涂抹均匀，不宜量过多、面积过大。敦煌古代修复所用黏合剂经千年已变成褐色，其成分尚需进行科学分析。BD01275，糨糊直接涂在原卷上，面积较大，已大大超出补纸外沿，而且涂抹过多，造成裱补后僵硬。BD01098，糨糊涂抹过多，造成裱补处僵硬，舒卷不便。BD00068，使用《佛名经》做补纸，《佛名经》上有一层褐色糨糊残留，可能是修复者原拟《佛名经》正面文字朝里，涂抹糨糊准备上裱时，发现文字朝里，则《佛名经》文字将会通过残破处露在正面，故又决定背面向里，便造成了这一处糨糊残留。

整体上看，敦煌写本《金光明最胜王经》绝大部分抄写于吐蕃统治时期和归义军时期，而其修复也以这个时期为主。此时，敦煌与中原的交通极不通畅，其修复匠人无法得到中原高水平修复文化的熏陶，水平低下，所强调的仅是牢固耐用的实用性，尚没有注意美观。

敦煌遗书BD09092——早期套边实例

林世田

国家图书馆藏敦煌遗书 BD09092（陶 13）号首次刊布在江苏古籍出版社 1999 年出版的《国家图书馆藏敦煌遗书》第 5 册中，编者将图录分为两个子目，BD09092.1 拟题为“观无量寿佛经十六观”，BD09092.2 拟题为“无量寿佛观相”，经敦煌研究院王惠民先生考证，实为《观无量寿经变榜题底稿》。图录编者在条记目录中著录云：“卷轴装。首尾全，尾有芨芨草尾轴。原纸天地被剪，古代并曾溜边，或曾被用作帙皮。本件总长 48.5cm，宽 29cm，1 纸，正面 17 行，行 20 余字；背面 1 行，行 14 字。”本件遗书亦收录在 2008 年 12 月出版的《国家图书馆藏敦煌遗书》第 104 册中。

此件纸质粗厚坚韧，应为归义军时期敦煌当地生产的纸张。天头地脚经过裁切，致使上下残缺一二字。天头地脚套边，套边 0.6cm，折向正面的套边已遮住文字。国家图书馆在近年的修复中，揭开正面的套边，露出了被遮住的文字。卷尾有芨芨草天杆。此为画家据此完成壁画创作之后，便失去文献价值，即成为修复材料。这一现象，与三界

觀 第六樹林觀 第七寶池觀 第八无量壽觀
十妙吉祥觀 第九釋迦牟尼佛觀 第十五龍樹菩薩觀
十六寶樓觀 第十四花池觀 第十三觀音菩薩觀 第十二
開合觀 第十一大勢至菩薩觀
無量壽佛觀想 爾時頻婆娑羅王於野外草菴中有一夫
為求其子 當使害却即成其嗣 爾時韋提夫人阿闍世
性弊惡喜行殺害 生口四足貪惡嗔癡 其心熾盛
現在不見如來 爾時頻婆娑羅王宮內中無子 所
欲求其子 有一千年 免害却即生貴子也 爾時國大夫人
阿闍世王手持刀欲害其母 驚惶池走 爾時阿闍
即執利劍欲害其人 時有二大臣諫王曰 劫初已來有
王貪國位故殺其母一万八千 未聞害母 王若害母
時大王及韋提夫人希即被幽閉 遙請世尊 時世尊往
山勅大目乾連阿難往 而來說法
時阿闍世王頻順諫 遂惡妄之殺 收執父王 頻婆娑羅王幽
禁室內 韋提夫人持餅上王

寺管理僧道真的补经和敦煌遗书所存《金光明最胜王经》所反映的古代修复情况一样，印证了藏经洞所存的残经废纸、木轴引首、经帙残片及丝带等，均是作为修补佛经、经帙、绢画的材料而保存在藏经洞，此卷又为一例。

从卷尾现存天杆看，此卷作为修复材料之后，修复者拟将其作为帙皮，图录编者所言甚是。因归义军时期当地纸张较宽，多为 31cm 左右，此卷从其天地被剪去二三字之后仍存 29cm 推断，其原高至少在 31cm 以上。用其修复以前的写经，则需将天头地脚裁剪一部分。作为经帙，经常开合，则需牢固，故在天头地脚套边。此为敦煌遗书中所罕见者，亦应为存世最早的套边实例之一。修复者将原卷尾作为卷首，加做芨芨草天杆。故若从文献角度看，卷尾有芨芨草天杆，殊为不类，而从后来作为修复材料的角度来看，则涣然冰释矣。

国家图书馆自 2003 年建立敦煌遗书修复档案，杜伟生先生曾对我馆所藏 300 余件敦煌遗书的厚度进行测量，最薄者 0.04 毫米，最厚者 0.34 毫米，其中以 0.1—0.14 毫米的居多，而厚度在 0.2 毫米以上的较少。一般情况下，纸质较厚者多为吐蕃统治敦煌时期和归义军时期敦煌本地生产的纸张。敦煌遗书中纸张较厚而且疏松者，多是在归义军时期生产的，当时敦煌孤悬西陲，与中原基本处于隔绝的状态，无法从中原地区获得高质量的纸张，而本地纸张生产工艺落后。据杜伟生先生研究，这样的纸张应该是使用固定纸帘抄造的，因为是在空气中自然干燥，没有经过压榨脱水，所以纸质比较粗糙松软。杜伟生先生对本件敦煌遗书选取 4 个点进行测量，厚度分别是 0.23 毫米、0.24 毫米、0.29 毫米、0.30 毫米，平均厚度在 0.265 毫米，在敦煌遗书属较厚者。

国家图书馆藏刘廷琛旧藏敦煌遗书

林世田　萨仁高娃

刘廷琛（1868—1932），江西德化（今九江市）人，字幼云，光绪甲午进士，曾任翰林院编修，1906年充陕西提学使，后任学部右参议，1908年1月—1911年12月任京师大学堂总监督（相当于校长）、学部副大臣等职。辛亥革命后，热衷参与策划复辟清王朝的活动，张勋复辟时，被任命为内阁议政大臣。张失败后，刘廷琛隐居青岛，以书画自娱。1932年7月5日病逝于青岛。

1909年9月4日，时任京师大学堂总监督的刘廷琛曾出席京师学者在六国饭店招待伯希和的宴会，是较早知道敦煌遗书发现及其价值的中国学者之一。1910年甘肃布政使何彦升（1860—1910）作为押运官将劫余敦煌遗书解运北京学部后，李盛铎、刘廷琛等学部大臣近水楼台，监守自盗，把所有经卷写本翻检一遍，择其精好者，窃为己有。为掩人耳目，将一些较长的写卷撕成数段，以充其数。刘廷琛旧藏敦煌遗书即来源于此。

刘廷琛是以极不光彩的手段窃取敦煌遗书的，故其藏一直秘不示人。1932年，刘

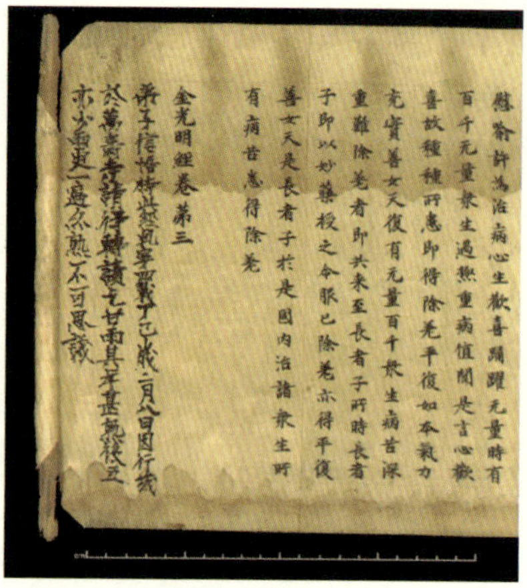

BD14486《金光明经》

氏病逝于青岛，其旧藏面临如何处理的问题。首次公布刘廷琛所藏敦煌遗书目录的是董康（1867—1947）。董康1936年避暑于日本，于其9月11日记中写道：“是日，古屋主人转青岛黄公渚函来，内附《刘幼云敦煌卷子目》，摘佳品存于后。”在日记中并公布了六朝至唐共20件写卷，其中18件有题记。著录内容包括写本朝代、题名、题记摘要、尺寸（长、高）等四项。可见，青岛黄公渚（1900—1964）有意通过董康将刘氏旧藏兜售于日本人。刘黄二家20世纪初均迁居青岛，且黄公渚的四弟黄孝绰即刘廷琛女婿，黄公渚与刘家应该非常熟悉。当然，刘氏旧藏后归其亲戚张子厚，后又被汉奸吴瓯购买。1952年，吴将所得刘氏旧藏敦煌遗书移交给当局，1954年2月11日文化部将此批敦煌遗书拨交到北京图书馆（今国家图书馆）。

考察中国国家图书馆藏刘廷琛旧藏，其外包装几乎都是黄色绸绢，绸绢一角缝有白布题签，签上楷字书写文献抄写朝代、题名、长高尺寸和编目序号，序号有汉字和阿拉伯数字两种。打开布包，翻检经卷，很多卷子上均有用宣纸制作的小题签，上亦有题名、大概尺寸。宣纸题签一般均在卷首背面，有个别的在卷尾背面，有的卷尾背面有撕开题签，挪粘到卷首背的痕迹。把题签粘在卷首背面，无疑是考虑到翻检方便，并能一眼看到卷子题名以及尺寸等。当然，此纸签只算作“草目”，字体潦草、著录款项不完整，有时长高全，有时则只有卷长尺寸。从这些外观特征看，刘氏曾精心保管此批文献，并组织人员初步编过目。

我馆藏敦煌遗书编号中，新 0622 号—新 0701 号共计 80 号为刘廷琛旧藏。而如上所述，此批文献入我馆之前，得到初步编目，并且编目有一定的规则。黄绢题签上的编号有两种：一为汉字编号，最大号者“三十七”；一为阿拉伯数字编号，最大号者为 088，两者相加，说明刘氏旧藏的数量不会少于 125 号。早期编目，按理来说，编号间不会有间隔，而现在编号间所缺部分，即递藏过程中所流散或丢失部分，以致我们在馆藏敦煌遗书中只看到 80 件的刘氏旧藏。

我馆藏敦煌遗书中有 2000 余号是文化部调拨、个人捐赠或图书馆采访的散藏写卷，它们或是在解京之前，或是在解京途中流散到社会中的。随着各大散藏的公布以及各大馆藏单位对敦煌遗书的进一步编目与解析，我们相信将陆续发现刘氏旧藏。刘廷琛旧藏是散藏敦煌遗书的典型，它身载敦煌遗书的颠沛、流离、递藏史，对研究敦煌遗书的流散及收藏史具有很高的学术价值。

西域文献掌故

打开沉埋千年的精彩画卷
——西域文献新发现

刘　波

2005年以来，中国国家图书馆古籍馆陆续征集入藏了六批新疆和田等地文献，总计564号（有的1号内包含多件）。这些文献均产生于4至10世纪，相当于中原王朝的两晋至宋初时期，时间跨度很大。

这些文献内容丰富、形态多样。从文种看，有汉文、于阗文、藏文、梵文、粟特文、焉耆-龟兹文、波斯文等，有的文献为双语书写，甚至还有多件于阗文—汉文对照文书，对西域古语言研究极富参考价值；从内容看，不仅有大量宗教文献，其中主要是佛教文献，而且有四部典籍、官文书、书信等世俗文献；从载体形态角度看，包括木简、函牍、纸质文书、绢质文书、桦树皮文书等类型，带有封泥的书信与笔盒独具特色。这些文书有着很高的文献价值，其重要性不亚于敦煌遗书、吐鲁番文书，已经引起了国内外学术

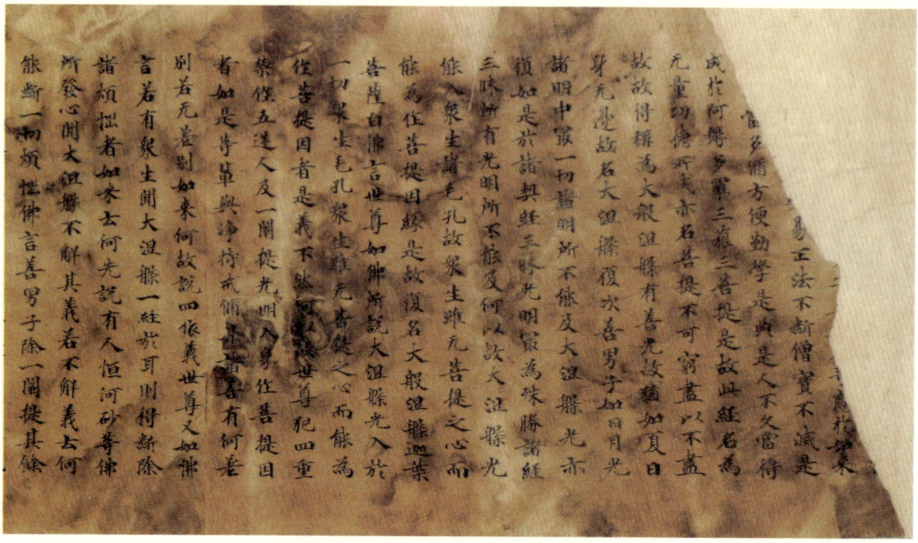
成於阿耨多羅三藐三菩提是故此經名為
无量功德所成亦名菩提不可窮盡以不盡
故故得稱為大般涅槃有善光故猶如夏日
身无邊故名大涅槃復次善男子如日月光
諸明中最一切諸明所不能及大涅槃光亦
復如是於諸契經三昧光明最為殊勝諸經
三昧所有光明所不能及何以故大涅槃光
能入衆生諸毛孔故衆生雖无菩提之心而
能為作菩提因緣是故復名大般涅槃迦葉
菩薩白佛言世尊如佛所說大涅槃光入於
一切衆生毛孔衆生雖无菩提之心而能為
作菩提因者是義不然何以故世尊犯四重
禁作五逆人及一闡提光明入身作菩提因
者如是等輩與淨持戒脩習諸善有何差
別若无差別如來何故說四依義世尊又如佛
言若有衆生聞大涅槃一經於耳則得斷除
諸煩惱者如來云何先說有人恒河沙等佛
所發心聞大涅槃不解其義若不解義云何
能斷一切煩惱佛言善男子除一闡提其餘

汉文佛经

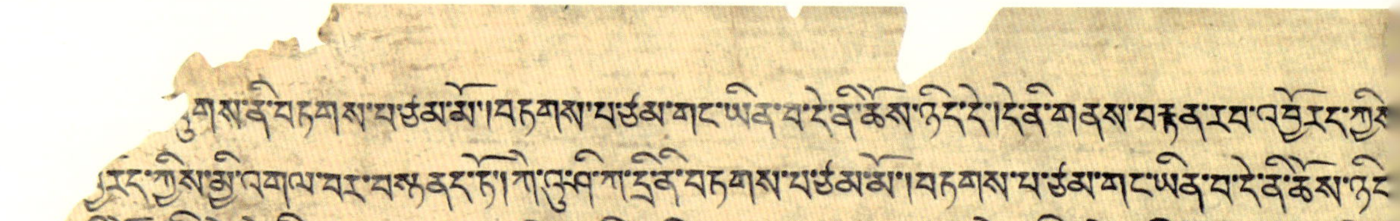

界的高度关注。

季羡林先生曾在 2008 年 6 月 10 日发出呼吁：“听说，最近新疆地区发现了很多古代语言的残卷，这对于我们中国学界以及世界学术界都是特大的好消息，无论如何不要让外国人弄走。”于是，在北京大学段晴、荣新江教授等学者的协助下，国家图书馆经过多方协调，最终分批征集入藏了这些文献。

这批文书中的两件已列入《国家珍贵古籍名录》，它们是：8 世纪前写本《对治十五鬼护身符》一卷（名录号 02284），唐写本《孝经郑氏解·卿大夫章》（名录号 06967）。

这些文书中，特别引人注目的是一件犹太波斯文书信。所谓犹太波斯文，指的是用

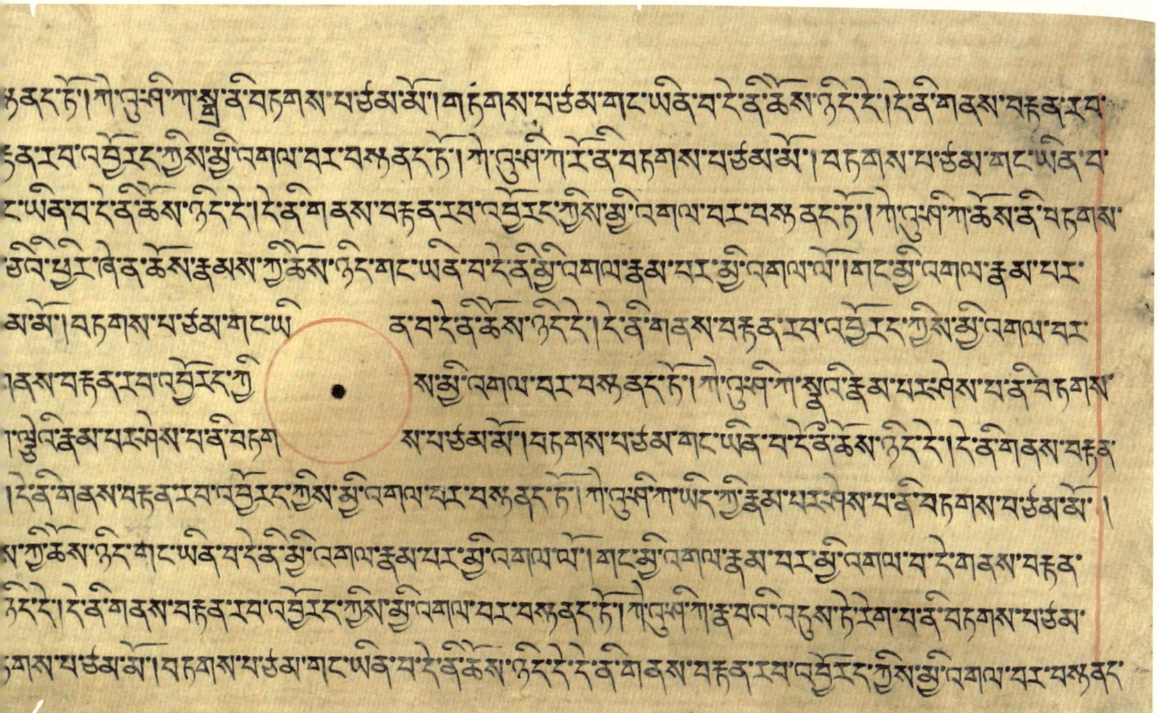

藏文佛经

希伯来文书信

希伯来字母拼写中古波斯语的一种文字。这封信只有一页，保存很完整，是在新疆一带做生意的犹太商人写的，收信人也是犹太人。一直以来，关于犹太人在丝绸之路东段活动的情况，因为资料缺乏，很难进行研究与探讨。这件书信的发现，一定程度上填补了一大空白。

据我国学者张湛研究，这封信的主要内容包括三部分：第一部分，写信人问候收信人及其他人，告诉他们自己一切都好。第二部分讲述写信人为了从地主处得到羊，派人送礼，礼已送出但羊却没有到手。他责备收信人不应该拒绝向卖羊的地主支付额外的钱，并嘱咐不管地主女儿要多少钱，都给她。第三部分提到在喀什的吐蕃人悉数被杀，军副使带着五百步骑去增援，另一名官员派出了信使。信中还提到，他和同伴都接受了收信人的建议，在喀什如果需要出钱，不要有所保留。

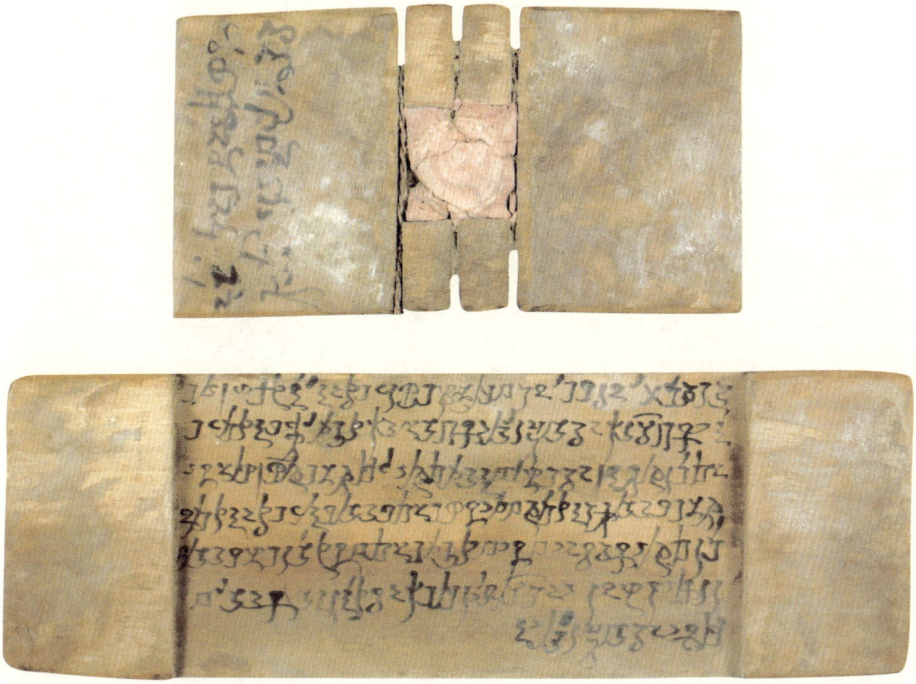

佉卢字木牍

于阗文木牍

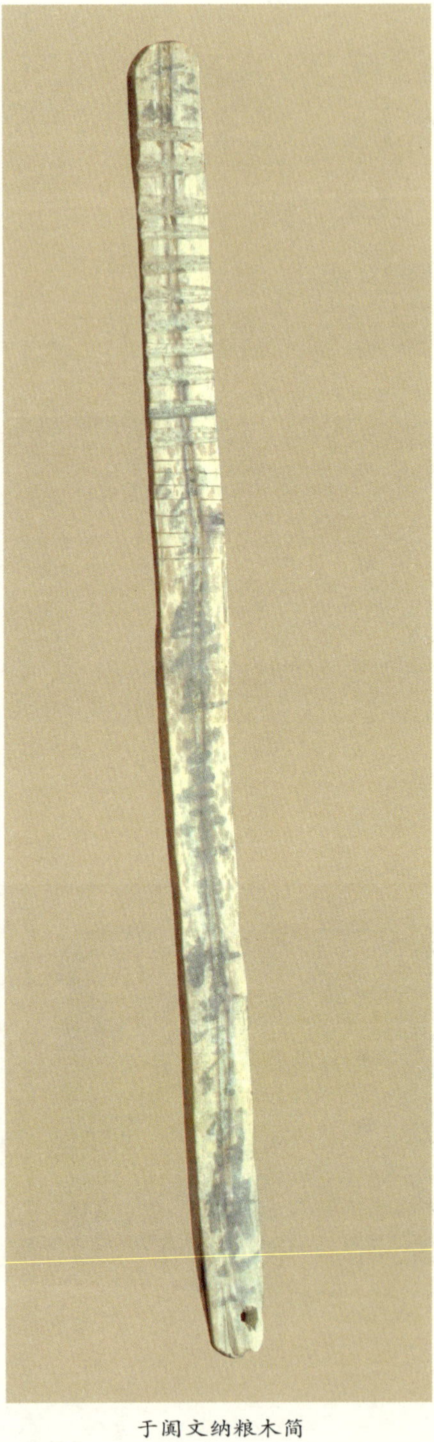

于阗文纳粮木简

突厥文木简

无论内容、书迹，这件书信与斯坦因 1901 年从丹丹乌里克发掘、今藏于英国图书馆的 Or.8212/166 号都很接近，因此它们很可能有密切关联。Or.8212/166 残损严重，大部分文句不能通读，而这件书信则保存完整，提供了有关东方犹太人的宝贵的第一手材料。不仅如此，它也使我们对 8 世纪末 9 世纪初西域地区唐、吐蕃、于阗、回鹘、阿拉伯等各种力量交织的复杂政治格局有了更丰富的认识，为研究唐代中后期西域历史提供了生动的旁证。它也是现存最早的波斯语文献之一，为探索波斯语发展的历史轨迹提供了素材。

国家图书馆近年征集入藏的和田文书中，于阗文文献数量最多，形制多样，内容丰富，这里根据北京大学段晴教授的研究，略作介绍。纸本文献中，首尾完整的《对治十五鬼护身符》长卷颇为重要。这件长卷只有 7.2cm 高，长达 174.9cm。据卷尾题记，它是为一位于阗贵妇量身定制的佩戴物。于阗文《金光明经散脂品》以丝绸之路南道所特有的正楷婆罗谜字体书写，表明在于阗曾存有比现存梵文本内容更加丰富且更接近于义净汉译本及藏译本的长部《金光明经》，文献价值尤为突出。此外，还有为数众多的唐开元九年至十一年（721—723）于阗文、汉文双语纳税木简，以及高僧买奴契约等多件于阗文函牍。这些于阗文文献，生动地反映了带有神秘色彩的古代于阗社会、经济、宗教与日常生活的方方面面，宛如打开了一扇窗户，让今天的人们可以一窥丝绸之路上古老国家的精彩画卷。

鉴于这批文献的重要价值，国家图书馆与北京大学的学者对这批文献展开合作研究，几年来，学者们发表了十余篇专题研究论文，段晴、张志清主编的《中国国家图书馆藏西域文书·梵文佉卢文卷》和《于阗语卷》已出版。

国家图书馆藏西域文献形制
——中古时期西域多元文明的缩影

萨仁高娃

中国国家图书馆分六批购藏新疆和田等地出土西域文献，总计564号（有的1号内包含多件）。这些文献均产生于4至10世纪，内容丰富、形态多样，所呈现的外观特征，充分展现了中古时期西域文明的多元性。

馆藏西域文献中，无论是纸质还是木质，均有其独特形态。

梵夹装是佛教典籍的共性，有单面、正背双面书写者皆存。较为完整的梵夹装，其纸张中央两侧均有两个圆圈和穿绳孔的标记。于阗文《金光明经散脂品》为梵夹装，略显古旧的纸张中间一段有孔以供穿绳，方便诵读。一般的梵夹装皆有两个孔，此件则仅有一孔，可认为西域文献的一大特色。而藏文写本《般若波罗蜜多八千颂》则为典型的梵夹装。

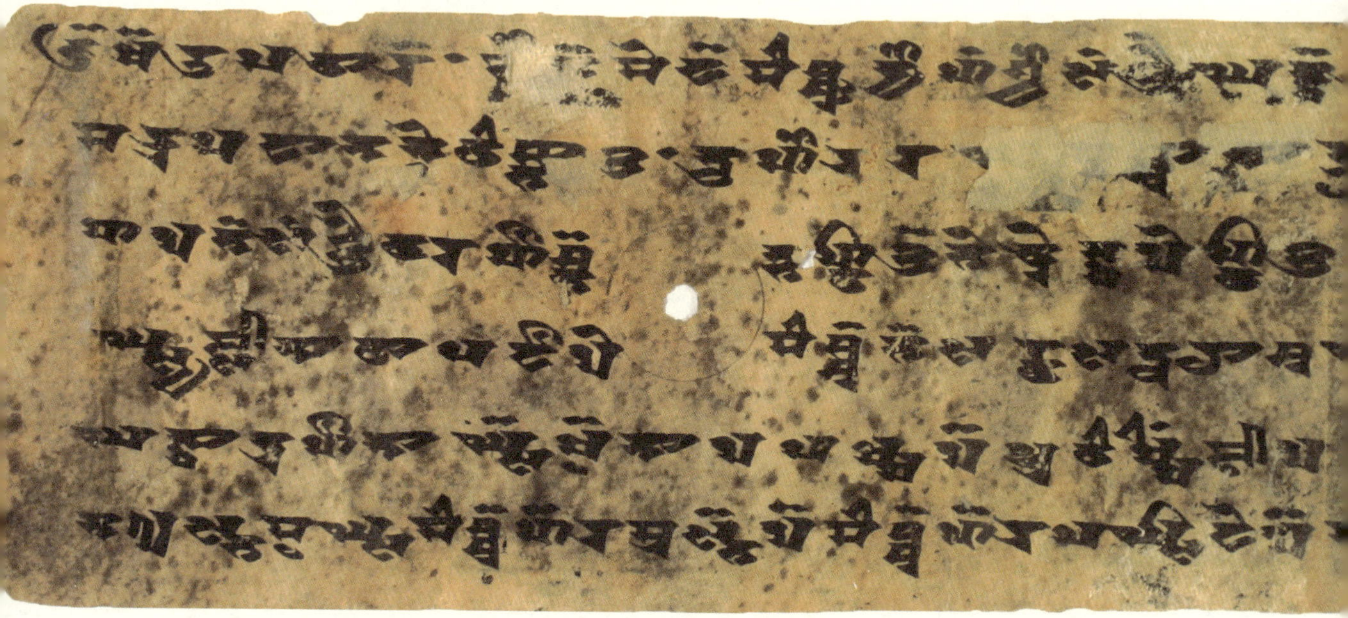

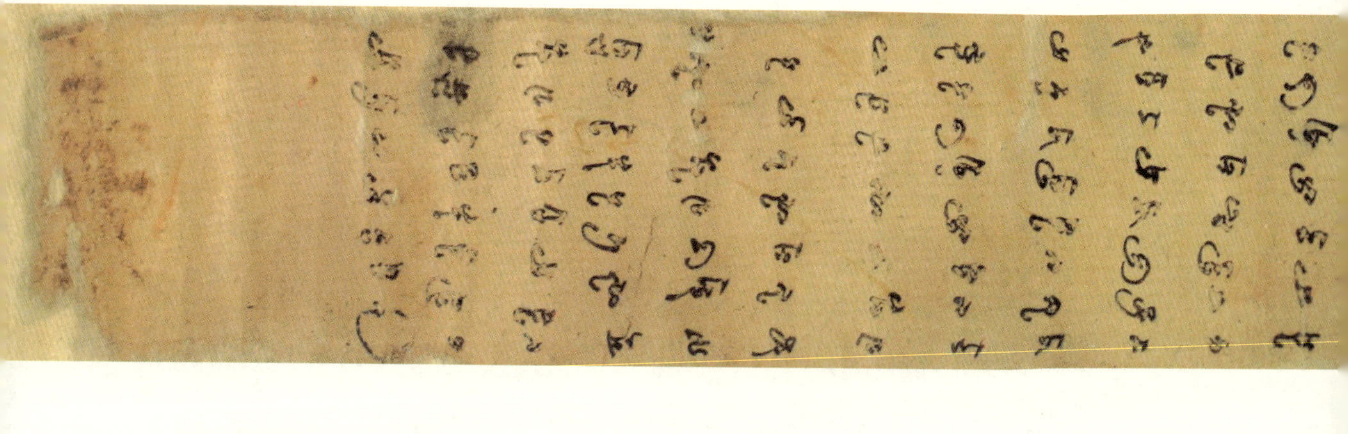

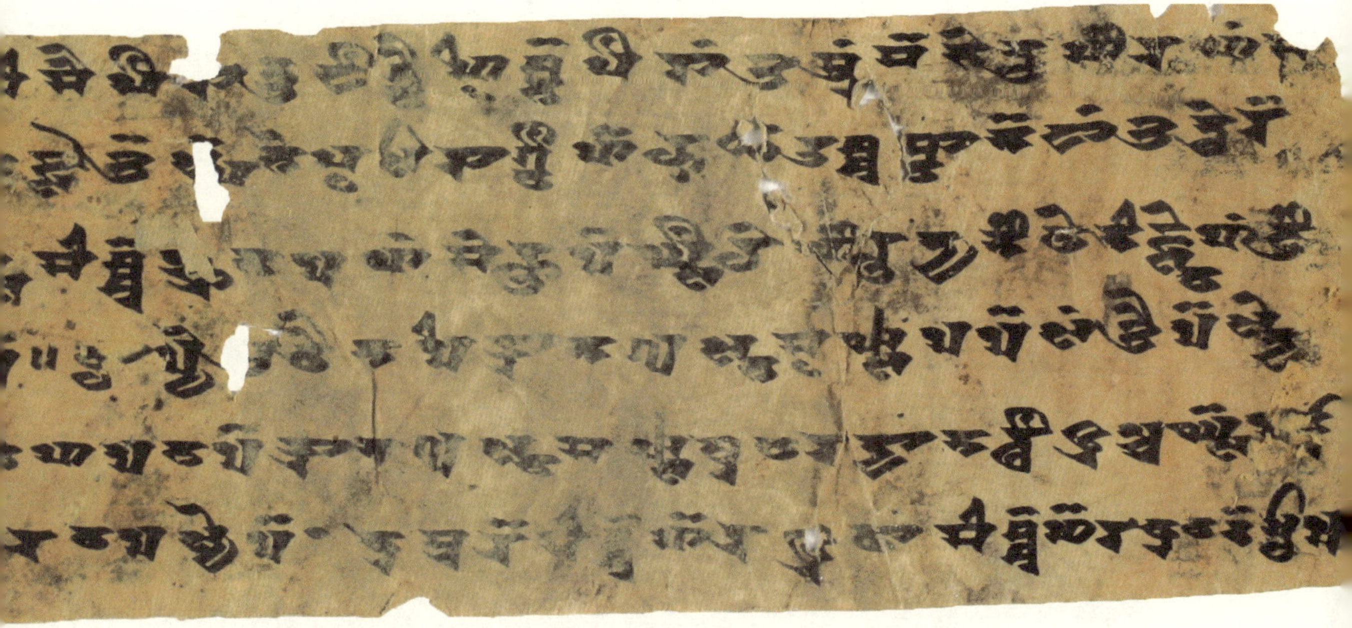

（于阗文）《金光明经散脂品》（梵夹装）

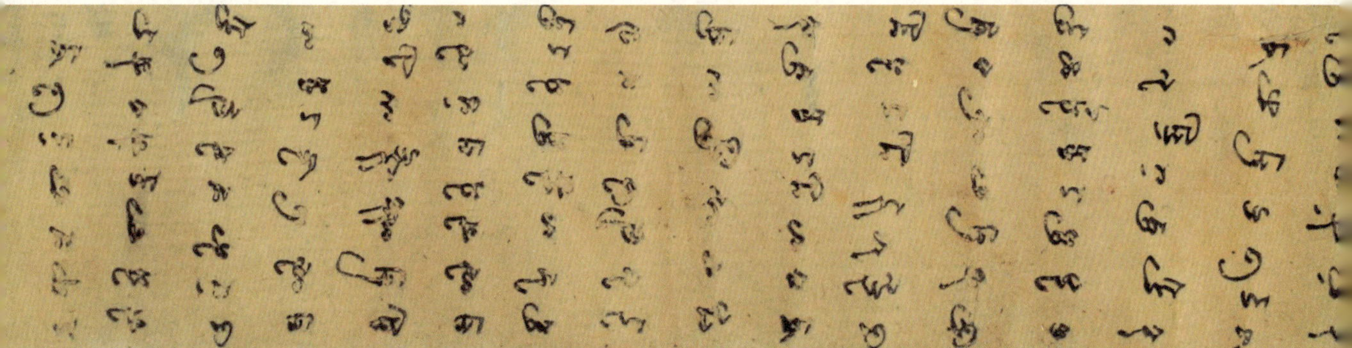

（于阗文）《对治十五鬼护身符》（卷轴装）

卷轴装在西域文献中亦可见。纸本文献中，首尾完整的于阗文《对治十五鬼护身符》长卷颇为重要。这件长卷只有 7.2cm 宽，高却达 174.9cm。其卷起方向为上下，不同于汉文卷轴装的左右方向。据北京大学段晴教授研究，写卷有题记，是为一位于阗贵妇量身定制的佩戴物。初发现时被卷装在一拳头大小的泥罐中，后泥罐破碎，长卷最终被国家图书馆收藏。

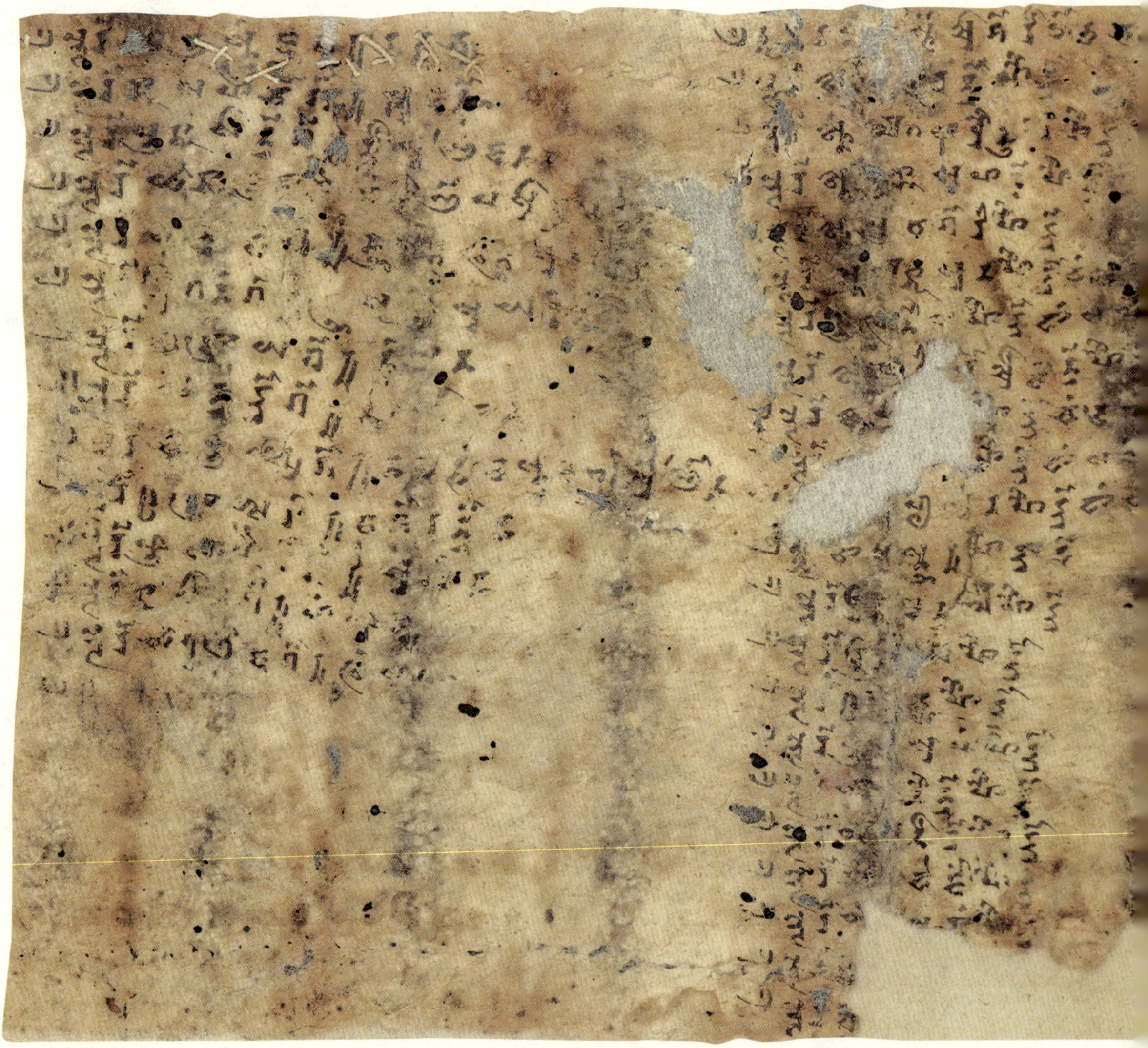

缝合装是于阗文书信、契约、账单常用的一种形制。即将内容书写完毕后，将纸张折叠成条，四周缝合，以防内容外泄。下图为粟特人在于阗地区滞留时的购物账单，用于阗文书写所买什物，折叠缝合后又以写有粟特文的纸签和封泥封住。

馆藏西域文献中木简、木牍的形制较多。木简有三种：一是普通木简，即，在削成平面的木头或扁形木片上书写内容。藏文、于阗文、龟兹文、突厥文文献中均见此类木

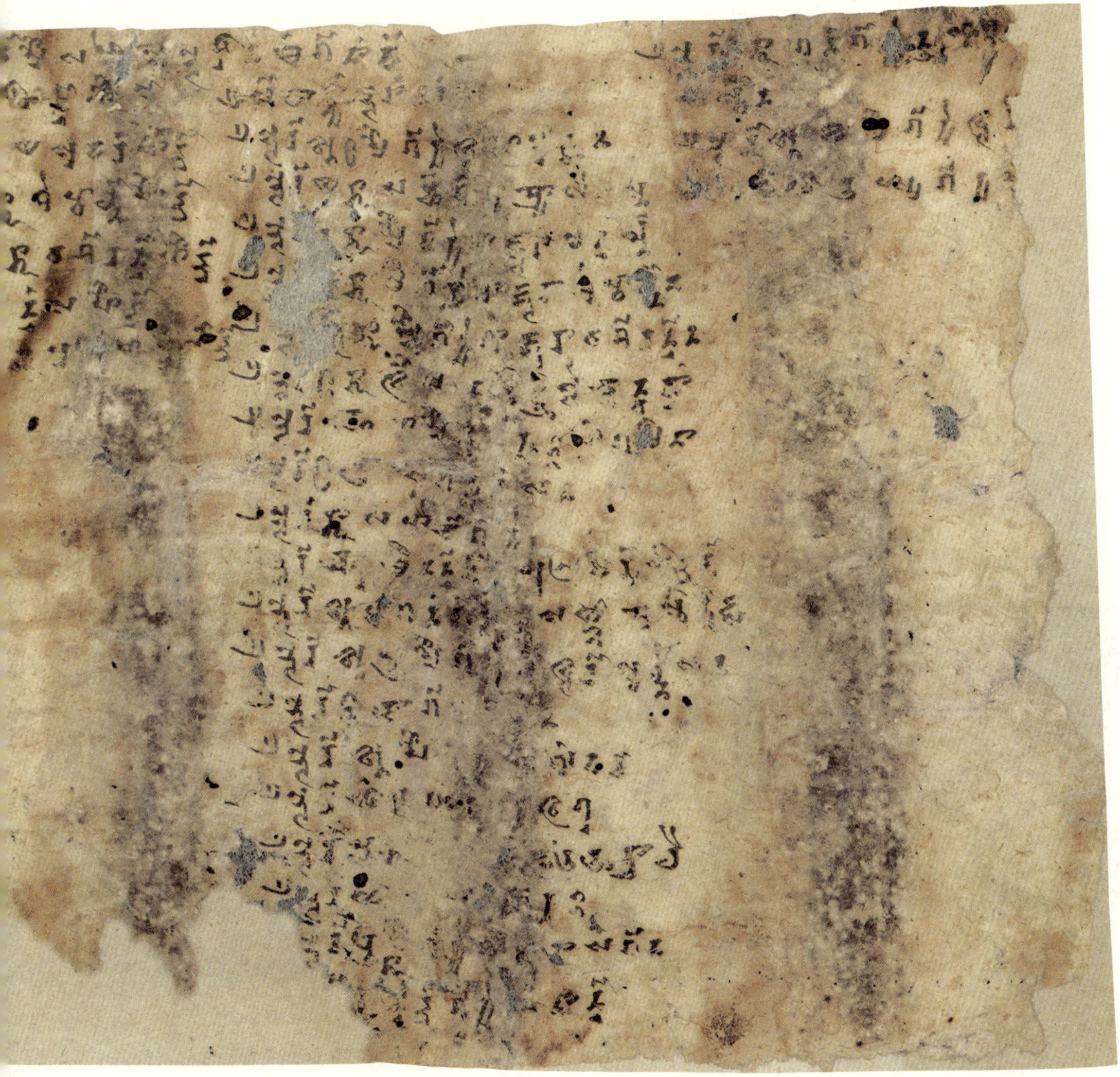

于阗文账目正面（缝合装）

简。二是头部为箭形的木简。第四批第 69、70、72、77 号木简的头部均削成箭形尖头，而同批第 71 号木简则为头尾均削成箭形尖头的木简。三是带有刻齿的木简。其特征是木简正面上端有粗细不一的刻齿，其下为汉文纳粮年月与硕（现计石）斗数，背面为与正面汉文对应的于阗文译文和汉文签押人姓名。刻齿上面均书有“拔伽”，说明此批木简为于阗地区拔伽村百姓的纳粮凭据，刻齿数量均与文字中所记硕斗数一致，即刻齿粗宽者代表硕，细者为斗。部分木简一头带孔，并穿有绳子。大多木简有纪年，为开元十年（722）八、九月和开元十一年（723）八月。

馆藏西域文献中有 13 块木牍，涉及文种有藏文、于阗文、佉卢文、龟兹文。其中形制最为特殊者应是于阗文和佉卢文木牍。

5 块于阗文木牍中，1 块为仅封牍，其底牍已散佚；4 块为由封牍和底牍组成，其中第四批第 68 号底牍和封牍由平板组成，上均有一孔眼，封牍外表上抠出小槽，在底

（于阗文）《舅卖甥女》案牍

（佉卢字）元孟四年契约木牍

牍上写完内容后，用封牍盖上，并用绳索穿好底牍和封牍，在封牍上小槽内结好绳结，最后用泥封住，并在上面盖印。

另 3 块木牍，底牍是尺寸相当的厚木板上抠出长方形槽块，以用于里边书写秘密文件，有的仅在平面上书写，有的则槽内侧立面上也书写。封牍则是将木板裁切成与底牍槽块尺寸相等，以盖入底牍槽内。封牍里面多有文字。封牍表面再抠出小槽，内钻出孔眼。制作完毕底牍、封牍后，在底牍上仍钻出两个孔眼，以做到穿好的绳子从封牍孔眼穿出，封牍小槽内结好结子，最后在封牍小槽里封泥，以保证牍内内容不易泄露。部分封泥上盖有印章，如第四批第 66 号木牍。所有封牍表面均写有一两行字。

馆藏有 5 块佉卢文木牍，均为第五批藏品。其中 2 块为底牍或封牍，非完整木牍。其余 3 块均由底牍和封牍组成。底牍是尺寸合适的木板上，将中间四分之二部分抠开，在抠出的平面上写文书内容。封牍则是裁切以底牍抠掉部分相等的木板，并在外表锯出三道线，其中间抠出小槽。将底牍和封牍合盖后，用绳子沿着封牍上的三道线捆绑，将绳子结在封牍小槽内，最后用泥封住，并在封泥上盖印。封牍表面上均有一两行字。

馆藏西域文献五花八门的质地与外观形态无疑丰富了中国古代文献的装帧形式，也充分展现中古时期远离中原的西域地区，官方及民间所用文书的外观特征，可称作西域文明在文献形制上的缩影。

和田出土《观世音菩萨劝攘灾经》写本
——中古时期民间信仰的鲜明写照

刘　波

在国家图书馆所藏西域文献中，有一件出自古代和田的《观世音菩萨劝攘灾经》写本（BH1—11），虽仅15行，寥寥300余字，却生动地反映了中古时期中国民众的信仰，为我们了解唐代西域居民的生活提供了一扇窗口。

这件文献的内容可分为三部分：首先，扬言太山（即泰山）西角崩颓，要摄取伊、西、庭三州两万个人、一万头牛的魂魄，“助太山散化”；其次，劝诱众生信奉、念诵、传播此经，以免灭门之灾；最后，叙述此经来历，一位名为王载的佛教信徒到佛教圣地柘厥礼拜时，路遇一位百岁老人，授予此经，命其在安西攘灾。

这件《观世音菩萨劝攘灾经》，虽标题为“经”，却并不是真正的佛教经典，而是中国人假托为“经”的文本，佛教界称之为伪经。从内容上看，它属于谶记类伪经。这类

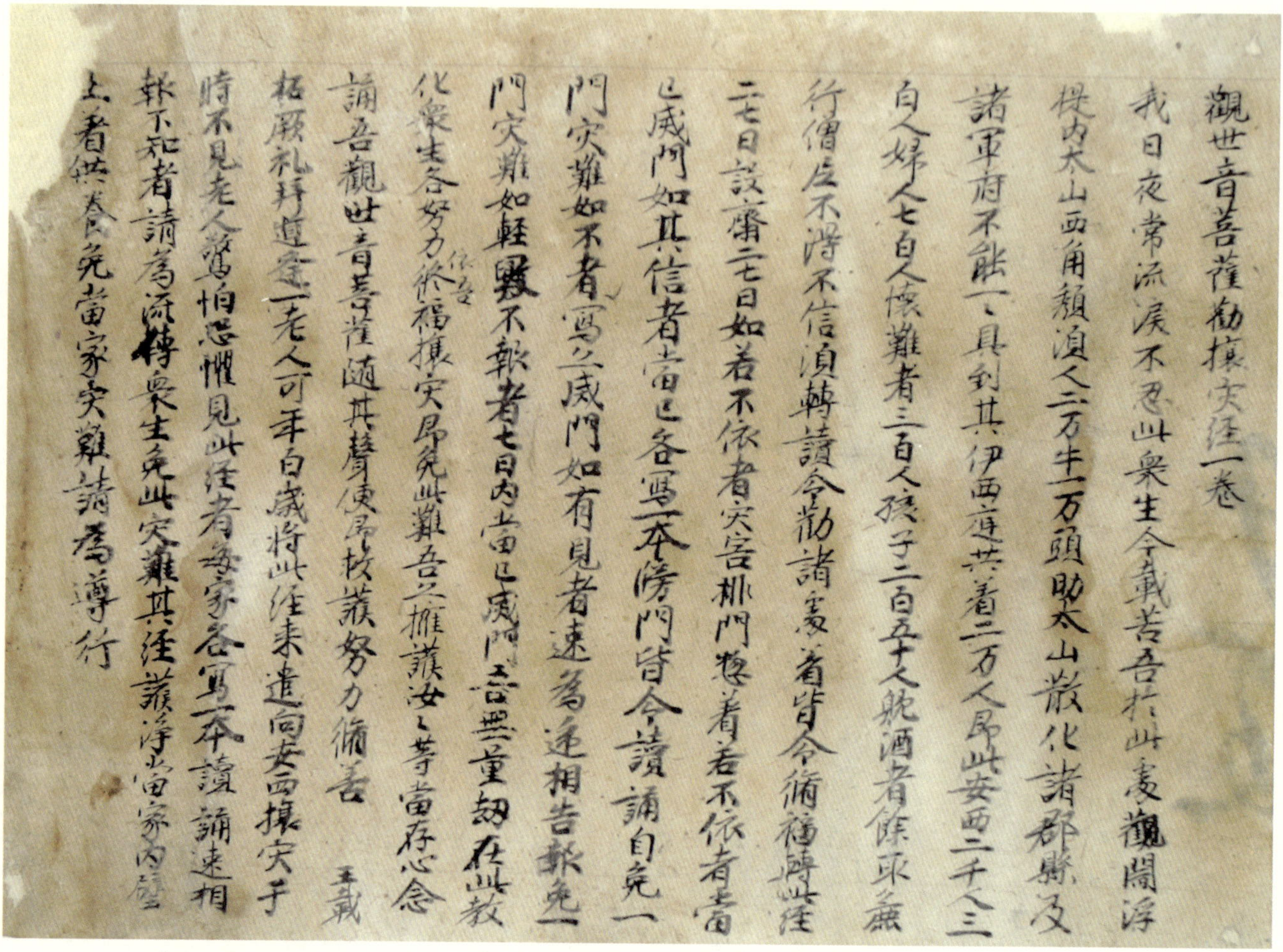

《观世音菩萨劝攘灾经》

伪经的特点是有强烈的现实针对性，经文能直接反映其产生背景。经文中提到的安西，即唐代安西都护府驻地龟兹，也就是今新疆库车一带；伊、西、庭，则是唐贞观年间比照内地州县军政制度在西域东部设立的三个州，分别对应今天新疆的哈密、吐鲁番、乌鲁木齐。这表明，该经的产生及主要流传地，应在塔里木盆地北缘的龟兹一带。但这件文书发现于塔里木南缘的和田，可见它在西域流传很广。

此经以观世音菩萨为祈祷的对象，经名举“观世音菩萨劝攘灾”，经文劝导信众依教修福禳灾，声称“吾观世音菩萨随其声便即救护”，说明唐代西域广泛流传观世音信仰。观世音信仰起源于印度，随佛教传入中国。《法华经·观世音菩萨普门品》记有观世音保护“商主”的故事，因此观世音特别受商人的尊崇。丝绸之路原本就是一条商业之路，东西方商人不绝于途，观世音信仰因而在丝绸之路特别兴盛，敦煌等古代遗址都有观世音信仰的遗迹。库车古代佛教艺术作品中，也有数量可观的观世音菩萨的造像与绘画，它们与这部伪经一样，都反映了古代龟兹地区兴盛的观世音信仰。

同时，此经也反映了中国民间泰山信仰。经文宣称的灾难，是“太山西角颓”。这里的太山，就是泰山，太、泰二字古代可通用。在中国民间信仰中，泰山是人死后灵魂归属之所。古代镇墓券中有“生人属西长安，死人属太山”之类的语句。东晋人张华所撰的《博物志》中说：“泰山一曰天孙，言为天帝孙也，主召人魂魄。”这些资料都表明，早在汉晋时代，泰山作为鬼府已经在民间普遍流行。《观世音菩萨劝攘灾经》声称泰山崩颓，表明盛唐时期唐政府有效统治下的安西一带，也与中原地区一样流行泰山信仰。

此经将中原本土的泰山信仰和印度传入的观世音信仰嫁接在一起，反映了古代民间信仰杂糅混合的状态。对于各种宗教、各派神灵，一般中国民众往往没有特定的信仰，同时礼拜多个系统的神灵。在一般中国民众的心中，神明是没有排他性的。这种状态，不光今天如此，我们从这件《观世音菩萨劝攘灾经》中可以看到，古代也是如此；不仅中原地区如此，偏远的西域地区也是如此。

于阗文《对治十五鬼护身符》

萨仁高娃

国家图书馆藏西域文献中有一件于阗文陀罗尼咒，编号为BH1-18，卷轴装，174.9cm×7.2cm，纸张厚韧整齐。2005年，经馆领导和多方学者的不懈努力，此件与其余29件文物一同藏入我馆，成为我馆第一批西域文献。有关此写卷，北京大学段晴教授有专文《于阗语〈对治十五鬼护身符〉》，对其进行全面研究。正是段教授的精彩释读与解析，带我们认识了这一稀世罕见的于阗文长卷。

写卷出自丹丹乌里克一带，8世纪文献。出土之初，装于拳头大小泥罐中，原收藏人为伊斯兰教信徒，怀有敬畏之心，将装有文物的泥罐放于房梁上。20世纪70年代末，老房屋拆毁，将文物挪下房梁，泥罐最终破碎。因不知长卷为何文何物，又出于好奇心，收藏者便使用现代的圆珠笔在卷子背面描摹透出来的文字。因此，我们现在看到卷子背面部分文字上有蓝色圆珠笔的描摹痕迹。

长卷首尾全，文字自上而下横向单面书写，凡96行，字体为于阗文行书。据段教授介绍，该写卷属于佛教护经类文献，文中两处出现“对治十五鬼”，并据尾记“名曰对治十五（鬼）之护持（经）全部完成”，可知此陀罗尼实名为《对治十五鬼护持经》。

那么，所述“十五鬼”为何物？文中提到：“她们喜欢男孩儿，喜欢儿子，但是儿子在腹中留不住。贪婪于新生儿的罗刹女，以他们充食。她们有通过十五种途径而生的疾病，这些疾病发生在孩童身上。她们总是得到机会，甚至夺走已经在腹中的人的胚胎。”显然，这里指的十五鬼，就是泛指的罗刹女。关于这十五鬼，无论在梵语佛经还是在汉译佛经中，多有提及，如《童子经念诵》《守护大千国土经》中就记十五鬼，后者还描述十五鬼的模样以及对胎儿、小孩的威胁。敦煌藏经洞内甚至出土有于阗语汉语双语残卷，其上绘制有这些鬼魅的图像，有的兽头人身，甚至兽头女人身。

显而易见，此陀罗尼以保护受胎妇女和儿童为主旨，并且并非佛所说，而是观自在菩萨于佛前所宣说。文中明示，持带此护身符，其功效在于“若有女子不能生育，或者无男童，无儿子，或者是处女（？），或者她的儿子不能成活，或者腹中不能怀子，或者丈夫对她十分粗暴。只要（她）携带此明咒，尊者观自在菩萨将如此保佑她，无论她有何种愿望，皆可得实现。而且丈夫变得亲切、和蔼，诸子茁壮成长，不会死去。无论

于阗文陀罗尼咒（修复前）

她做何种业，都将得生于妙好受生中，得每个人的喜爱，言谈柔美。（若是）她先前腹中不能得子，她将有好的结界”。再次证明，此护身符主要针对妇女儿童而言，保护妇女利益，侧面反映此护身符的持有者为妇女，这与该长卷末四行的记录完全吻合。

写卷末四行为题记：“惟愿 sävākä 女士的一切时护身符黑夜白天护佑于她，令她此世儿郎繁多昌盛。”明确告诉此陀罗尼咒的持有者为 sävākä 女士。

此类狭长形制的长卷，在西域地区多有发现，新疆考古研究所藏的《明咒护身符》和斯坦因在哈达里克所获 Kha.i.50 也是此类型，所不同处在于，Kha.i.50 写卷上绘有图画。同形制的写卷中，尤以此长卷为典型，即其为几段纸黏合而成，纸质强韧发亮。可见，当时于阗地区非常流行佩戴护身符的习俗，以祈福多子多孙，而此类长卷，刚好满足携带方便之需。

此于阗文长卷无论从语言、文字、佛教发展的视角，还是以民俗、历史的眼光审视，均是于阗文化遗留下来的上乘文物。而今天，我们看到此圣物，不免产生感慨，正如段教授所言：“不知最初持此护身符的妇人是否遂愿？她的护身符实现了穿越时空，千年之后，仍在为她诉说心愿。观世音，因陀罗，危害儿童的罗刹女，这多彩的渲染，富有层次的民俗伴随她的心愿而定格下来，为拆解中西文化交流史谜团提供了多元线索。”

唐代西域儒家文化遗迹
——《孝经》郑注残片

常莙心

《孝经》是中国历朝历代流传最广的儒家经典，它以孝为中心，集中阐释了儒家的伦理思想。“夫孝，天之经也，地之义也，人之行也。”《孝经》肯定孝是上天所定的规范，指出孝是诸德之本，认为“人之行，莫大于孝”，国君可以用孝治理国家，臣民能够用孝立身理家。自问世以来，《孝经》就产生了重要的影响。最早引用《孝经》的文献是成书于秦代的《吕氏春秋》。汉文帝时，《孝经》置博士，被立于学官。唐代，《孝经》被尊为经书，南宋以后被列为十三经之一。在中国漫长的社会历史进程中，它被看作“孔子述作，垂范将来”的经典，对传播和维护社会伦理、社会秩序起了很大作用。

《孝经》根据不同人的身份差别阐述了行“孝”的不同内容：天子之孝、诸侯之孝、卿大夫之孝、士阶层之孝、庶人之孝等。

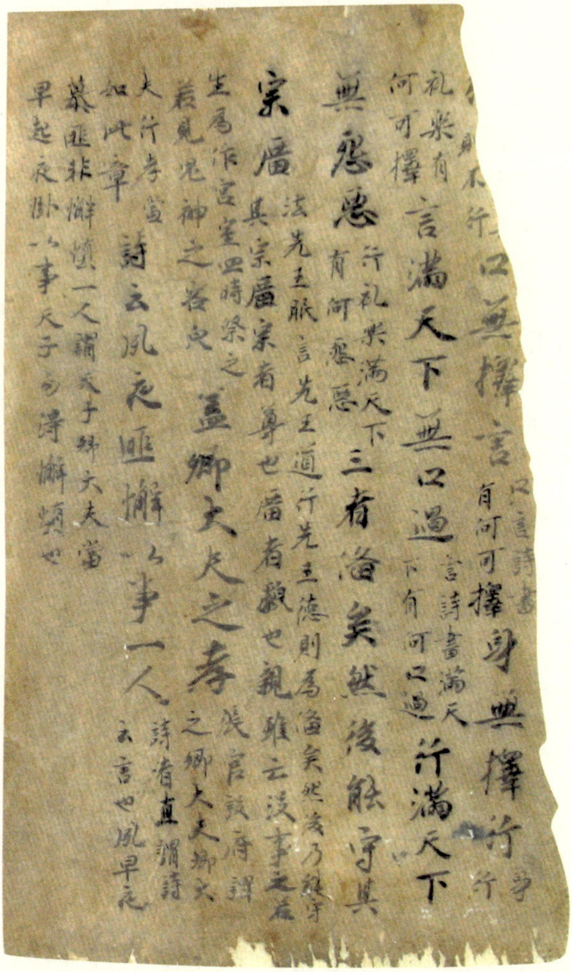

《孝经》郑注残片

国家图书馆藏西域文献中有一件古注《孝经》残叶（编号 BH1-12），新疆和田出土，唐写本，残存七行。其全文："口无择言，身无择行；言满天下无口过，行满天下无怨恶：三者备矣，然后能守宗其庙，盖卿大夫之孝。《诗》云：'夙夜匪懈，以事一人。'"恰为阐述卿大夫之孝的《卿大夫章》后半部分。其小字双行的注文为汉代经学家郑玄所注。

郑玄（127—200），字康成，北海郡高密县（今山东高密县）人。自幼聪慧，"好学书数"，八九岁即"下算乘除"；十三岁"诵五经，好天文、占候、风角、隐术"，十六岁号为神童；

十八岁为乡啬夫。曾入太学攻《京氏易》《公羊春秋》《三统历》及《九章算术》，又从东郡张恭祖学《周礼》《古文尚书》和《左氏春秋》等，后从马融学古文经。游学归里之后，“客耕东莱”，聚徒授课，弟子达数百千人。党锢之祸起，遭到禁锢，闭门撰著。这一时期是其学术大成时期，“隐修经业，杜门不出”，《三礼》(《周礼》《仪礼》《礼记》）之注即于此时完成。而后，又注《古文尚书》《毛诗》《论语》《周易》等。郑玄之学以古文经学为主，兼采今文经说，遍注群经，著有《天文七政论》《中候》《诫子书》等书，共百万余言，世称“郑学”，为汉代经学的集大成者。

郑氏所注《孝经》于晋元帝大兴年间（318—321）始立于学官。南朝齐沿袭晋制，梁则与孔安国传并立。北朝则通行郑注。唐初，郑注流传到西域。唐开元七年（719），唐玄宗令群儒质定今古文《孝经》注本的优劣。刘知几主古文，否定郑玄曾注过《孝经》，主张废除郑注；司马贞主今文，驳孔注。唐玄宗下诏采用司马贞说，主郑注本。开元十年（722），唐玄宗“训注《孝经》，颁于天下”，后又令元行冲“撰御所注《孝经》疏义，列于学官”。天宝三载（744），“诏天下民间家藏《孝经》一本”。中唐以后，由于唐玄宗御注得到广泛尊崇，郑注逐渐衰微，宋末遂亡佚。清及近代，学界有多种辑佚之作。

郑注的作者是否为郑玄，经学史上争议巨大。南朝齐博士陆澄质疑郑注的作者并非郑玄，关于此问题的论争延续至今。唐陆德明亦主此说，刘知几则列举“十二验”力辩其非，影响甚大。清人严可均、郑珍、皮锡瑞及近人陈铁凡在广搜佚文的基础上，辩证传世郑注与郑玄所注其他经典相合，力主其为郑玄所作，应当是可以信从的。

所说的和田出土的《孝经》郑注，充分反映初、盛唐时期该文献在西域的广泛流传，对于研究唐代经学史与西域历史文化有较高文献价值。《孝经》郑注自宋末亡佚后，近代仅敦煌藏经洞及新疆有残卷出土。敦煌遗书中保存有郑注九件，郑注义疏一件，辅以其他资料，几乎可辑得郑注全书。而敦煌遗书郑注写卷现均藏于英、法、俄三国，此件残片为国内仅存，异常珍贵，2010年入选《第三批国家珍贵古籍名录》(名录号06967)。

少数民族文字古籍掌故

国家图书馆藏那塘版藏文《大藏经》

萨仁高娃

那塘版《大藏经》，顾名思义，即刊刻于西藏那塘寺的藏文《大藏经》。那塘寺位于西藏自治区日喀则地区西南部，由藏传佛教噶当派僧人董敦（1106—1166）兴建于南宋绍兴二十三年（1153）。建成初期，寺院规模宏大，极盛时有僧人3000余人。寺院以编译佛经而闻名全藏，设有藏区最早的印经院，是于清康熙年间由第六世达赖仓央嘉措（1683—1745）倡建，并刻印了13部《般若波罗蜜多经》，因原料耗损太大、资金短缺而停工。清雍正八年（1730），西藏地方政府噶伦兼管后藏事务的颇罗鼐动用全藏僧俗力量修缮印经院，并调集全藏著名书法家、刻工和画室，结集一大批青年僧人学习刻板印刷技术。经20多年的努力，该印经院刻印出了大量的藏文典籍。那塘新版《大藏经》即其中杰作之一，与其对应的有那塘古版《大藏经》。

众所周知，14世纪以前，藏文《大藏经》主要以手抄本流传，直至元皇庆元年（1312）仁宗皇帝邀请那塘寺的格西恰喀巴拔希等人至蒙古地方传教，并为上师迥丹热赤提供笔墨纸张。于是，上师等把前藏、后藏、阿里等地藏文经、律、密咒收集在一起，分门别类，认真校对，编纂成《甘珠尔、丹珠尔目录详指》；罗赛绛秋益西编纂《甘珠尔、丹珠尔简目》。至延祐七年（1320），根据两部目录的次序，汇编成一套完整的藏文《大藏经》，即那塘

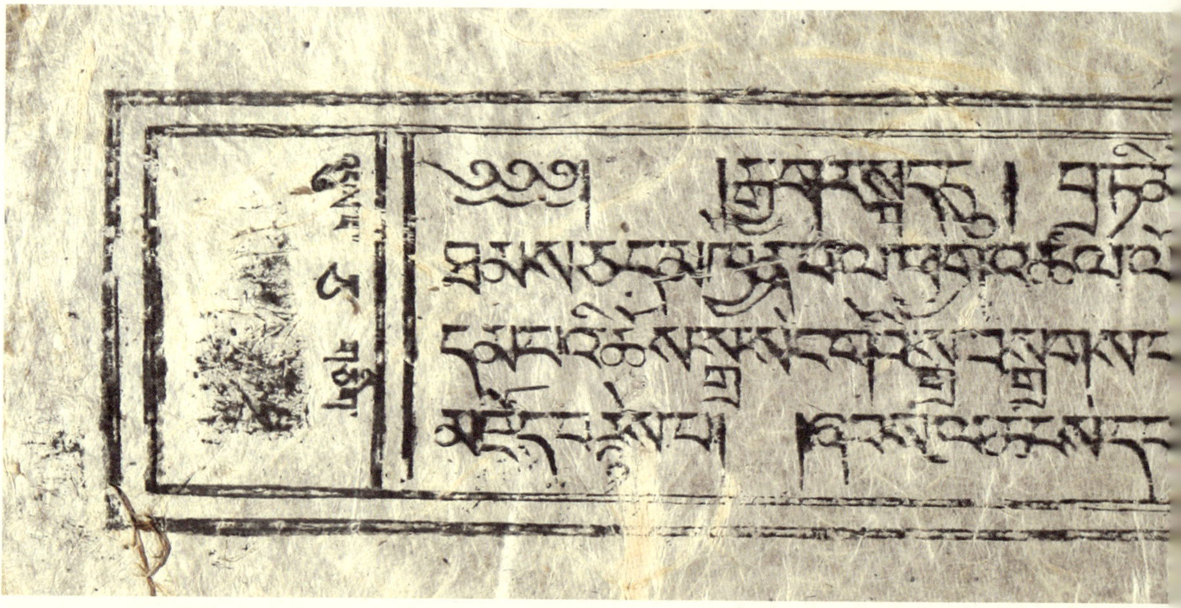

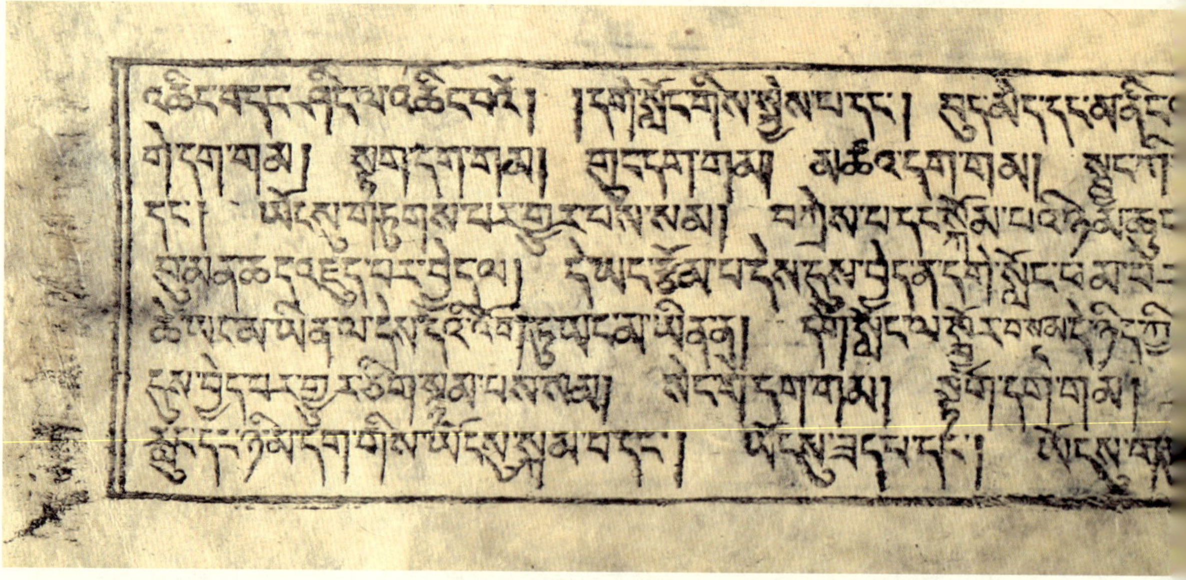

古版《大藏经》，存放于那塘寺。对此版，学界看法不一，有的认为系刻本，有的则认为系抄本，称明永乐八年（1410）时在南京刊刻的《甘珠尔》才是藏文最早刻本大藏经。

那塘新版《甘珠尔》的刊刻是遵循第六世达赖仓央嘉措的旨令，由第悉·桑结嘉措

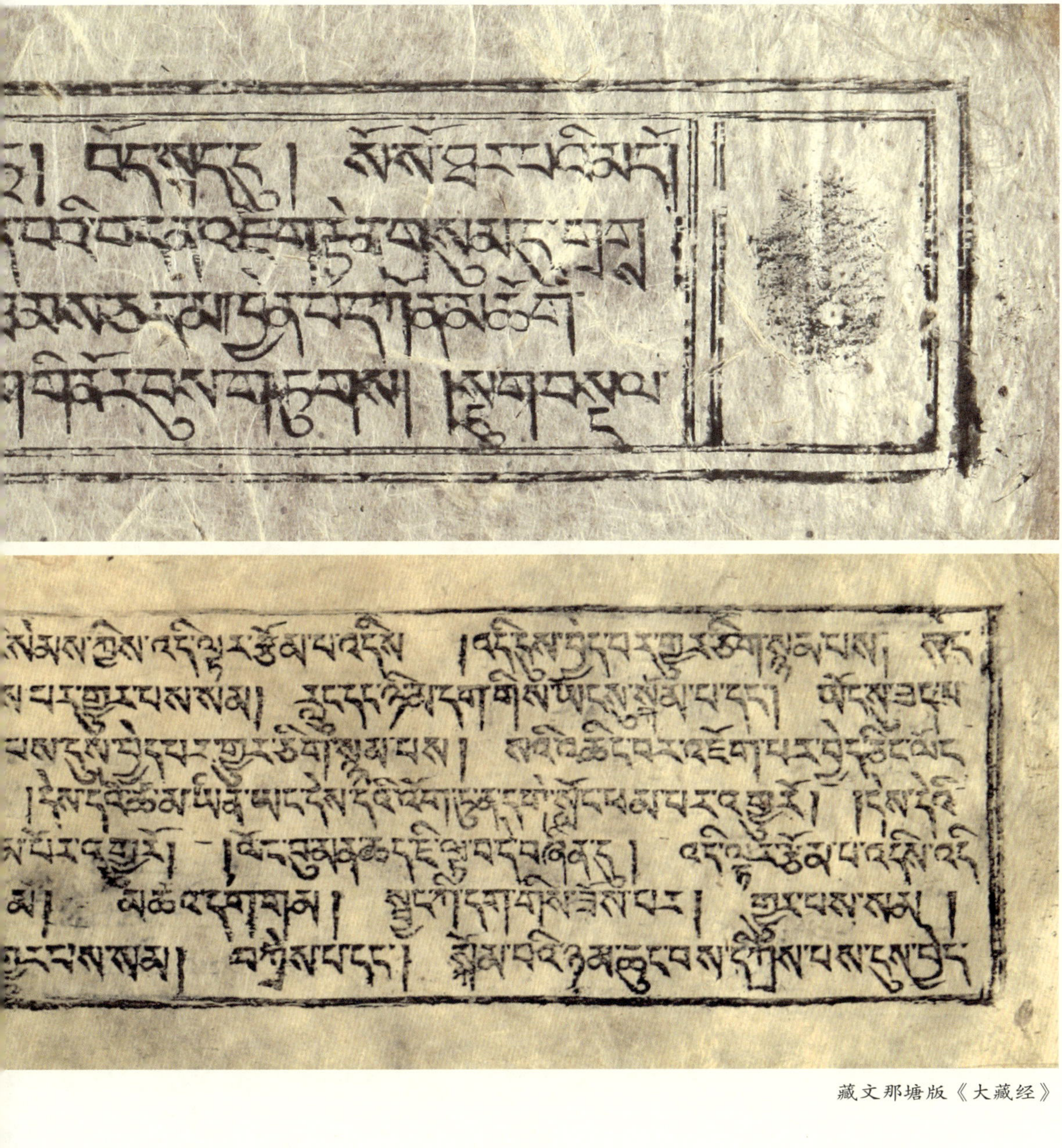

藏文那塘版《大藏经》

主持雕刻。但因资金短缺、技术不够娴熟，用7年时间仅刻28函。后因第六世达赖被废黜，第悉·桑结嘉措又被杀害，刻印工作遂停止。直至清雍正九年（1731），第七世达赖喇嘛敕命，由颇罗鼐·索朗多杰主事继续刊刻，于雍正十年（1932）刻毕，经版总计50019块。《丹珠尔》部分亦由第七世达赖喇嘛和颇罗鼐·索朗多杰主持，始刻于乾隆七年（1741）三月二十七日，历时仅一年零七个月二十五天，于乾隆八年（1742）十月二十五日圆满完成，经版共计76726块，由第六世班禅贝丹意希加持，供奉于那塘寺。因多年的社会动荡以及自然灾害等，经版失散严重，目前正在进行补刻工作。

那塘新版《大藏经》以那塘古版为底本，参考蔡巴及布顿目录，加以增补，校勘精确，为学者所推崇。又，印版雕刻线条细腻，字形美观，令人悦目，故又称“官版”。《甘珠尔》分两部：因乘般若部，又分目录1函、戒律部13函、般若部21函、华严部6函、宝积部6函、杂经部31函、涅槃部2函；果乘秘密部，分为瑜伽无上秘经、瑜伽秘经、修秘经、作秘经4种，总计102函600余部。《丹珠尔》收赞颂部一函、秘密部87函、经释部130函、声岩5函、目录1函，共224函。

因那塘古版久佚，据以为底本而成的那塘新版，尤显珍贵，而此版的存量亦不多，目前保存较为完整者仅见于布达拉宫、色拉寺、国家图书馆。

国家图书馆藏那塘版《大藏经》，《甘珠尔》部分保存完整，梵夹装，四周双边，版框高8.1cm，宽56.4cm，正背刊刻，一面7行。《丹珠尔》部分存218函，梵夹装，四周单边，版框高8.1cm，宽56.4cm，正背刊刻，一面7行。已入选国务院颁发《第一批国家珍贵古籍名录》。

国家图书馆藏八邦寺古版藏学经典

韩金彪　萨仁高娃

国家图书馆藏品中有一批八邦寺古版藏学经典，为国内外仅存。

八邦寺（Palpung），全称八邦圣教法轮寺，位于四川德格附近，海拔3950米，于1727年由广定大司徒巴却吉迥乃在德格土司的大力资助下开始创建。八邦寺建成后，历代广定大司徒巴成为德格土司的根本上师。第九世广定大司徒巴贝玛宁杰（1774—1853）与第一世蒋贡康楚仁波切于八邦寺分别新建及整修上、下部闭关禅修院，从而八邦寺成为噶玛噶举和香巴噶举两个传承的中心，西藏东部文化、宗教、教育中心。在整个西康地区，八邦寺的分支共有近200座寺庙。而位于德格的八邦寺主庙，是目前世界上第二大藏式传统建筑，素有小布达拉宫之称。

八邦寺旧印经院名为“正法宝库”，由第九世广定大司徒巴贝玛宁杰创建，第十一世广定大司徒巴贝玛旺秋加以扩建，成为八邦寺主要镇寺法宝之一，也是整个佛教界根本法藏宝库之一，在收藏、整理、印制传承重要上师法著中发挥了不可或缺的作用。印

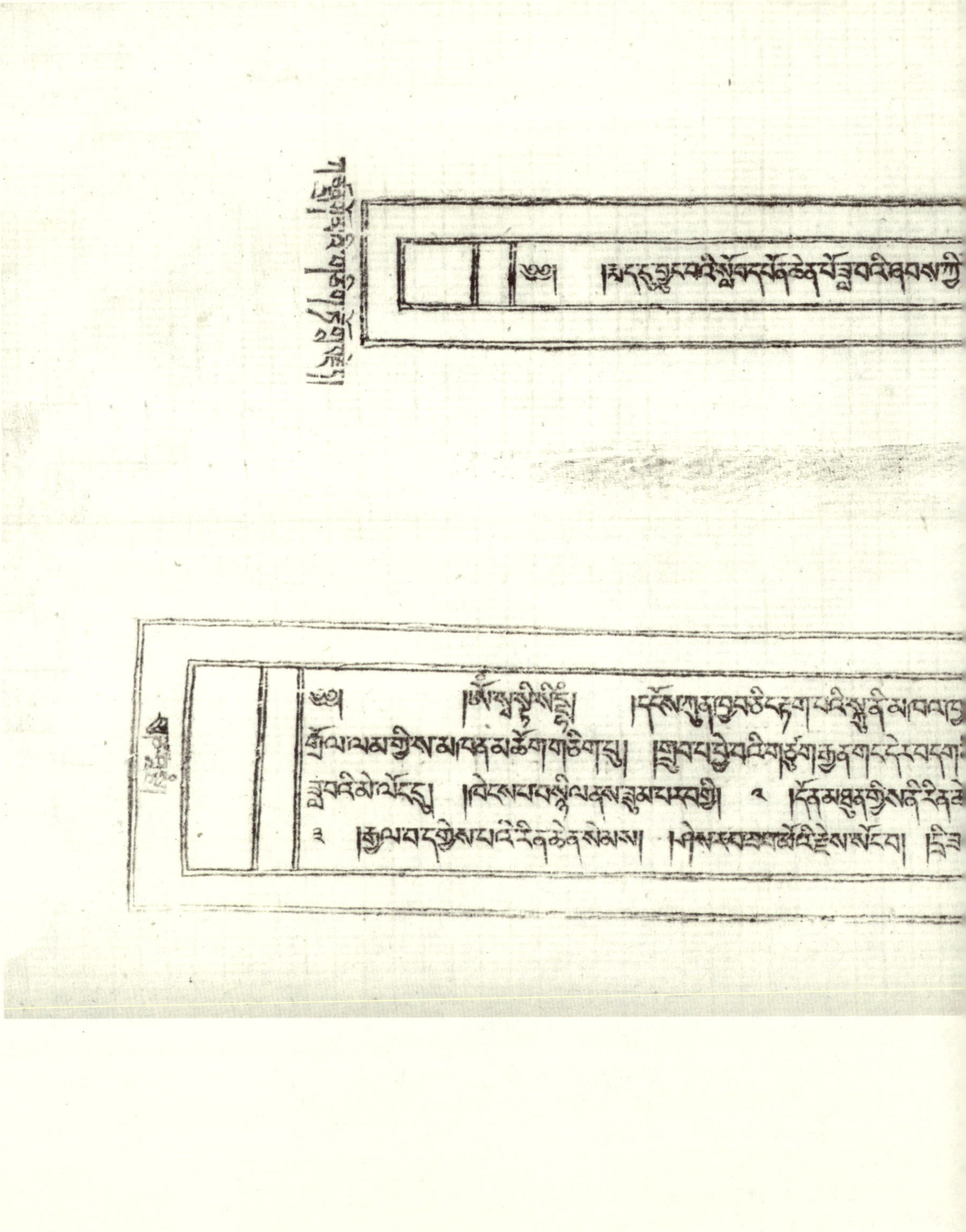

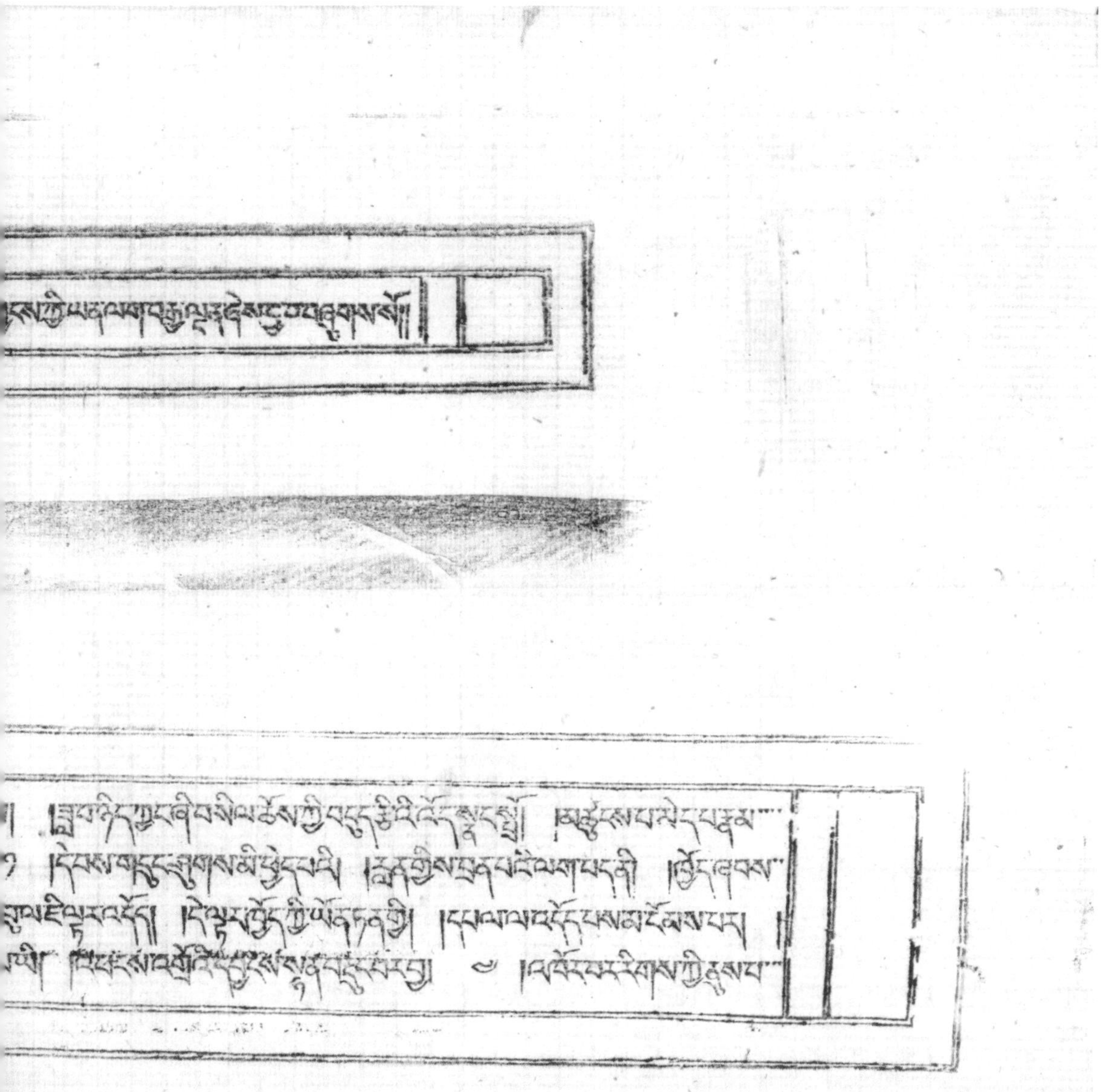

国家图书馆藏八邦寺古版藏学经典

经院曾藏15万多块印经板，以五部大论经典宝库为主，包括不分教派的经典。还藏有印度及藏地圣贤们的注疏与论著以及其他大量实用性较强的典籍文献，极为宝贵。其中最珍贵的无疑是噶玛噶举历代广定大司徒巴、蒋贡康楚仁波切著作300多卷共7万多块木刻印版。这些刻版均为独家藏版，但以《大宝伏藏》为主的4万多块印版，在“文化大革命”中已被毁坏。

八邦寺印经院古版藏学经典之所以能够被国家图书馆保存，得益于当时最简洁的收藏链。1958年，在著名学者、语言学家于道泉先生的策划主持下，国家图书馆与中央民族学院（中央民族大学前身）合作，由中央民族学院佟锦华先生亲赴四川德格，将其所藏经版全部刷印，共1300余函，带回北京入藏。其中除了有闻名于世的德格版《甘珠尔》《丹珠尔》，更有意义非凡的本地著作，即18世纪上半叶以来藏传佛教噶举派的历代活佛、高僧大德之著作，含文集、丛刊、综合等类文献。这次收藏行动抢救了这批文化遗产，因原有的印刷经版已缺散严重，我馆藏经典已成孤本。这些藏版印本文献内容丰富、书版别致、工艺考究、字体清晰朴实、文字正确无误，堪称善本。装帧形式均为梵夹装，开本为长版、中长版和短版三种。其数量具体如下：《噶玛巴米觉多吉文集》12函4719叶、《司徒·却吉穷乃文集》18函4981叶、《司徒白玛尼协文集》3函1202叶、《大手印明义》5函1588叶、《知识总汇》3函1078叶、《塔波拉杰文集》2函669叶、《伏藏宝库》61函26813叶、《咒语藏》7函2109叶、《贡珠文集》17函5565叶、《堪布显嘎文集》8函2486叶、《热嘎阿色文集》4函1436叶、《岗波扎西南杰》3函1137叶、《教诫宝库》13函4782叶、《噶玛巴卡恰多吉文集》11函4729叶。

这些绝版的珍贵典籍，饱含藏族先辈巨大智慧的著作，作为人们活的思想元素，需要进行延续和流传，将有计划地整理、结集、出版，为藏传佛教研习者提供珍贵资料，为高僧大德、寺院提供精神世界的珍贵法宝。

法成藏译《佛说善恶因果经》
——汉藏文化交流的印证

萨仁高娃

《佛说善恶因果经》，又名《善恶因果经》《菩萨发愿修行经》《佛说因果经》，为公认的疑伪经，“旨在宣扬善恶因果报应。认为人之所以有寿夭穷通美丑智愚，都是由于前世用心不同，造业不同，谓修习此经，得度苦难”，故深受民众喜爱，流传甚广，仅敦煌汉文写本中就存二十余件。该经最初录于《大周刊定众经目录》，判为伪经，为历代《大藏经》所不收。敦煌本《道真补经录》中见其目录，唐末五代沙州人翟奉达为亡妻马氏三年斋上抄写此经以求亡妻不落三涂。现行本中，除汉文本外，尚有粟特文、藏文、蒙古文译本。

藏文《善恶因果经》目前所见有三件敦煌写本和藏文《甘珠尔》所收本，其译者是精通藏、汉、梵三种语言的大译师法成。吐蕃占领敦煌时期，法成在沙州、甘州一带从事译经、注疏、讲经活动。吐蕃退出敦煌统治后，他依旧留在沙州开元寺，继续从事译经工作。张议潮早年就读寺学，拜法成为师，学习藏文和佛学，并留有抄经。

然而，有关法成的身份，学界一向有两种观点。一是以日本学者上山大峻为代表的部分学者认其为汉人。上山先生将敦煌本《吴和尚邈真赞》逐句分析，认为所涉及的人和事，均与法成事迹吻合，便断定敦煌汉僧吴和尚即是法成。并且，根据敦煌法成译本的题记，将其事迹分为三个阶段：一是在沙州永康寺阶段，约于833—838年间；二是在甘州修多寺阶段，约为840年前后；三是在沙州开元寺时代，约于846年以后。一是以吴其昱先生为代表的王尧等诸中国学者认其为藏族。吴其昱先生详细分析法成生平事迹，否定吴和尚与法成同为一人，认为法成是吐蕃人，约于公元780年生，于20岁左右到敦煌抄写经文。吴先生根据815—833年间的敦煌汉文写卷题记中无法成活动记录，便认为此时法成奉吐蕃新王赤祖德赞（815—838）之命回藏区从事译经工作。

那么法成何时何地译此经呢？上山先生将译此经时间置于第二阶段，即于9世纪40年代译于甘州修多寺；吴其昱先生则认为821—822年间，比前者的推论足足早20余年，译地则在西藏。据《布顿佛教史》载，至后弘期时期藏区已出现192名译师，法成位于33位，名曰“廓·却珠”，此系藏语，汉译为“法成”。该史“西藏所译出的佛经和论典目录”中有两种《佛说善恶因果经》，前者的译者为廓·却珠。显然，西藏佛教史中将法成看作西藏人，并把此经当作在西藏所译著作。

国家图书馆藏北京版藏文《甘珠尔》“诸品经”的第33经是《善恶因果经》，德格版《甘珠尔》亦收此经，其结尾汉译为“圣善恶因果大乘经终。校阅、译师、沙门却珠依梵汉本翻译校订”。显然，藏文《甘珠尔》所收本为法成的校订本，那么其初译本又是如何？目前可以肯定三件敦煌本应更接近其初译本，然而均被斯坦因劫去，无一完整本，仅见其题名曰“圣善恶业因果经”。该经是在汉地所造的伪经，那么尾记中所提“梵文本”又是什么？上山先生认为“伯希和搜集敦煌写本中，有该经的粟特文本。因此法

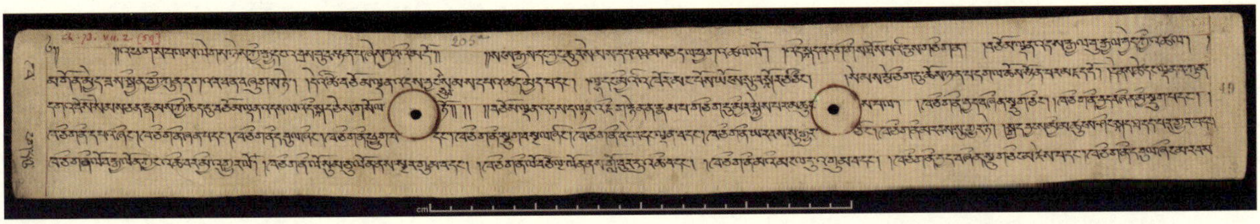

藏文《善恶因果经》

成除汉文本外所依据的梵文本也许指的是先被译成的粟特文等他语译本”。法成作为学识渊博的译师，按理不可能把粟特文当作梵文来特记在文后。经考察比对得知，所指梵文本应是古印度人释迦峨（释迦光）藏译《善恶业果报经》时所用的梵文本。

吐蕃人法成在藏区藏译汉《善恶因果经》时，参考了梵文本正经《善恶业果报经》，并经初译本和校订本，形成了国家图书馆藏藏文《甘珠尔》所收的成熟本。初译本被带到敦煌得到广泛流传，其译者谱写了汉藏文化交流史上的一段佳话。法成一生翻译佛经二十余部，对汉藏译经事业亦作出了不可磨灭的贡献，却知者甚少。因此，陈寅恪先生曾评述其为“今天下莫不知有玄奘，法成则名淹没者且千载，迄至今日，钩索故籍，仅乃得知”。

藏文《布顿佛教史》

王建海

《布顿佛教史》，亦译《佛教史大宝藏论》《善逝教法史》等，成书于公元1322年，为元代著名藏族史学家、藏传佛教学术大师、大翻译家布顿·仁钦珠（1290—1364）所著，后世学者称其为“藏传佛教历史、文化的经典性作品”，“研究印度和藏传佛教最为重要的典籍之一”。

布顿·仁钦珠于公元1290年（藏历第五绕迥金虎年）诞生于后藏（今萨迦县吉定乡境内）夏卜麦衮奈地方。五六岁时即随母亲学习藏文，记忆力超群，《临终智慧经》《地藏菩萨十地经》等能熟练背诵，故人称“神童”。公元1296年7岁时皈依绰普巴大师学习佛法，并受多种密法灌顶。公元1312年，完成了显宗的基本训练，学完了声明、般若、中观、俱舍、律学等主要课程。到30岁左右时，他已通达三藏典籍，学业与思想更趋成熟。公元1320年（铁猴年），31岁的布顿主持夏鲁寺，建立密咒和逻辑学讲经院，弘扬佛法达36年。在这里他曾注疏《量抉择论》《阿毗达摩集论》等诸多论典。由于他闻名遐迩，引起了元朝宫廷的重视，公元 1344 年，元顺帝派人入藏，请他进京传法，但他淡泊世俗功利，也因忙于讲经著述和佛经译校而未成行。至 1356 年，布顿已年届 67 岁，遂退居仁普寺，专事译经、著述和静修。于公元 1364 年圆寂，享寿 75 岁。他曾先后在吉祥萨迦、珀东、桑耶寺、耶尔巴寺、拉萨、楚浦寺等地讲经传法，学生除来自藏地外，亦有印度、尼泊尔、汉地、回鹘、蒙古等地的学子。他所到之处均留下佛法甘露，使有缘众生踏上了解脱之道，做出了无数利益众生的事业。因他一生主要以夏鲁寺为传法中心，故后人将他及其弟子创立发展的教法系统称为“布顿学派”或“夏鲁派”。

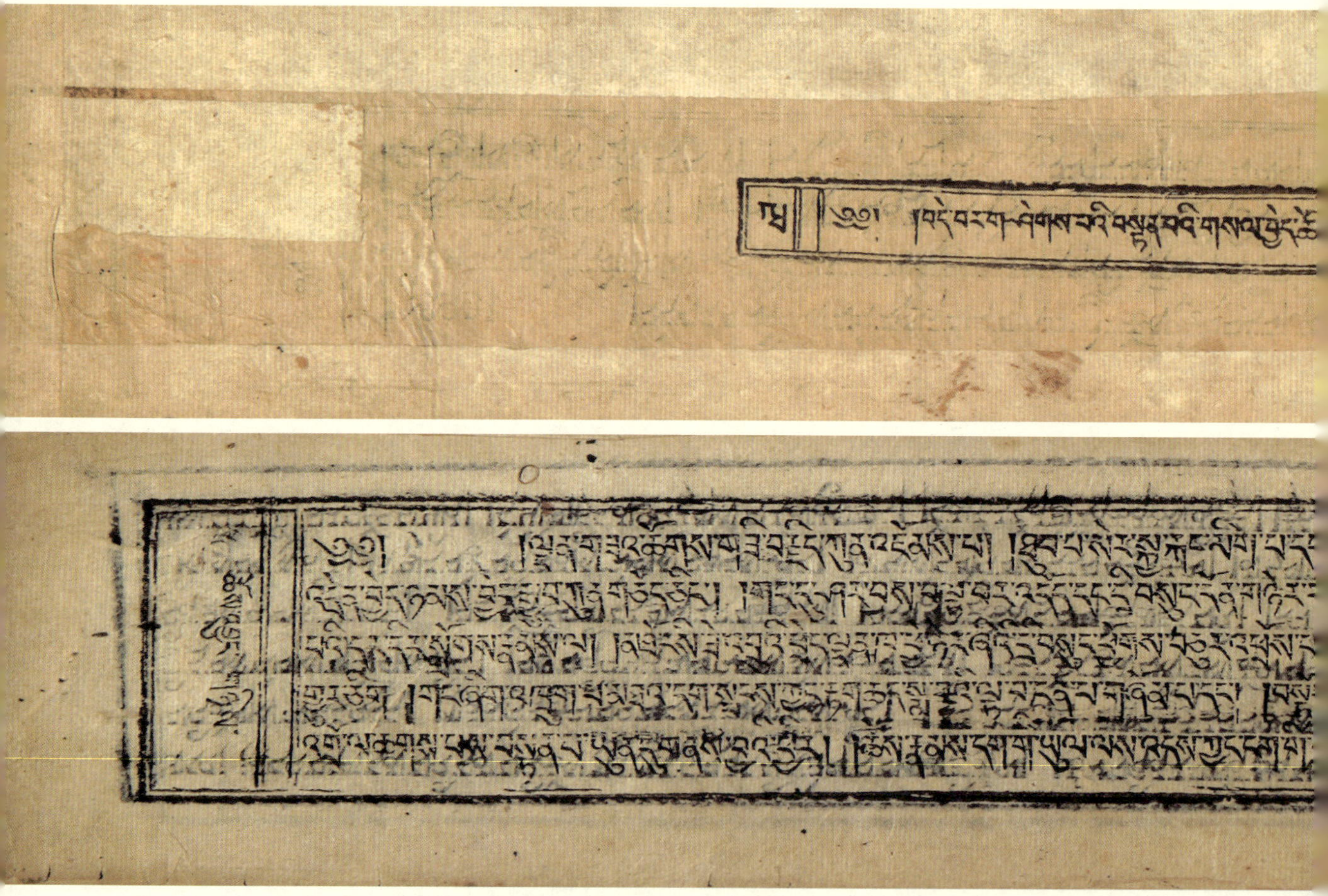

布顿大师一生勤奋治学、笔耕不辍，著述颇丰，其全集共有26函、200多种，内容涉及佛教知识的各个方面，如佛教史、佛教文献分类、藏文语法、医方明、因明等，堪称当时藏传佛教文化的集大成者。他应蔡巴·贡噶多吉的邀请，参与蔡贡唐寺《丹珠尔》目录的校勘、审定和编辑工作，并移那塘版藏文大藏经《丹珠尔》写本到夏鲁寺，悉心编订，剔除伪作，补充遗漏，使大藏经内容更趋完善。他为弘扬藏传佛教文化作出了巨大的贡献。由于对显密文化的超常精通，藏族学者一致称他为“遍知者布顿仁波切”。

《布顿佛教史》主要包括三大部分内容，即佛教概论、佛教历史、藏文大藏经分类目录。

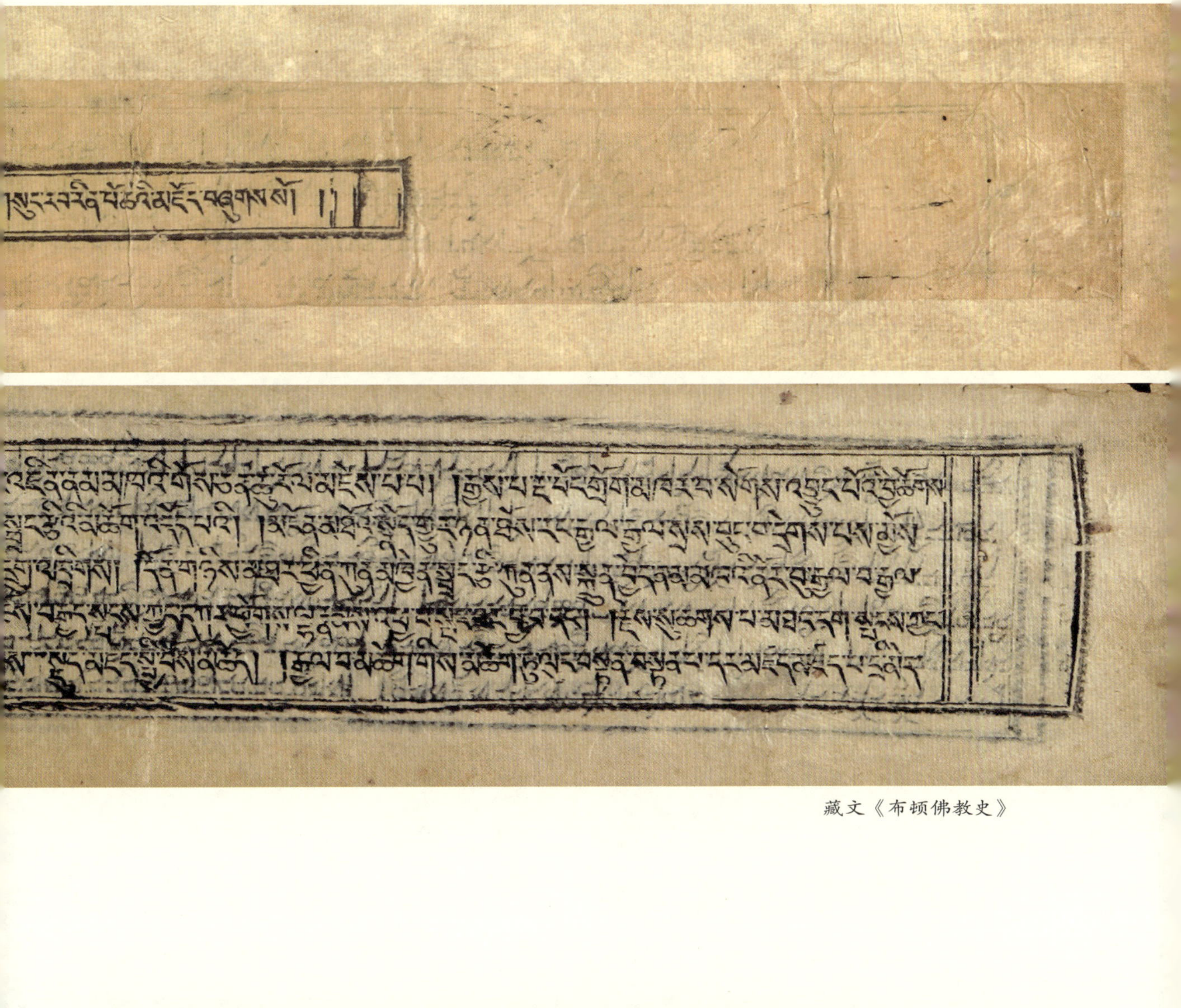

藏文《布顿佛教史》

其中后者为该书重点，颇具学术价值，它把佛教典籍按显密、经论详加分类，并按类列出书名，注明作者、译者以及卷函、偈颂数等，为藏文大藏经的编纂奠定了坚实的基础。因此，该书汉译者郭和卿先生评价说："大藏经目录是佛学文献的瑰宝，而布顿所编撰的大藏经分类目录，更是瑰宝中的瑰宝。"该书向来受到国内外藏学界的高度重视，1931年，德国海德堡出版了奥伯米勒的英译本。1986年，民族出版社出版了郭和卿汉译本，名《佛教史大宝藏论》。2005年6月，台湾大千出版社出版了蒲文成新汉译本。此后，该译本又由甘肃民族出版社于2007年出版，在大陆发行。可见其影响之广泛。

国家图书馆藏藏文《布顿佛教史》，为清代扎什伦布寺刻本，梵夹装，开本57cm×9.8cm。尾记曰："造于水阳狗年（1322），……刻于扎什伦布寺。"

扎什伦布寺是藏传佛教格鲁派六大寺院之一，于明正统十二年（1447）由宗喀巴的弟子、一世达赖根敦朱巴主持始建，后粗具规模，经历代班禅不断扩建，遂成如今规模，也是四世班禅之后历代班禅宗教、政治活动中心。扎什伦布寺印经院藏有著名佛经和历世班禅传记的印版。像诸多藏地印经院一样，这里也曾刊刻出版许多藏文典籍，如《究竟一乘宝性论注疏》《律经要义》《根敦珠巴传》等，为弘扬藏族文化作出了巨大贡献。由该寺刊刻的此布顿佛教史》，版本独特，现已入选《第二批国家珍贵古籍名录》。

藏文《三百佛像图》
——藏传佛教造像集萃

王建海

国家图书馆藏有一部藏传佛教造像图，系章嘉·若必多吉编制，清乾隆年间北京嵩祝寺刻本。梵夹装，开本 9cm×23.3cm，版框 5.8cm×17.3cm。该书本无明确的书名，但在章嘉·若必多吉的序言中有“上师本尊佛菩萨，声闻勇士空行母，护法众共三百尊”的说法，实际收录的尊像也为三百幅整，故人们称其为《三百佛像图》或《三百佛像集》。

该书编者章嘉·若必多吉，即三世章嘉活佛，于康熙五十六年（1717）正月初十日出生在甘肃武威西莲花寺附近的一个牧民家中，自幼聪颖异常。于康熙五十八年（1719）经理藩院奏准，认定为二世章嘉活佛的转世，并于次年六月迎入青海佑宁寺坐床。章嘉活佛转世系统是清代甘青地区著名的大活佛，因为二世章嘉活佛阿旺洛桑却丹曾被清圣祖封为“灌顶普惠广慈大国师”，主持蒙古地区喇嘛事务，注定其自坐床起即具有崇高

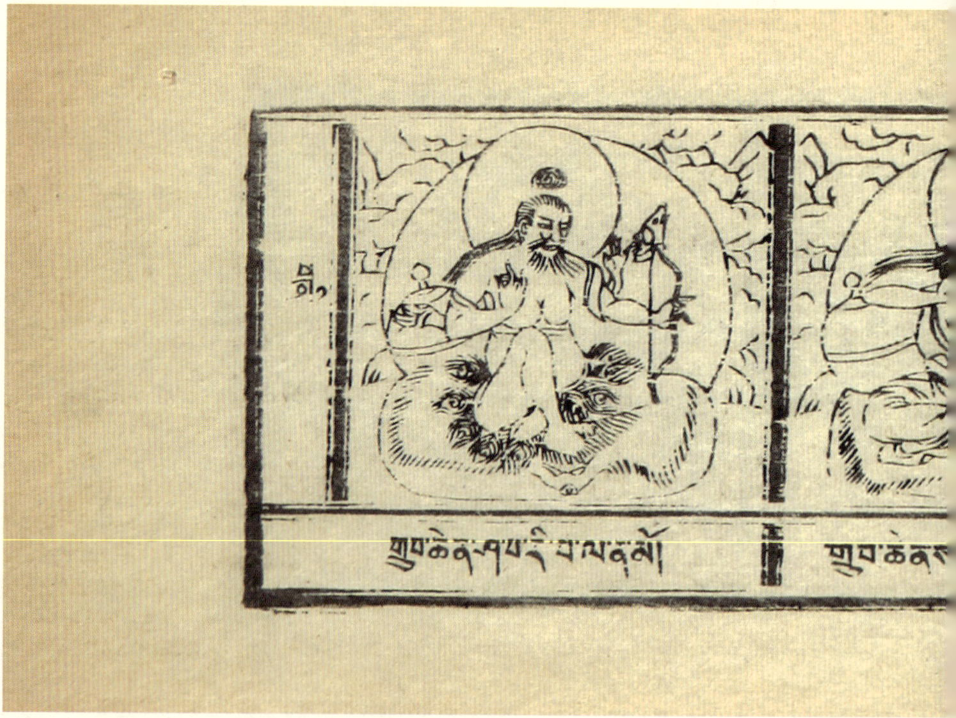

藏文《三百佛像图》

的宗教地位。八岁时由雍正帝迎至北京，雍正十二年（1734），雍正帝依前世章嘉活佛之例，正式封章嘉·若必多吉为“灌顶普惠广慈大国师”，并赐金册、金印等。乾隆八年（1743）又赐御用金龙黄伞，乾隆十六年（1751）授予“振兴黄教大慈大国师”之印。到乾隆五十一年（1786）钦定驻京喇嘛班次时，以章嘉活佛为左翼头班。在清代受封的佛教僧人中，只有章嘉活佛被封为国师。他不仅知识渊博，是精通五明的佛学大师，而且通晓藏文、满文、蒙文、汉文，热心于佛教事务，深受乾隆帝尊崇。著有《教派建立·能仁圣教妙高庄严》《正字学·智者生处》《达赖喇嘛格桑嘉措传》等书，编有《三百佛像图》《诸佛菩萨圣像赞》。曾主持《丹珠尔》蒙古文译本、《甘珠尔》满文译本等工作。

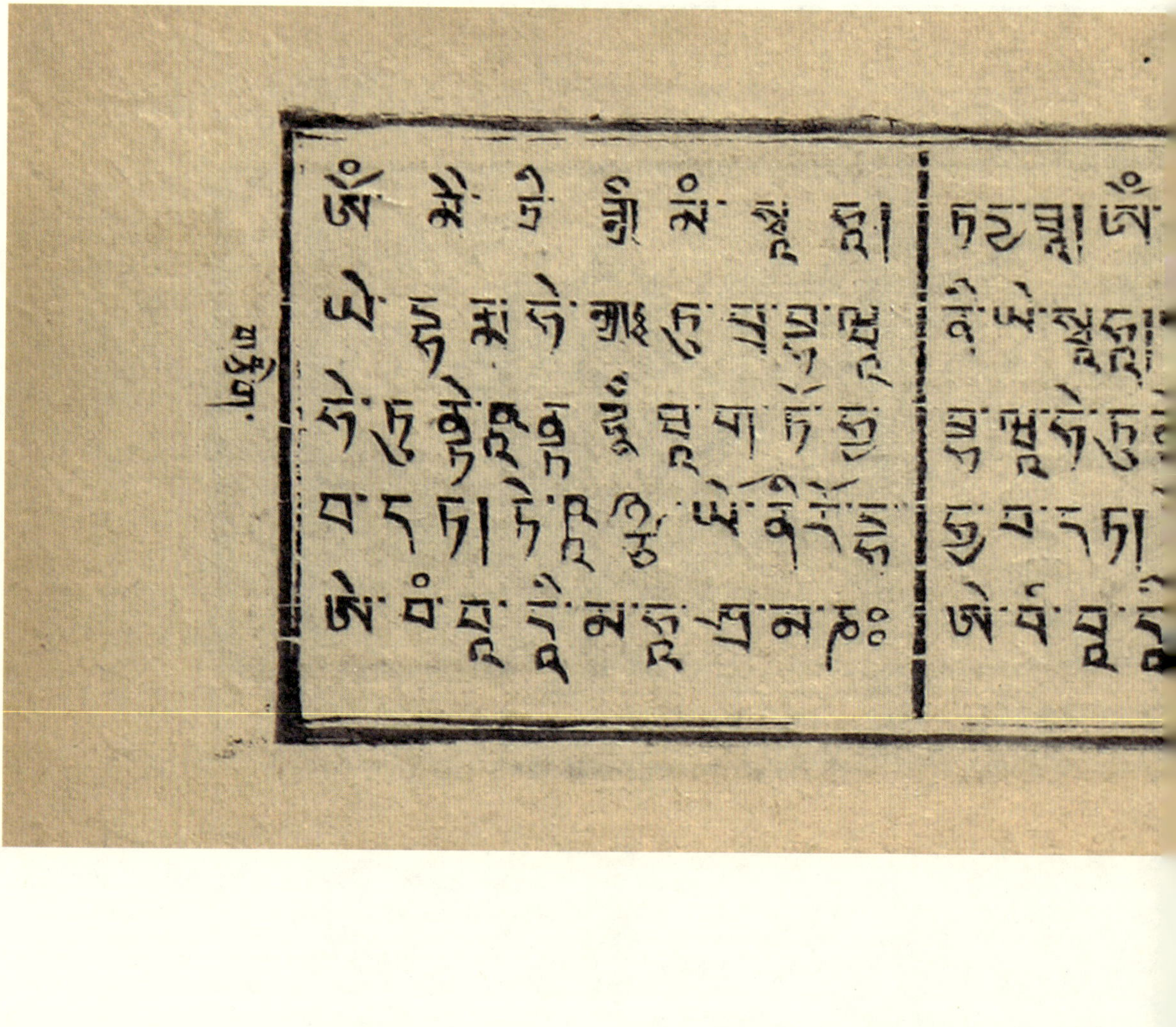

清代北京聚居了满、汉、蒙古、藏、回等各民族，成为多民族文化交流与创作中心。汉、满、蒙古、藏等各种文字书籍在这里刊印、发行，流通到全国。《三百佛像图》正是在这样的背景下，18 世纪上半叶由北京嵩祝寺刊印。

嵩祝寺建于清雍正十一年（1733），从第二世章嘉开始，为历代呼图克图（活佛）的主要驻地，也是有清一代印刷蒙藏文书籍的主要场所，所谓大清蒙藏番经局即该寺所属之印书处。北京版的藏文图书大多出于此，远销蒙藏地区，为扩大各族文化的交流作出了积极贡献。北京版《大藏经》,因起初全部刻版均存放于嵩祝寺,故又称“嵩祝寺版”。清代历朝皇帝十分重视嵩祝寺，并多次将佛像、金碗、玉如意、手珠、法衣及各种宝贵

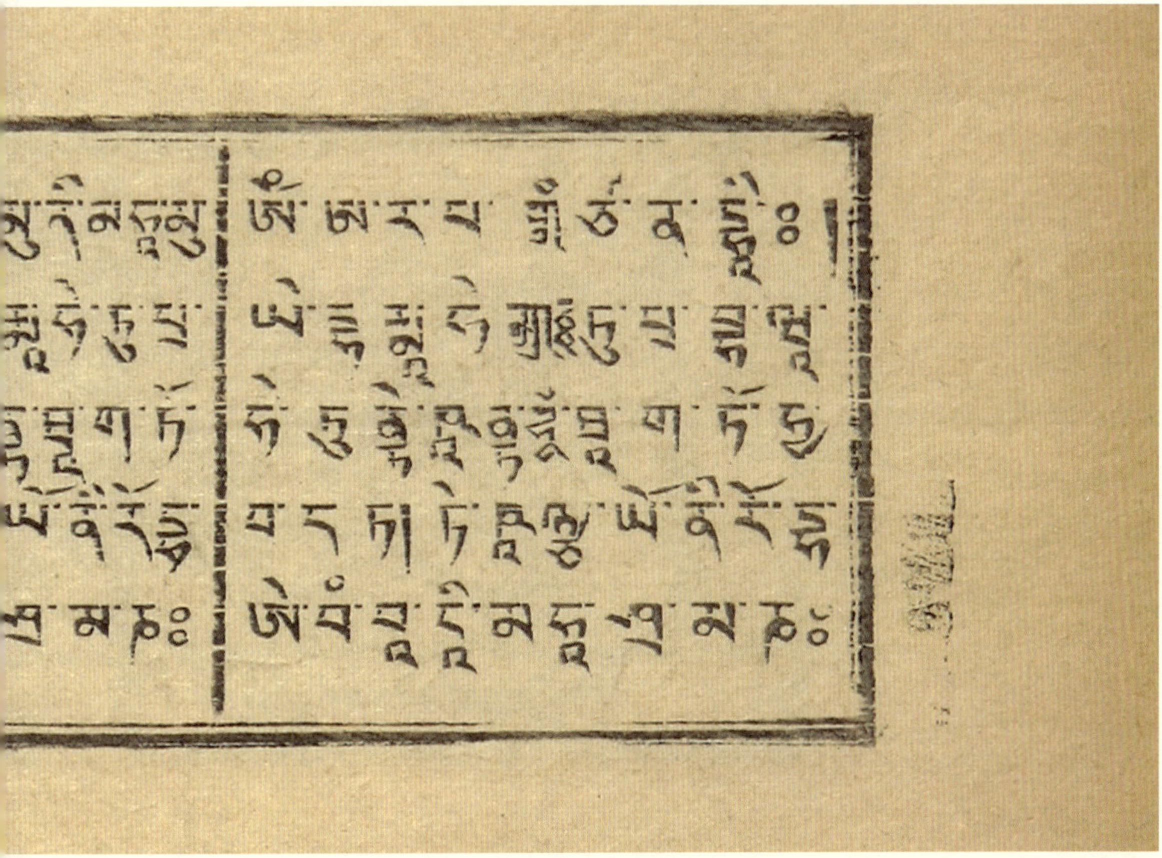

藏文《三百佛像图》

器物等赠予该寺。

该书前有章嘉 · 若必多吉的藏文、蒙古文对照序 10 叶，据此可知主要服务对象是蒙藏民族信众。正文共 100 叶，左侧有藏文叶码，右侧有汉字叶码。每叶正面为三尊像，全书刚好三百尊。《三百佛像图》佛像编排有一定的分类和思路，所有尊像可分为七大类，第 1 至 18 叶为上师类，共 54 尊，其中包括印度和西藏的重要佛学家及西藏各教派的高僧大德，章嘉本人也在其中；第 19 至 32 叶为本尊类，共 42 尊；第 33 至 48 叶为佛类，共 48 尊；第 49 至 64 叶为菩萨类，共 48 尊；第 65 至 70 叶为声闻缘觉（罗汉）类，共 18 尊；第 71 至 76 叶为勇士空行类，共 18 尊；第 77 至 100 叶为护法类，共 72 尊。每叶尊像按其地位排列，首位居中，次位居右，第三位居左，每一像下方有其藏文名称。背面有用藏文拼写的梵文咒语，与正面佛像相对应，梵咒正中有直行兰扎体梵文“嗡啊吽”三字。其中上师类和声闻缘觉类尊像背面对应文字上半为藏文顶礼之语，下半为藏文拼写的梵咒。

佛教造像学是佛教文化的重要组成部分，对造像的透彻了解是僧人修法的重要条件，章嘉 · 若必多吉编制《三百佛像图》的目的和意义也在于此，从中也反映出了章嘉国师本人的图像学思想。该书至今已流传二百余年，是难得的藏文典籍珍品，也是研究藏传佛教和藏传佛教绘画的重要文献。现已入选《第二批国家珍贵古籍名录》中。

藏文《萨迦格言》
——藏族格言诗精华

王建海

国家图书馆藏有一件藏文《萨迦格言》，清北京刻本，版框 26.7cm × 5.1cm，每面 4 行，左侧有藏文页码，右侧有汉字页码，全书共 147 叶。此本开本娇小，字迹清晰，具有独特的版本价值。

《萨迦格言》成书于 13 世纪上半叶，是藏族文学史上第一部由明确的作者完成的哲理格言诗集。著者为蒙古时期藏族著名学者萨迦班智达（1182—1251），本名贡噶坚赞，简称萨班，是藏传佛教萨迦派五祖之第四祖。他幼年随伯父札巴坚赞出家受戒，后从师学习《声明学》《俱舍论》等。23 岁时师从印度那烂陀寺来藏弘法的班智达释迦室利及其弟子僧伽室利等佛学名流，学习法称的《释量论》等因明七论，并通达声明、工巧明、医方明、天文历算、诗歌、韵律、修辞等大小五明学问。25 岁受比丘戒。后有印度著名

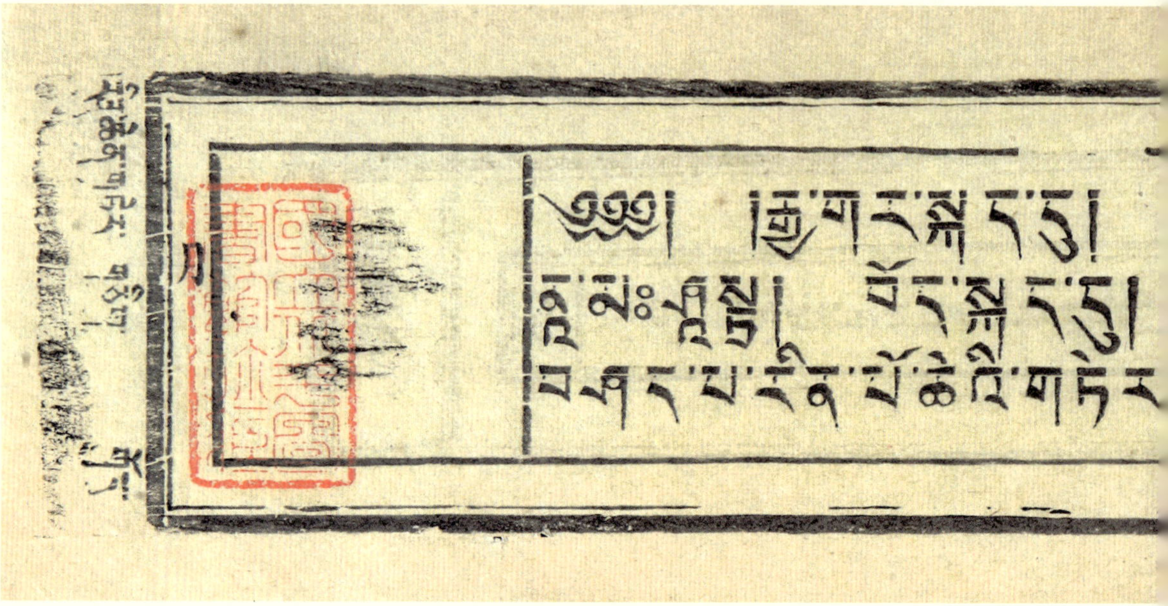

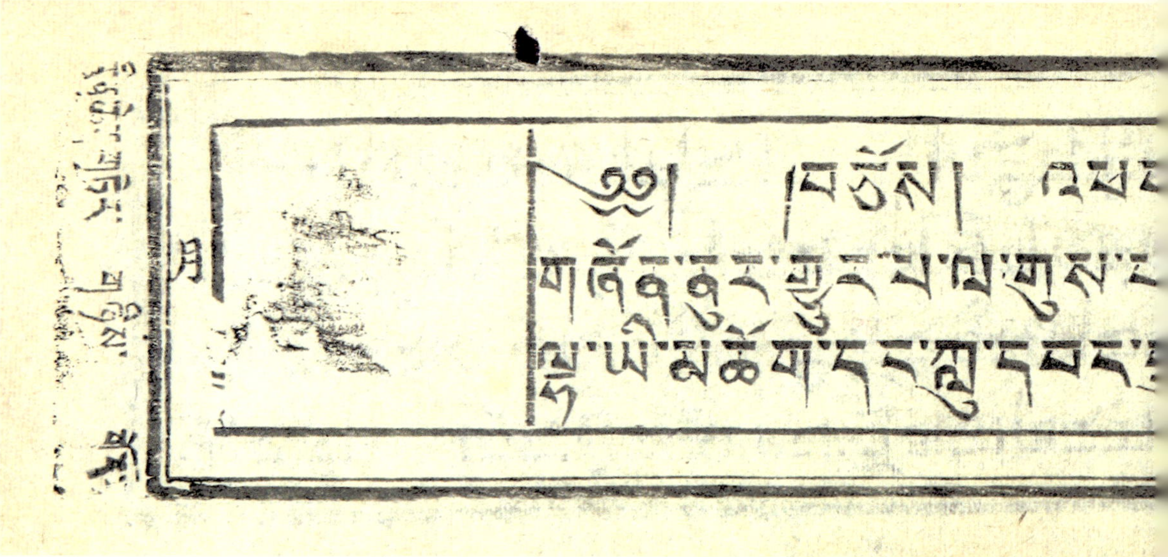

佛学高僧卓切噶哇等 30 多人来藏与萨班辩经，在长达 13 天的辩论中，他以渊博的学识和犀利的口才迫使对方彻底认输，并削发做了萨班的弟子。从此，他声名大震，被人们尊称为“班智达”（即精通五明的人、学识非常渊博的人），成为藏族历史上获此殊荣的第一人。公元 1246 年，萨班 · 贡噶坚赞以 63 岁高龄带二侄八思巴和恰那多杰兄弟前往

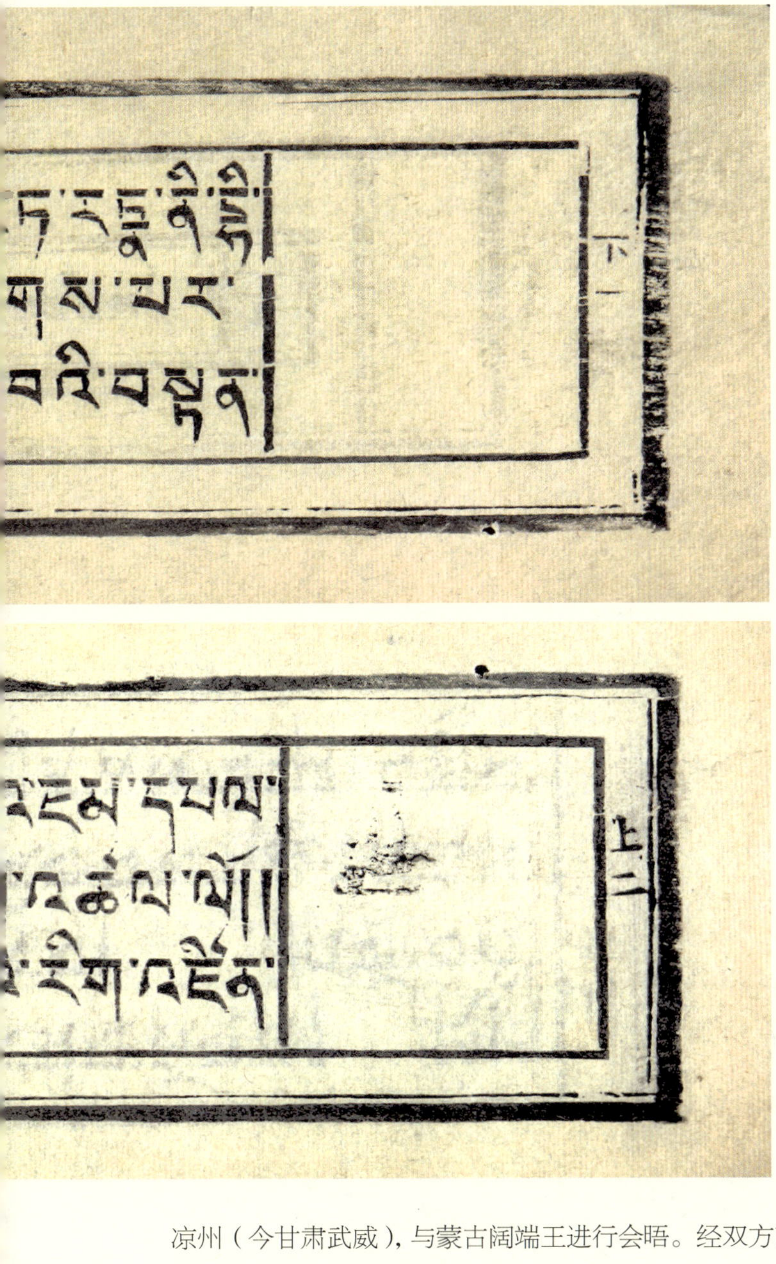

藏文《萨迦格言》

凉州（今甘肃武威），与蒙古阔端王进行会晤。经双方商议，西藏正式归顺中央王朝管辖，成为祖国不可分割的一部分。

萨班一生著作很多，主要有《三律仪论》《正理藏论》《能仁教理明释》《语言学概要》《藻词汇编》《医疗八术》《精通常用法理之门》《乐论》《萨迦格言》《智者入门》《入声明论》《语门摄要》等，其中《萨迦格言》流传最广。自问世起反响极大，在国内曾先后被译成八思巴文、蒙古文和汉文，在国外陆续有英、法、日、捷、匈等多种外文译本。

《萨迦格言》全书分为论智者、论贤者、论愚者、合论人品、论恶行、论本性、论失当、论行事和论教法等9章，共457首。书中主要内容有对统治阶级专横残暴本性的揭露；对自私、虚伪、贪婪行为的讽刺和抨击；还有求知做学问的经验以及待人处世的哲理，教诫人们要正直、坚定、谦虚、勤奋、苦学等，如“愚人以学习为羞耻，学者以不学为羞耻。因此学者即使年老，也为来生学习知识”。在艺术上，善于运用鸟虫鱼兽、树木花草、山川日月等做比喻以及引用许多典故、故事、谚语等，用并列对比的手法，以浅显易懂的语言表现出深刻的道理，形象生动。最主要的是格言的格律全部采用4句7音节的结构形式。

由于萨班身兼萨迦派的首领和本地区的政治领袖，因此《萨迦格言》中有相当多的内容阐述了以佛教治理西藏、提倡政教合一的思想理念。他还是一位出色的社会活动家，洞察世态，通达人情，注意个人修养。在格言诗中用很多诗篇论述了这方面的道理，对后世藏族伦理、道德观念的形成和发展产生了重要影响。《萨迦格言》借鉴印度著名学者龙树的《育民甘露》等名作的同时，对后世藏族格言诗的创作也带来了极大影响。16世纪的《格丹格言》，18世纪的《水树格言》，19世纪的《国王修行论》等均受其影响，为我们研究藏族文学史、思想史提供了宝贵资料，起到了承上启下的作用。

国家图书馆藏本已收入国务院颁发的《第三批国家珍贵古籍名录》。

三体合璧《九姓回鹘可汗碑》
——突厥文石碑的翘楚

萨仁高娃

《九姓回鹘可汗碑》是用汉文、粟特文、突厥文刻写的三体石碑，为中国古代漠北回鹘政权第九位汗爱登里罗汨没蜜施合毗伽可汗在位时，即唐宪宗元和九年（814）所立。碑位于蒙古国前杭爱省鄂尔浑河畔哈剌巴剌沙衮地区，即回鹘故城鄂尔都八里、蒙古故城哈剌和林附近，离回鹘故城约500米。

1889年，受俄国考古学会东西伯利亚分会委托，雅德林采夫（N.M.Yadrintsev）组建探险队远征西伯利亚，顺便调查了蒙古草原的古遗址，于是在鄂尔浑河流域和硕柴达木湖畔意外发现突厥阙特勤碑、毗伽可汗碑及此碑。此碑发现时已碎成20余块，他便将其中两块盗回圣彼得堡。由于碑文颇似北欧古代民族使用的Runic（鲁尼文），所以在他的报告中称之为“鲁尼文”，他写道:“异常坚固的花岗岩碑石，经历了千百年来的侵蚀，

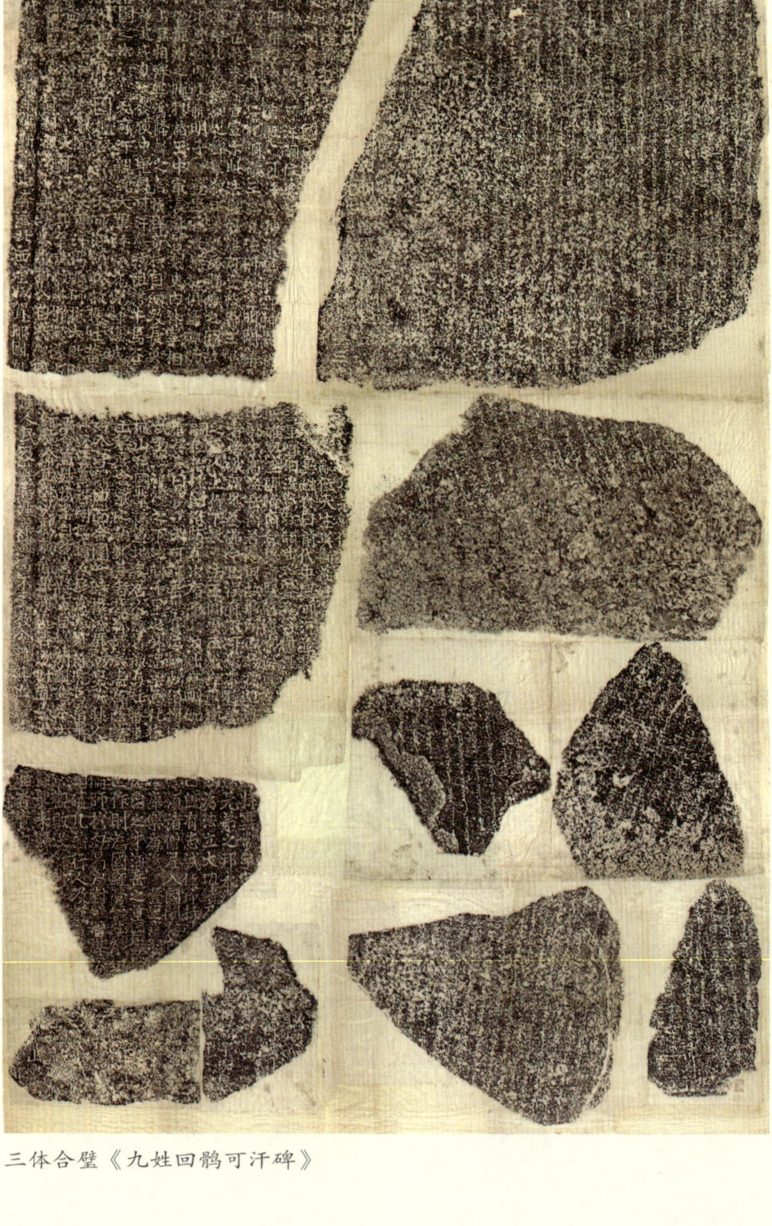

三体合璧《九姓回鹘可汗碑》

書四[illegible]國賜[illegible]同徹[illegible]
[illegible]有[illegible]奏[illegible]宣市此[illegible]
舊血[illegible]禮[illegible]達鄉[illegible]
[illegible]雍當[illegible]略內[illegible]明[illegible]
[illegible]時[illegible]龍潛[illegible]備諸手中[illegible]
之[illegible]神諸柏朱重[illegible]降[illegible]之[illegible]
[illegible]武成力[illegible]使中[illegible]
[illegible]圖之[illegible]國天可[illegible]
[illegible]

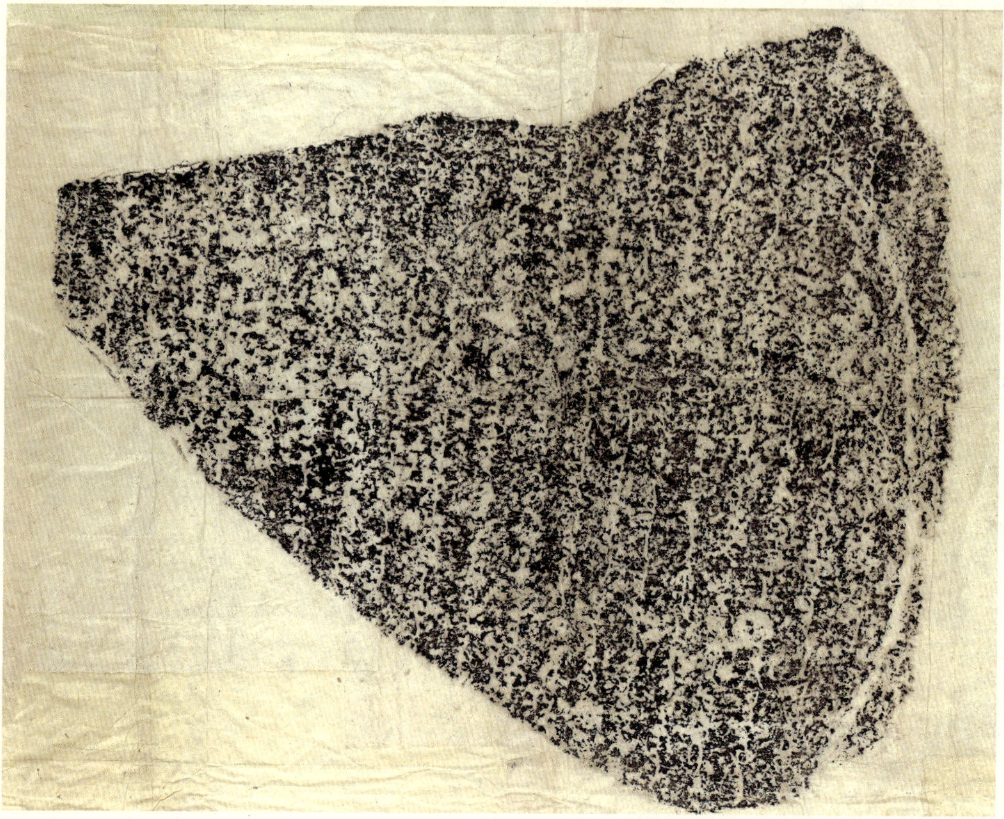

三体合璧《九姓回鹘可汗碑》

说明它们已有千年以上的历史。这种谜一般的鲁尼文以前曾在西伯利亚发现过，碑侧和碑阴或刻有汉字。”

继雅德林采夫，1890 年，芬兰考察队海开勒（H.Heikel）光顾此碑，并拍摄了碑文。1891 年，俄国再次派出拉德洛夫（W.W.Radloff）率领鄂尔浑考察队制作出新的拓本。翌年，俄国驻华公使把这一新拓本送交清朝总理各国事务衙门，请求考释和林三碑（阙特勤碑、毗伽可汗碑、九姓回鹘可汗碑）。洪钧将此交予在此任职的沈曾植，后者撰写跋文，此即“总理衙门书”，为此碑的早期研究成果。随后荷兰学者施古德（G.Schlegel），德国学者缪勒（F.W.K.Müller）、汉森，法国学者沙畹、伯希和，日本学者安部健夫、羽田亨等分别进行了解读。中国方面继沈曾植之后又有李文田、罗振玉、王国维等人的进一步研究。近些年来，美国学者哈密顿，尤其是日本学者森安孝夫、吉田丰对石碑碎片及其各国拓本做了全面的整理复原和系统研究。

因年代久远，该碑损坏严重，所保留字数极少，特别是碑阴粟特文的一面仅剩下半块稍多一点，突厥文部分也仅保留三角形小块。碑高约 350—360cm，宽 176cm，厚 70cm，转角处宽约 5.5cm。汉文直书，刻于碑正面左侧，正面 19 行，左转角 1 行，碑左侧面估计还有 14 行，共约 34 行，每行约 78 或 80 字；粟特文直书，刻在碑正面右侧，正面 27 行，右转角 1 行，碑右侧面估计尚有 17 行，共约 45 行；突厥文横书，刻在碑阴，大约 116 行，每行约 70 或 75 字。

碑名全称“九姓回鹘爱登里罗汨没蜜施合毗伽可汗圣文神武碑”。“九姓回鹘”是唐时回纥的别称，出现于天宝十年（751）以后。主要是指回纥从属于“九姓”（铁勒），统治“九姓”，故以九姓加部族名表示，具体包括：回纥、仆骨、浑、拔野古、同罗、思结、契苾、拔悉密、葛逻禄。“爱（ai）”，回鹘语意为月亮，是回鹘语以口或月对别人的尊称”；“登里（tangri）”，意为天；“罗（da）”，意为在或从，用作名词词尾；“汨（qut）”，意为幸福；“没蜜施（bulmys）”，意为得到；“合（alp）”，意为英雄；“毗伽（bilga）”，意为智慧；“可汗（qahan）”，意为君主。据碑铭汉文的铭刻，立碑者为回鹘内宰相颉于伽思，汉文的撰写人为伊难主和莫贺达干。据学者们的研究，此碑记述回鹘汗室先世葛勒可汗（747—759 年在位）、牟羽可汗（759—780 年在位）协助唐朝平定安史之乱的功勋；牟羽可汗从中原引入摩尼教，回鹘人改变了旧的萨满教信仰，摩尼教远播漠北，西达天山；回鹘保义可汗（808—821 年在位），即爱登里罗汨没蜜施合毗伽可汗（译意为“天赐福神武智慧可汗”，唐朝封号为“保义可汗”）出兵西域，与吐蕃展开斗争，协助唐王朝保卫北庭（今新疆吉木萨尔）、龟兹（今新疆库车）。可见，此碑是唐与回鹘友好关系的见证，也是研究摩尼教流传史的难得素材。

回鹘文《玄奘传》

姑丽尼格尔·艾斯卡尔

《玄奘传》，全称《大唐大慈恩寺三藏法师传》，国家图书馆藏有一件其回鹘文译本，为10世纪写本。

回鹘，原称回纥，唐德宗（742—805）时改称回鹘。唐初，漠北有九姓铁勒，回鹘即其中之一，于744年取代突厥，在漠北高原建立回鹘汗国，使用古突厥文。公元840年，受到黠戛斯（回纥西北3000里，约在叶尼塞河上游，唐初属薛延陀汗国）人的胁迫，回鹘西迁，一支迁到葱岭以西，成葱岭西回鹘，后成强大的喀喇汗王朝；一支迁到河西走廊，称作河西回鹘或甘州回鹘；一支迁到西州（今新疆吐鲁番），称高昌回鹘或西州回鹘。西州回鹘又向西发展，以高昌（今新疆吐鲁番）为中心，建立了高昌回鹘政权。西迁后的回鹘，借用粟特文，创制回鹘文，逐渐取代了突厥文，15世纪后逐渐被废弃。回鹘文对其他民族产生过深远影响，13世纪蒙古人利用回鹘文字母创制了蒙古文，16世纪后满族又接受这种字母创制了满文。

回鹘文文献较多，高昌回鹘王国用回鹘文翻译大量佛教典籍。新疆吐鲁番和敦煌藏经洞等地的考古探险发掘了大量回鹘文文献，其中除宗教文献外还有社会经济文书和文学作品。《大唐大慈恩寺三藏法师传》即其中之一。

大唐大慈恩寺三藏法师，即玄奘（602—664），名陈祎，洛州缑氏（今河南偃师）人。唐代三藏法师，著名译师，惟识宗的创始人之一。唐太宗贞观元年（627），从凉州出玉门关西行，历尽艰难抵达天竺。初在那烂陀寺从戒贤受学。后又游学天竺各地，并与当

地学者论辩，名震五天竺。贞观十九年（645）回到长安，组织译经，共译出经、论 75 部，凡 1335 卷。所译佛经，多用直译，笔法谨严。所著《大唐西域记》及由其弟子慧立记述的《大唐大慈恩寺三藏法师传》是研究西域、中亚和印度及中西交通史的重要史料。

回鹘文《大唐大慈恩寺三藏法师传》，1930 年左右发现自新疆（约吐鲁番盆地），现存残卷共计 394 页，788 面。出土之时即被人为分成两部分。一部分由清华大学教授袁复礼，即时任国立北平图书馆（国家图书馆前身）馆长的袁同礼先生之弟协助图书馆

回鹘文《玄奘传》

购得，计 240 页；一部分归法国东方考古学家海金（Joseph Hackin），流散至法国吉美博物馆，存 123 页；俄罗斯科学院东方学研究所圣彼得堡分所存 23 页。我馆藏的 240 页于 1932 年借给德国学者葛玛丽（Annemarie von Gabain）。抗战前和抗战初期曾多次去函催还，都无下文。一直到抗战胜利后，才完璧归赵，可喜的是连 Hackin 收藏的那几页也一同带来。目前，我馆存有 248 页，硬笔楷书书写，梵夹装，长 43cm，宽 18cm，叶 27 行，四边朱色界栏。纸张呈麻质黄褐色，双面书写，每页第 5—9 行之间有圆圈，直径约 4.9cm。圆圈中间有绳孔，每页左边用小字回鹘文注明叶码，现多已残损。

回鹘文本译者僧古萨里，亦称圣光法师，维吾尔族古代翻译家，别失八里（今属新疆吉木萨尔县）人。生卒年及生平事迹均不详，大约活动于 9 至 10 世纪。他精通古汉语、梵文、古龟兹语和佛学。其译著还有《金光明最胜王经》，1910 年在甘肃酒泉附近的裕固族地区发现，被俄国学者马洛夫带往俄国，于 1913 至 1917 年在俄国用回鹘文出版，共 707 页。

回鹘文文献存世稀少，以回鹘文翻译的历史典籍更为罕见，像《大唐大慈恩寺三藏法师传》这样全文译为回鹘文的长篇僧人传记更是绝无仅有，其字迹清晰，保存完好，堪称回鹘文献的代表。

1951 年民族事务委员会的几位同志与王重民、季羡林先生接洽影印事宜，他们商请冯家昇先生来整理编排。冯先生征得郑振铎先生同意，每天抽出大部分时间来从事这项工作，经过几个月的努力，终于把这项工作完成。国家图书馆除了收藏着手抄本 240 页《玄奘传》，还有 4 册影印本。

西夏译经图
——西夏译场美丽画卷

萨仁高娃　全桂花

国家图书馆藏有百余卷西夏文佛经，主体来自宁夏灵武县修葺城墙时发掘的五个瓦罐中的遗物。早在1917年（又说1919年），宁夏灵武县修葺城墙时掘得五个瓦罐，内装有西夏文写本和刻本经典。后辗转送抵官署，间有流失到日本、美国、法国者十余卷。1929年由北平图书馆（国家图书馆前身）重金收购，粗略统计为17种99卷。1957年，当时苏联政府捐赠给北京图书馆（国家图书馆前身）《大般若波罗蜜多经》21卷。之后北京图书馆又陆续收购入藏数卷。有关国家图书馆藏西夏文文献，早在1930年时，周叔迦先生首先对其进行编目，他凭借着对佛教文献的深厚功力，由“初亦不识西夏文字”到“逐字比文，梳篇栉目”。所编目录发表于1932年出版的《国立北平图书馆馆刊》4卷3号“西夏文专号”上。

百余卷西夏文文献中，有一件稀世珍宝，即《现在贤劫千佛名经》卷首所附《西夏

《西夏译经图》

译经图》。有关此图，周叔迦先生所编目录的第 22 号《现在贤劫千佛名经》简介中云：“经背表糊杂用西夏文《大智度论》《菩萨地持经》等文，又有他经佛象一页，画译经之图。”文中所述译经之图应为后史金波先生所考证的《西夏译经图》,因其内容与之前《现在贤劫千佛名经》无关，被周叔迦先生误认为“他经佛象”。

史金波先生于 1973 年重新整理北京图书馆藏西夏文佛经时有幸见到此图，才知是一幅极为珍贵的元刊本《西夏译经图》，并对其做了详细的考释和分析。此图经折装，一折展开后呈正方形，约占两面经文，边长约 27cm。从纸张及其长宽形制看，系其前《现在贤劫千佛名经》的一部分，为宣扬西夏佛教盛事，描绘西夏译场的画面。

此《西夏译经图》刻有僧俗人物计 25 身、西夏文款识 12 条共 63 字，每条款识皆有长方形边框。图上部帷幔上自左而右横刻款识 1 条 14 字，译成汉文为“都译勾管作者国师白智光”，其下有一高僧像，有头光，所有人物像中为最大者，此即主持译经的安全国师白智光。他内着短袖花衣，外披袈裟，趺跏端坐于正中。其前置一书案，上有梵夹经书一册，墨砚一台，毛笔两支。其神态似在讲解经文，并辅以手势，显示出译场中主译人的身份和地位。白智光像两侧各有西夏文 5 字，右边译为“译者裙助相”，左边译为“僧俗十六人”。这 10 字实为一条款识，为构图对称美观起见，分刻于左右两侧，连起来意译为“辅助译经者僧俗十六人”。在此题款两侧各有图像两排，每排 4 人，前僧后俗，共 16 人，正与西夏文款识所记相同。前排每 4 位僧人均有头光，面前有长案一条，上置经书、经卷及笔墨纸砚，8 位僧人均身着短袖素衣，披袈裟，比肩斜坐。图像生动地反映出他们的不同年龄、相貌特征和神态。其中 6 人右手持笔，左手有的持经卷或经册，有的将经卷或经册置于案上，左第三人面前展开的经卷上依稀能看出“屈曲类符篆”等文字。另二人两手做不同手势，毛笔和经册置于案上。后排 8 人从衣冠上看，系世俗人，无头光，他们或合十敬礼，或仰视听讲，或闭目思索。8 个僧人上方各有西夏文款识记其姓名。右面 4 人自上而下第一身名为“北却慧月”，北却为党项族姓；第二身名为“赵法光”;第三身名为“叠嵬名广愿”,嵬名为西夏皇帝姓,也是党项族姓之一,此僧人系皇族;第四身名为“吴法明”。左面4人自上而下第一身名为“曹广智”;第二身名为“田善尊”;第三身名为“西玉智园”,西玉亦为党项族姓;第四身为“鲁布智云”,鲁布为党项族姓。此8人中有4人是典型的党项族姓,另4人可能是汉族。后排的8个世俗人未列姓名。

译经图的下部正中前后有两部桌案,后者离译者较近,桌上置经书、经叶等物。前者置供品,桌两侧各有人物图像4身。左面一女身坐像较大,头饰别致,手持香炉,有头光,旁有西夏文款识6字,译为“母梁氏皇太后”。其后立黄门侍从三人,手持团扇等物。右面一男身坐像与对面女身坐像大小一致,手持鲜花,穿着华贵,有头光,旁有西夏文款识5字,直译为“子明盛皇帝”,应意译为“子盛明皇帝”,余三人较小,亦为黄门侍者一类,手持金瓜等物。

梁太后(1048—1085)是西夏第三代皇帝惠宗李秉常的生母。西夏毅宗李谅祚死,秉常年7岁嗣位,梁太后摄政,大安二年(1076),惠宗亲政。此译经图是一幅反映西夏译场盛况的美丽画卷,生动描绘了梁皇太后及其子秉常,即惠宗皇帝亲临译经现场的场面,窥见西夏王朝笃信佛教及对译经工作的重视程度。图中所绘人物衣着、头饰等为学界研究西夏服饰等相关课题提供了第一手资料。

西夏文《慈悲道场忏法》卷九

朱志美

汉文本《慈悲道场忏法》，俗称《梁皇宝忏》，十卷，在佛教愿文史、忏文史上有着重要地位。究其撰写者及成书时间众说纷纭，相传系南朝梁武帝萧衍为其皇后郗徽忏悔请诸僧著成的经卷。

梁高祖武皇帝萧衍（464—549），字叔达，小字练儿。南兰陵（今江苏常州西北）人，南北朝时期梁朝政权的建立者。父亲萧顺之为齐高帝族弟，封临湘县侯，官至丹阳尹知事，母亲张尚柔。萧衍原为南齐官员，南齐中兴二年（502），齐和帝被迫“禅位”于他，南梁建立。萧衍在位长达48年，一生博学多才，笃信佛教。在位期间政局相对稳定，经济有所发展。在位晚年爆发“侯景之乱”，都城陷落，被侯景囚禁，死于台城，享年86岁。

皇后郗徽（468—499），高平金乡人。其父为郗烨，官至太子舍人。其母为南北朝宋文帝之女寻阳公主。郗氏于南齐建元末年嫁给萧衍，南齐永元元年（499）去世，时年三十二岁，共生有三女。至萧衍即位，追尊她为皇后。相传郗氏自幼明慧，善于隶书，

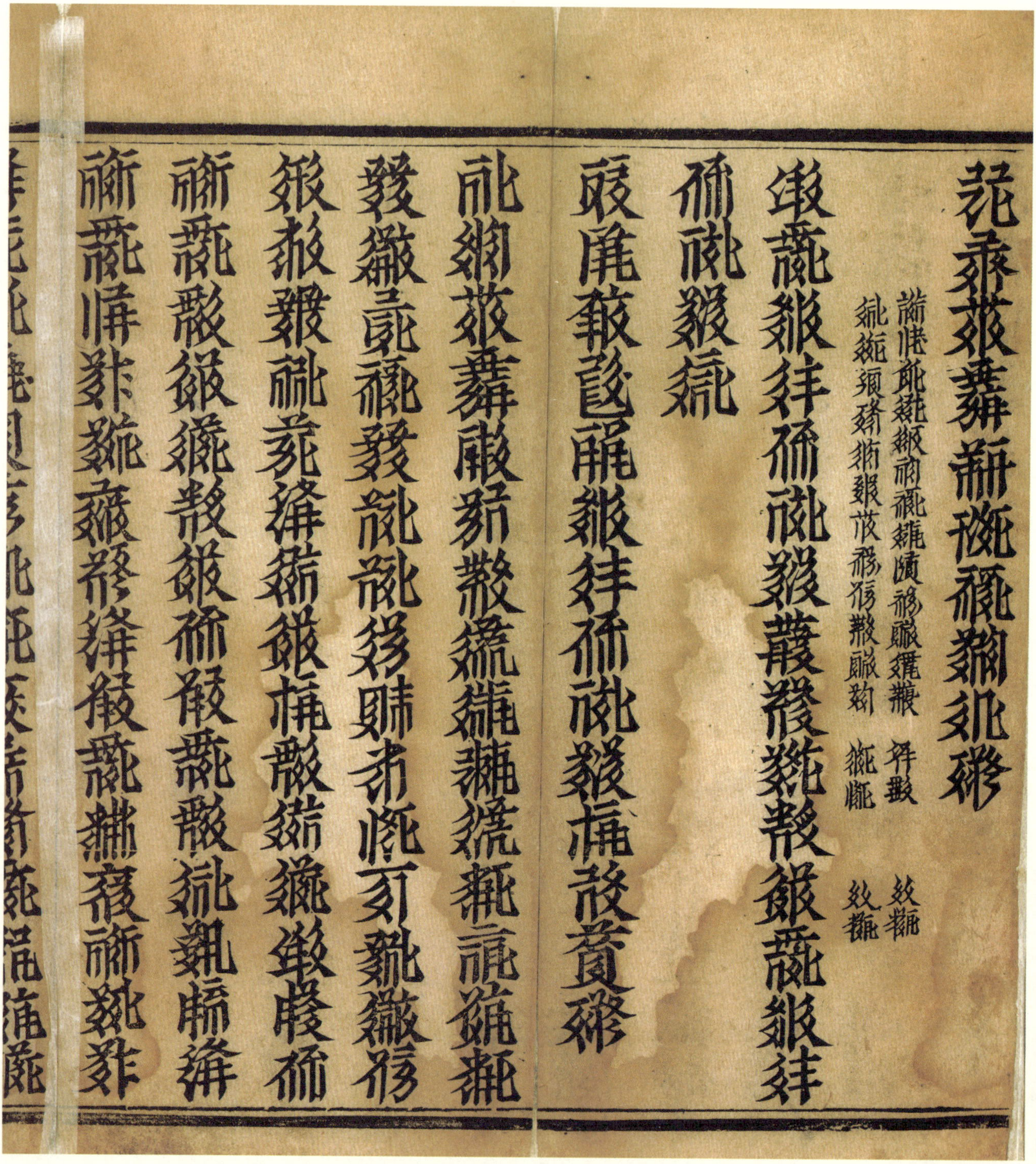

喜读史传，但嫉妒心强，蛮横无道，不信佛法，毁谤三宝，故死后堕为巨蟒，于是托梦给梁武帝，希望能将其救出苦海，故而梁武帝于天监二年（503）请诸僧著成此书，请僧忏礼，为郗氏除罪生福，而郗氏也因此得以超度，由蟒蛇化为天人。

然而，学界一般认为该书是南朝梁时诸位名僧将南朝齐竟陵王萧子良撰《净住子》二十卷删编为十卷而成，后在传写过程中错误日多，至元代经妙觉智等重新审核校订而成今本。另有一说则认为梁释宝唱所撰。此忏法不仅有汉文本，还有西夏文、回鹘文版本传世。

西夏历代统治者崇信佛教，佛经的翻译及刊印甚为盛行，西夏文《慈悲道场忏法》即其中代表译著之一，由西夏梁太后及西夏惠宗御译。西夏惠宗名曰李秉常（1061—1086），西夏第三位皇帝，七岁即位，母曰恭肃章宪皇后梁氏，实际摄政者。由此可以理解西夏梁太后和西夏惠宗二人共同挂名御译的用意。

国家图书馆该件藏本为其卷九，元刻本，经折装，每面 33cm×13.1cm，板框 26.9cm×11.5cm。卷首有《梁皇宝忏图》一幅四面，经文每面 5 行，每行 15 字。

卷首《梁皇宝忏图》所绘内容与上述著书起因的传说基本一致。其中有两处西夏文题款，其汉文意思分别是：郗氏变蛇处（该题款在一蟒蛇旁），郗氏天生处（该题款在一天人旁）。刻画人物栩栩如生，展现了郗氏由蟒蛇变为天人的场面，情境庄严肃穆。

该图的右侧有汉字“俞声刊”三个字。俞声为元大德时期（1297—1307）浙江杭州雕刻名匠，生卒年不详，不但善于汉文的雕刻，还善于雕刻图像以及刻写西夏文。曾刻有汉文典籍宋刻宋元明初递修公文纸印本《尔雅疏》、宋绍熙三年（1192）两浙东路茶盐司刻宋元递修本《礼记正义》。

该经文背面有一行墨书西夏文，汉译为：有此典者痴移慧增。意即持此书者可以将

西夏文《慈悲道场忏法卷九》

痴愚移除，并可增加智慧。可见此为将其译成西夏文的目的所在。

综观此书的形成，由西夏的太后及皇帝御译，并由雕刻名匠刊刻，充分说明当时对该书的重视程度。国家图书馆尚藏有该本《慈悲道场忏法》的卷一、卷三至十，即缺卷二。其中，所述卷九品曾在历次展览中与观众见面，整体已入选了《第一批国家珍贵古籍名录》。

女真文《奥屯良弼饯饮碑》

萨仁高娃

女真文《奥屯良弼饯饮碑》，又称《泰和题名残石》，是为数不多的女真文石刻中直接用女真文镌刻的碑文。石碑原为罗振玉旧藏，据悉得自天津古董商之手，原立何地不详，现藏国家博物馆。其拓本藏于国家图书馆，60cm×49cm。

石碑正中刻汉文楷书大字 4 行："奥屯良弼自泗上还都，心友饯饮是溪。泰和六年二月十有一日也。"左下方有小字女真文题跋 3 行 72 字，大意为："从□□战胜，见旧友彰德治中奥屯舜卿所写之字精巧，仿照移摹于石。大安二年七月廿日文林郎洛水主簿卜修洪。"说明此碑刻为金卫绍王大安二年（1210）勒成。奥屯良弼和奥屯舜卿之名均见于《金史·哀宗纪》，据此碑方知一人。

《金史》中无奥屯良弼传，据一些分散资料获知，他出身于女真士大夫，章宗（1190—1206）中期任侍御史，"掌奏事，判台事"，处理御史台日常工作，其官阶从五品。到章宗末年，他赴河北西路彰德府（治所安阳，辖五个县）任"治中"，官阶为正四品。到

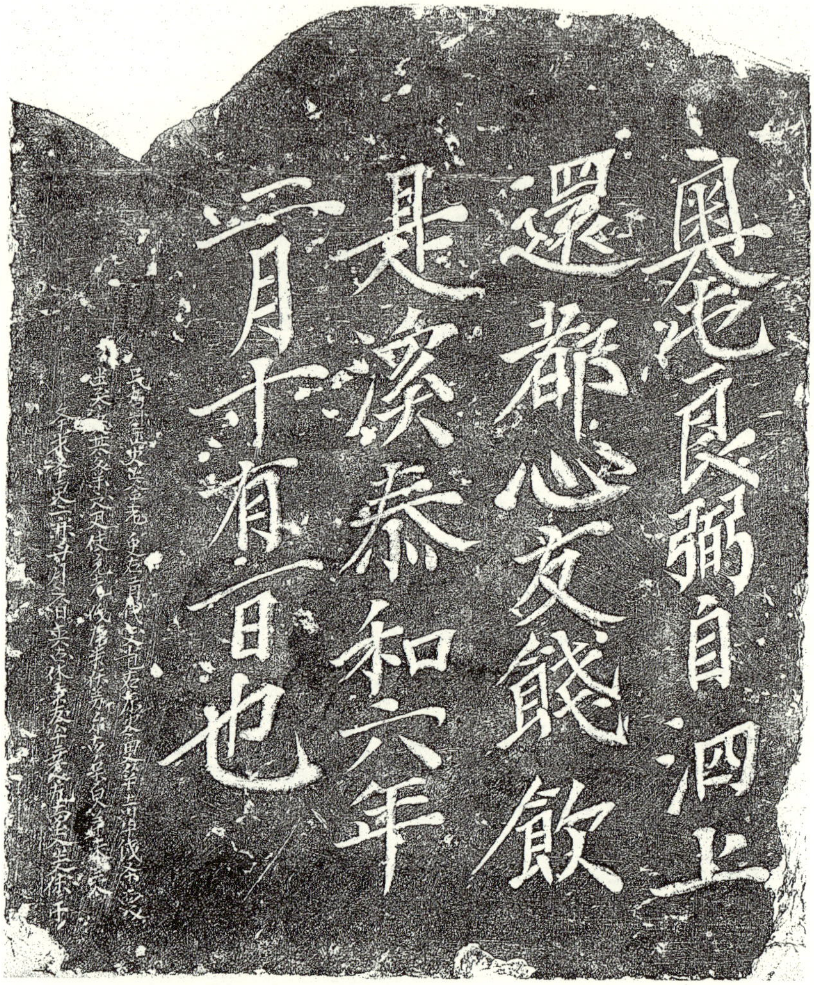

女真文《奥屯良弼饯饮碑》

正大二年（1225），他曾以礼部尚书（正三品）身份出使西夏。天兴二年（1233）正月“崔立之变”后，宣徽使奥屯舜卿为尚书左垂，官阶达正二品。

可见，奥屯良弼不仅是办事能力超强的称职官员，也是一位才华出众、书法水平高超的文人，从而深得卜修洪的推崇。如跋文所记，卜修洪是洺州（今邯郸东北 50 里）所属洺水县主簿。主簿即掌置，系各级主官属下掌管文书的佐吏。女真文提“彰德治中”，说明大安二年时奥屯良弼在彰德任治中，进一步弥补史料缺载。而彰德府与卜修洪所职洛州山水相连，二人必定往来十分密切。

汉文中曰“自泗上还都”，说明金章宗泰和六年（1206）奥屯良弼从泗上返回都城，即北还中都时，友人饯饮，便随记。泗州，金属南京路，位于淮河北岸，与南宋要塞盱眙一水相隔，是极为重要的战略要地，也是当时的南北交通冲要，金宋来往必经之路。泰和五年（1205），金宋关系开始紧张，边境冲突不断发生。为了防备宋兵北侵，金廷任命平章政事仆散樱为河南宣抚使。到泰和六年正月，金宋双方调兵遣将，武装冲突日益频繁。到四月，宋兵突入泗州等地，终于爆发了大规模战争 。奥屯良弼在大战前夕前往泗州，无非是与备战或交涉事宜有关。

此碑女真文题跋文字简练，用词贴切，笔力雄健，彰显卜修洪极高的女真语文修养，也反映此时女真文已进入成熟阶段。

天辅三年（1119）八月创制女真大字20年后，金朝于天眷元年（1138）对女真文字进行了一次重大改革和修补。又过七年，改革后的女真小字开始被使用。到大定四年（1164）起用女真字译经书。由于世宗的努力和提倡，女真语文进入了空前繁荣的时期。但是因女真字“创制日近”，译汉文仍需以契丹文为媒介。据文献资料和石刻资料可以断定，在大定年间，女真文字的使用，主要是限于翻译汉文经史之作。至章宗时代，女真文字开始进入不经契丹文而直接翻译汉文的崭新阶段，亦进入了直接用女真文创作的时期。从此，契丹文失去了在金朝存在的价值，于是明昌二年（1191）停止流传 。《奥屯良弼饯饮碑》正是这一时期的产物，史籍和实物相互印证，充分展现其文物、文献、史料和文字价值。

蒙古文北京版《甘珠尔》

李金花

国家图书馆藏有一部卷帙浩大的蒙古文古籍，即108函的蒙古文北京版朱印《甘珠尔》。梵夹装，版框17cm×59cm，上下有精美夹板，正文前后均有朱印佛像。

蒙古族自13世纪起信奉藏传佛教，并不断翻译佛教典籍，以弘扬佛教义理。最早的蒙古文佛教典籍是元代依据藏文、梵文、汉文佛典译出，以写本形式流传。元朝灭亡后，蒙古地区的佛教也趋于衰落。16世纪末，随着藏传佛教格鲁派的传入，蒙古地区的佛教得到复兴，佛典的翻译事业也再次兴盛，并于17世纪前期完成蒙古文《甘珠尔》的翻译与结集，著名金字《甘珠尔》于1628—1629年问世，共113函，梵夹装，磁青纸泥金写本，现存19函，为蒙古文《甘珠尔》最早的版本。此版由林丹汗召集蒙古右翼三万户，以班智达贡葛厄斯尔、固什萨木丹僧格为首的33位译师翻译，后被列为“镇国至宝”收藏供奉。据《蒙古文甘珠尔·丹珠尔目录》，1957年有位照达巴的先生将此经请进原内蒙古历史语言文学所（内蒙古社会科学院前身），现收藏于内蒙古社会科学

蒙古文《甘珠尔》

院图书馆。

蒙古文《甘珠尔》内容大致分为《大般若经》12卷、《第二般若经》4卷、《第二大般若经》4卷、《第三般若经》1卷、《诸般若经》1卷、《大宝积经》6卷、《华严经》6卷、《诸品经》33卷、《律师戒行经》16卷、《秘密经》25卷，共108函，目录1函。其内容不仅限于宗教，还包括哲学、历史、语言、文学、艺术、音韵、天文、地理、历算、医学、建筑、科技、民族、社会、中外关系等诸多领域，可称作蒙古学百科全书。

目前国内存蒙古文《甘珠尔》有五种版本，分别为明代竹笔泥金写本（19函）、清代竹笔写本（108函）、清初竹笔朱墨套写本（22函）、北京朱印本（109函）、清中期竹笔写本（109函）。

北京朱印本《甘珠尔》，是在原金字《甘珠尔》的基础上，依据1683年北京版藏文《甘珠尔》，于康熙五十七年（1718）三月十九日，奉康熙帝旨意，在内蒙古多伦县汇宗寺开始经书的校勘工作，经众喇嘛重新校订和翻译，清康熙五十九年（1720）在北京嵩竹寺刊毕。其分类、函数、种类，与北京版藏文《甘珠尔》完全一致。此版是蒙古文仅有的刻本《甘珠尔》，存世8部，国内存6部。

国家图书馆藏本缺《秘密经》的第一部，为1974年春由原内蒙古历史语言文学所无偿捐赠我馆，由我馆黄润华先生与另一位老先生一同运抵北京。此部已入选《第二批国家珍贵古籍名录》。

蒙古文泥金写本《金光明最胜王经》

李金花

《金光明经》,又称《金光明最胜王经》《最胜王经》,大乘佛教经典,旨“若读诵本经,其国即得四大天王之所守护”,故在中国得到广泛流传,先后出现多种译本。最早由北凉昙无谶译成汉文《金光明经》四卷十九品;其次为梁真谛译的七卷二十二品及北周武帝时耶舍屈多所译的五卷本;隋开皇年间大兴善寺沙门宝贵综合各家译本删同补缺成《合部金光明经》八卷二十四品;最后则为武周长安三年(703)义净所译《金光明最胜王经》十卷三十一品。义净本对民族文字译本的影响很大,回鹘文、西夏文及藏文长本均译自此本。

蒙藏文《金光明经》分长、中、短三类,长者为十卷三十一品本,班智达却珠通事汉译藏文,据贡嘎斡节尔倡译,喇尔吉藏译蒙古文本。中《金光明经》是十卷二十九品本,大译师也协德译自梵文,蒙古文本则是著名通事希儒僧格译自藏文。短《金光明经》则是五卷二十一品本,藏、蒙文《甘珠尔》中均有收录。

蒙古文《金光明最胜王经》

蒙古文各译本中，希儒僧格所译本流传最广，版本繁多。目前国内所见蒙古文《金光明最胜王经》单行本多为希儒僧格译本，先后于顺治十六年（1659）、康熙四年（1665）、康熙五十七年（1718）、康熙六十年（1721）在北京得到刊印，均被收入蒙古文《甘珠尔》。又以手抄本形式广为流传，其中既有泥金写本，也有朱墨或多色套写者，可见此本深受蒙古人民的青睐和爱戴。

希儒僧格（1323—1367），亦作相哥实立，相阁实理，额哥识律，僧格实哩，字潔，号静庵，高昌（今新疆吐鲁番）人。元代名僧，大通事，14 世纪初曾以蒙古文翻译过大量的佛教经典，对佛教在蒙古地区的传播起到了很大的作用。但留存至今，被后人发现者只有《释迦牟尼十二圣迹记》《五大陀罗尼》《金光明最胜王经》等少量的文献。有关其译经事业，据《蒙古源流》等史料记载:“其后噶玛拉之子也逊帖木儿合罕，癸巳年生，岁次甲子，年三十二岁即位，命萨斯嘉·布尼雅·巴达喇嘛及蒙古师锡喇卜僧格通事二人,翻译前所未译之诸经。”说明希儒僧格的译经工作始于元泰定也逊帖木儿合罕即位后，但此时译者仅为几岁幼童，何以受命从事翻译工作？莫非史料记载有误或者所指锡喇卜僧格并非翻译《金光明经最胜王经》的希儒僧格？需进一步研究论证。

国家图书馆藏有蒙古文《金光明最胜王经》单行本五件，其中编号0229为磁青纸泥金写本，是十卷二十九品的希儒僧格译本。计151叶，梵夹装，上下各有一块精细雕刻的紫檀护经板，并有特制玻璃罩精心保护。开本16.8cm×60.8cm，首叶左右侧有佛像和附图，结尾处有二十六行梵文。长方形散页两面用竹笔书写。从左至右，书写经文，左上有蒙古文卷页次，右侧则以汉文译经卷目录。经书四侧均绘有云头花纹，质厚且韧，外观精美，是公认的精品。字体工整，装帧精美，是专作供奉用的艺术品。此本以其文献、文物、艺术价值出展国内外各大展览，已入选国务院颁发的《第二批国家珍贵古籍名录》。

蒙古文《天地八阳神咒经》——疑伪经流变无序的代表作

萨仁高娃

佛教传统认为佛亲口所说或佛认可者为“经”,不符合上述标准而妄称“经”者为“伪经”，真伪难辨者为“疑经”，合称“疑伪经”，正统佛教徒历来杜绝疑伪经。因此，疑伪经除少数在民间流传得以保存至今外，大多已亡佚。幸赖敦煌藏经洞发现，敦煌遗书中保留疑伪经一百余种，其中不少为历代经录不曾著录者。《天地八阳神咒经》即是学界公认的伪经，但因其有对应的正经，故流传之广之深，远远超出了我们的想象，不仅有汉文本，还有回鹘文、藏文、蒙古文本。

国家图书馆藏有五件蒙古文《天地八阳神咒经》，分别是22号、369号和508号两件和北京版蒙古文《甘珠尔》所收本。22号和508号同为清刻本，据纸张左侧皆有汉文“亡乃”一、二等页码，可认为二者是同时期刻本。369号为抄本，但其尾跋“tamaq-a

瑜伽者扎西仁钦编自汉籍，比丘 suriyaširi 校勘，那木师利大师抄写，圣 qataširi 大师刊刻”，可见该抄本所用蓝本编自汉文的刻本。与此对应的刻本恰是蒙古文北京版《甘珠尔》所收本，该本尾跋与 369 号本完全一致，由此判断 369 号是由蒙古文《甘珠尔》所收本派生出的单行抄本，抄写时将原底本的刊刻题记也一同抄录，未删除。

据 22 号和蒙古文《甘珠尔》所收本，其开头与正经相同均为“梵文名……藏文名……蒙古文名……”，但其真面目确为梵文或藏文吗？其实不然。《天地八阳神咒经》作为汉

蒙古文《天地八阳神咒经》

地所造经，其典型例子为文中的“天地之间，为人最胜上者，贵于一切万物。人者，真也，正也。心无虚妄，身行正真，左丿为真，右乀为正，常行真正，故名为人”。确切说明该经作于汉地，而不是印度或其他非汉地域。蒙古文本对“左丿为真，右乀为正”的翻译是“此行真，彼行正”。另外，蒙古文本对汉文本“平满成收，开闭建除，定执破危”直接音译成“man bing ding gi bo wai qing shou kai bi”，而不是一贯的意译。这足以说明蒙古文本译自汉文本，绝非梵文本。

那么，藏文本和蒙古文本的关系又是如何？我们仅对北京版蒙藏文《甘珠尔》所收本做比较便知，藏文本未对上述汉文的两段文字进行翻译，而直接越过，接下文，说明蒙古文本并非译自藏文本。当然，蒙古文本翻译经名时的确参考了藏文《汉传天地八明经提要》中所出现的梵藏经名，因为蒙古文的写法沿用藏文上下左右加字习惯进行音写。

另外，内容结构方面，蒙古文本在经首和经尾增添了蒙古文正经《圣八正觉大乘经》的经首和经尾，并主要以汉文敦煌写本 S.500 的内容为底本翻译。

由此看来，伪经《天地八阳神咒经》，每经一个人的手，其内容和结构都发生巨大变化，连同一文字本之间都存在很大差异，何况不同文字本间更是千差万别。蒙古文本为现所存各文种本中内容最丰富、篇幅最长、结构最复杂的版本。蒙古文本根据汉文本编译时增添了正经的经首和经尾，并采用题名“梵文名……藏文名……”，使伪经更加“正经化”，使疑伪经更加复杂化。这种现象正符合疑伪经的产生和发展规律。疑伪经大致有三种来历：宿习与冥授、抄录或摘编原有经典、伪造新典。该经只是假借正经之名而在汉地伪造的新典，其内容与正经毫无关系。疑伪经的目的：一是对佛教义理的哲学思辨，二是祈福祛灾的功利目的，这对普通民众无疑更有吸引力。《天地八阳神咒经》的目的无疑是“祈福祛灾的功利目的”，中间掺杂儒道思想，以符合中国百姓心理，使其得到更广泛的流传和宣扬。

我们在西藏古籍普查时，极为偏僻的阿里噶尔县扎西曲德寺杂乱无章的藏品中也发现了藏文刻本《天地八阳神咒经》;曾有读者从拍卖行买到的蒙古文古籍中亦有以“亡乃”为汉文页码标记的该经清刻本，显然与我馆藏本属同版，充分反映疑伪经《天地八阳神咒经》分布之广、流传之远、渗透之深。

英雄史诗《格斯尔可汗传》——蒙古民间文学精髓

李金花

《格斯尔可汗传》，全称《十方圣主格斯尔可汗传》，是以主人公格斯尔命名的大型英雄史诗，是蒙古族古典文学名著，中国三大史诗之一，也是蒙古族文学三大高峰之一。

《格斯尔可汗传》有多种版本，除了北京刻本，还有隆福寺本、乌素图召本、鄂尔多斯本、故宫本、咱雅本、诺木其哈敦本、色旺本、卫拉特托忒蒙古文本等不同版本。这些文本虽章数不等，但基本上以七章本北京版《格斯尔可汗传》为原本，在移植内容的基础上略作增删而成，全部版本中内容不重复的章数实际为16个。

《格斯尔可汗传》除了以上书面文本，还有口传文本。口传《格斯尔可汗传》不仅章数上远远超出了书面文本，而且由于不同时代、不同地区的艺人依靠各自智慧和本地区口头传统资源，结合当地生活习俗、思想感情、审美情趣进行再创作，不断繁衍出富

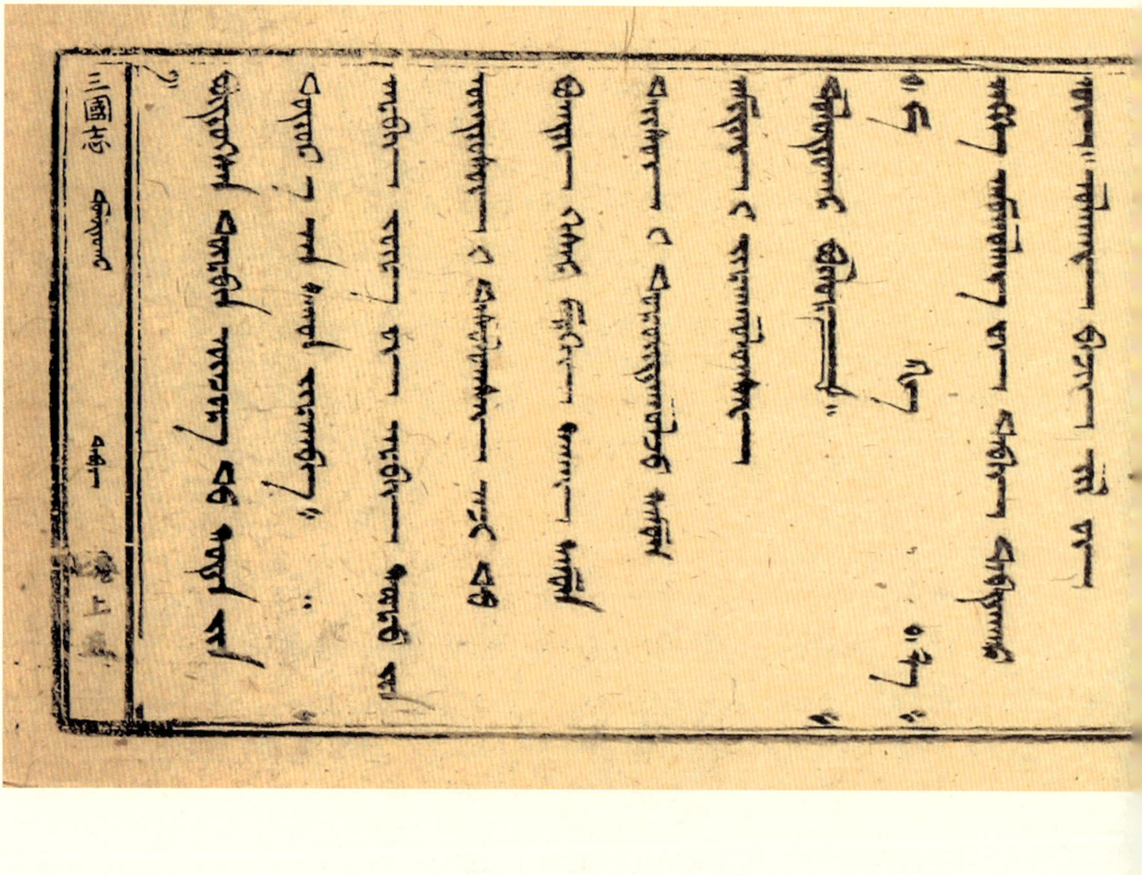
三國志

蒙古文《格斯尔可汗传》

有地方特色的数量庞大的口传异文。这些口传异文，与书面文本既有联系，又有很大差别，异文之间也存在很大不同之处。

国家图书馆馆藏《格斯尔可汗传》为康熙五十五年（1716）的北京刻本，是目前所发现最早的版本，因之亦最著名，成为国内外学者争先利用的版本。它是以经文形式印刷的梵夹装，版框左侧书有《三国志》字样，学界一致认为这是一种伪装本。当时，除了佛教经文、汉文名著的蒙译本之外，其他书籍的出版受限制，《格斯尔》也不例外。因此，刻印者把它以《三国志》的名义、以经文形式印刷成函。正文前二叶为朱印，左侧为天神像，右侧为关公像，钤有“国立北平图书馆”印，可见较早时候已被国家图书馆收藏。该史

诗的主旨是“降妖伏魔，为民除害”，内容由七个章节组成：格斯尔的诞生；智斩魔虎；固穆可汗治国；降伏十二头魔王；大战锡来河三汗；力战蟒古斯喇嘛；大闹地狱，降伏敌人。其语言均为通俗的口语，接近青海厄鲁特蒙古人方言。

北京版《格斯尔可汗传》，还藏于中国民族图书馆、内蒙古自治区图书馆等若干机构，并作为目前所见的惟一刻本和时代最早本，引申出了若干抄本：有的原封不动抄写；有的则在原七章基础上增加六章，形成了十三章本，此即隆福寺本；有的则抄写过程中不慎出现若干错乱现象；有的则摘录该版部分章节的同时，又掺杂他版内容，形成混合本，此类有乌素图召本、鄂尔多斯本等。

蒙古文《格斯尔可汗传》

《格斯尔》研究已有200余年历史，并作为蒙古族千百年历史发展进程中形成的群体智慧结晶，以其宏大的自然场面、生动的人物形象、波澜壮阔的故事情节、脍炙人口的生活语言，深得一代又一代人民的喜爱，世代流传至今。2009年，蒙古族《格斯尔可汗传》和藏族《格萨尔》一并列入联合国教科文组织“人类非物质文化遗产代表作名录”，亦入选国务院颁发的《第二批国家珍贵古籍名录》。

蒙古文医药著作《普济杂方》

李金花

蒙古族医学是在长期的医疗实践中逐渐形成并发展起来的，其历史悠久，内容丰富，是蒙古族人民同疾病作斗争的经验总结和智慧结晶，是中国传统医学的重要组成部分，也是一门具有鲜明民族特点、地域特点的医疗科学。它不仅有丰富的医疗实践，也有独特的理论体系。古代蒙古人民早已掌握正骨术、针灸、刺血等疗法。从13世纪初成吉思汗建立蒙古帝国，一直到16世纪中期，蒙医药学进入了新的发展时期，在不断提高和总结原来的医学经验的基础上形成了具有本民族特色的骨伤外科、饮食疗法、药物方剂、寒热理论、传统正脑术等临床经验和医药学理论。这一时期的蒙古文史料留存至今者甚少，但从现有史料和传统蒙医疗法中可以了解当时的情况。元代饮膳太医忽思慧的《饮膳正要》一书中，就有相当多蒙古族的饮食疗法，常用的酥、奶等制品，都为本民族常用食疗方。蒙医学还吸收了印度、藏族医药学内容，同时也吸收了汉族医药学的成分，使其不断发展和丰富。到了近代，涌现出不少著名的蒙古族医学家，他们编写

蒙古文《普济杂方》

了《方海》《蒙药正典》《甘露之泉》《塔教得》等数十部蒙医药著作。蒙古文《普济杂方》正是在这个时期产生并刊刻而成的。

蒙古文《普济杂方》为高世格搜集编写。高世格（1804—1876）具有阿拉善和硕亲王梅林章京、翻译家、教师、医生、文学家等多重身份，通晓蒙、汉、藏、满四种语言文字，任官职的同时教授满、蒙古文，培养了很多后来比较有名的人。其著作有《钦定万年历及择吉金鉴》（译著）、《新译万能玉匣记》《观音菩萨五枚金钱课》（译著）、《圣谕广训》（译著），还为后人留下了他的部分手稿（手抄本，各种治病药方汇集，共226页，现存阿拉善盟蒙医研究所）、诗歌，如《阿拉善赞颂》等。

他自幼学习蒙古医学，掌握医学理论，用心行医。同时，研究中医方剂，搜集整理民间单方、验方编辑成册。其编著的《普济杂方》是一部民间单方、验方汇集。全书整理概括了临证各种病常用方剂及简易治疗方法，内容涉及头、脸、眼、牙、耳、鼻、口、舌、咽喉、妇女、儿童、外科、刀伤、狗蛇咬伤、中毒、瘟疫、六腑等16种病的治疗，提到了250余种方剂，并附有藏、蒙、汉三种文字药名表，用满文来标注药名的汉文读音，便于不懂汉字者利用。

国家图书馆藏《普济杂方》为清同治年间刻本，线装，21cm × 12cm。书有蒙、汉、文"新译普济杂方序"。汉文序言称："大清同治十二年（1873）吉月日，御前行走阿拉善和硕亲王旗下梅林章京高世格情因略识汉字，自各便方内择取有验速治杂病方，指要翻译蒙古字语，刊刻成本，将版交给东西庙摆卖新旧满、蒙、汉书之萧姓收存，印本发卖为此，谨告咸知矣。"蒙古文序言大体可翻译为："多次转世之活佛，在阿拉善旗内享誉维宗沙布隆者，明智喇嘛有言：选择汉译良方，杂病速效易治，编著蒙文医书，京城木刻出版。病人得知药方，解除疾病痛苦，此恩必有好报，享福如同海洋。"可见，高世格是在维宗沙布隆喇嘛的提议下编写这本书的。《普济杂方》中有一小部分是汉族民间单方，大部分则是他亲自搜集整理的蒙古民间流传的单方、验方。

目前所见蒙古文《普济杂方》的最早版本为大清同治十一年（1872）刻本，而此本作为其次年的北京版，具有他本中所不见的完整的翻译、刻印题记，弥足珍贵。

蒙古文《军律》

萨仁高娃

国家图书馆藏有一件清崇德三年（1638）八月二十二日清太宗皇太极颁布的蒙古文《军律》。木刻本，前有缺文，右下角略残，高丽纸，存11叶，框高22cm，长17cm，四周双栏。有关此文献，我馆已退研究馆员申晓亭和中国历史档案馆研究员李保文曾有专文详细介绍。

皇太极于天命十一年（1626）即位时，正值内外形势十分严峻。军事上被宁远兵败阴影笼罩，八旗兵士气降至极点；经济上，国中大旱、物价飞涨，阶级矛盾和民族矛盾空前尖锐；外部四面楚歌，蒙古林丹汗虎视眈眈，明袁崇焕步步推进，毛文龙于海上不断骚扰，朝鲜与明朝遥相呼应；政治上汗权虚悬，三位兄长与他争锋。面对内忧外患的困境，皇太极采取积极措施，制定一系列政令，休养生息，严禁扰民，缓和阶级矛盾和民族矛盾，力倡满汉一体。军事上，一方面总结天命十一年（1626）和天聪元年（1627）两次攻打宁远锦州失利的原因，一方面制定严格的军律，一改过去八旗将士烧杀掳掠的

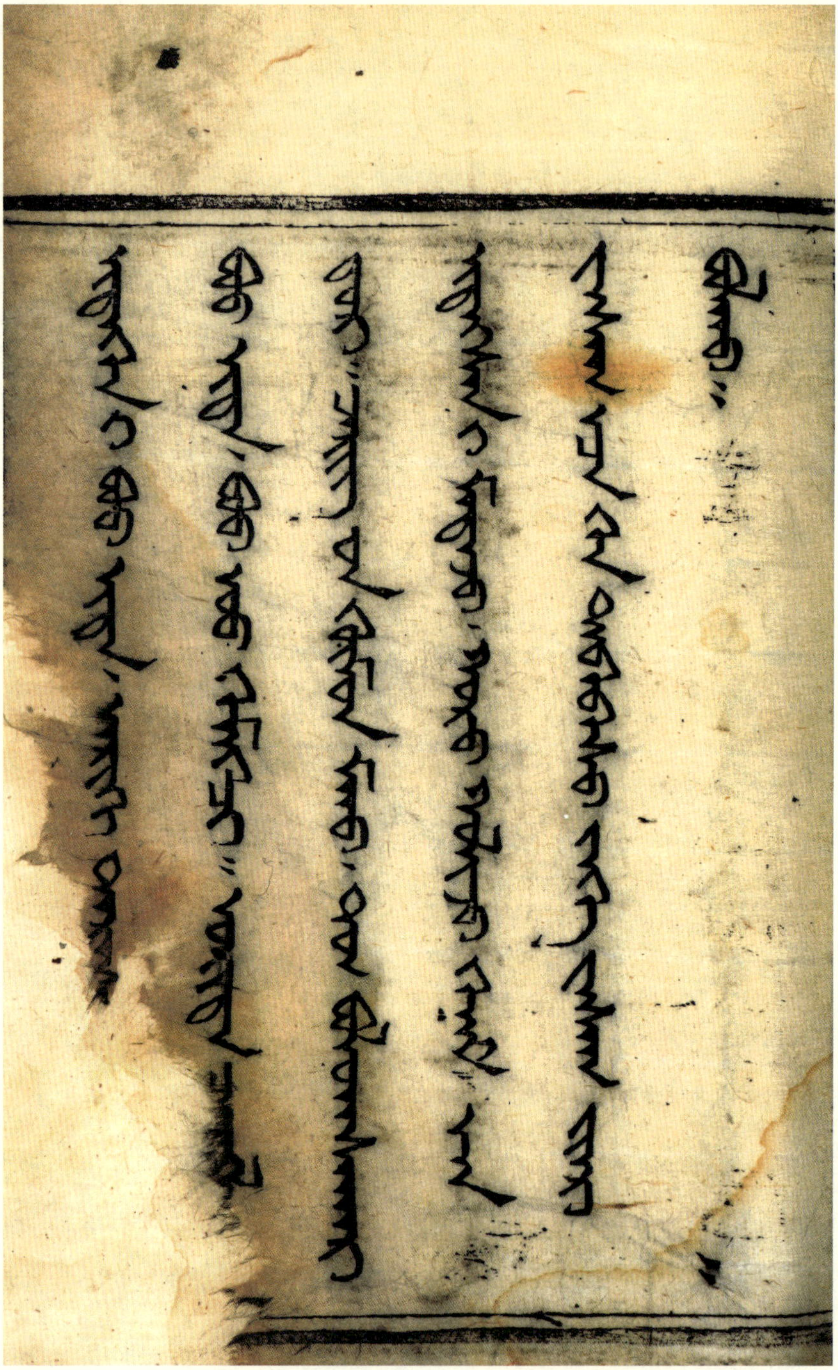

蒙古文崇德二年《军律》

惯习，打出“吊民伐罪”仁义之师的旗号，因此“严申军律，秋毫勿犯”作为入关时的重要决策而提出并实施。蒙古文《军律》即是此段历史的一个证明。

此次所颁布的军令，其全文见于满文崇德三年档和《清太宗文皇帝实录》卷四十三，页十五下至十八下。据《满文档册》和《实录》记载，大清崇德三年八月二十三日癸丑，皇太极命和硕睿亲王多尔衮为奉命大将军，以多罗贝勒豪格、多罗饶余贝勒阿巴泰副之，统左翼军。多罗贝勒岳托为扬武大将军，以多罗安平贝勒杜度副之，统右翼军。两路征明，召集出征诸王、贝勒、大臣宣示《军律》，此即所述《军律》。由此亦可得知，崇德三年八月二十二日签署的《军律》，发布的时间为八月二十三日。

皇太极于天聪十年（1636）四月改元崇德，并改国号大清之后，制定发布正式文告，皆用满文、蒙古文、汉文三种文本，此律亦不例外。根据学者们的研究，三个文种的文本皆为刻本，但均无“题名”，一般称其为“崇德三年军律”。此律具有承前启后的作用，顺治八年（1651）的“行军律”中有其踪影；康熙十三年（1674）理藩院参考该《军律》文本或其他类似文本，纂成“蒙古例”；康熙三十三年（1694）编修《理藩院律书》时，议入“蒙古律”；乾隆六年（1741）理藩院奉旨对“蒙古律”内容和结构进行调整时，被收入满文本《蒙古律书》卷四“会盟行军”中，并再度被译为蒙古文；乾隆三十一年（1766）又随满文本《蒙古律书》被译成汉文。

颁布此律令的直接效应，便是战场上的一大胜利。崇德三年八月，左右翼军分两路征明，再次从迁安一带突进，会师于通州河西，直逼北京城下。清军绕过北京，进军涿州，然后兵分八路，向中原腹地纵深，千里平原上，十余万满蒙八旗兵，如风驰电掣，狂风卷地，所向披靡。此战，攻破了号称中原第一大都会的济南，俘获明朝的德王朱由枢及郡王等宗室人员，俘获人畜共四十六万二千三百余，黄金四千零三十九两，白银九十七万七千四百六十两。仅济南城，就清理掩埋尸体十三万具。清军的影响已推至中原腹地黄河一带。

此《军律》为大清政权建立以后颁布实施于非满族区域的第一部法律文献，也是大清国颁布的第一部系统的成文法，适用于所辖的八旗外蒙古、众苏鲁克沁（牧场）以及外藩蒙古地区。

蒙古文刻本字体古朴，保留有古代蒙古文众多特色，在蒙古文字史上占有一席之地。另外，现所存元、明时期蒙古文古籍十分罕见，尤其就纸质文献而言，目前所知者有元刻本《孝经》、明抄本《华夷译语》《高昌馆课》《阿拉坦汗传》及《白史》，再后就是此本《军律》，在蒙古文书籍史上意义非凡。再者，目前所存蒙古文古籍大多以佛经为主，世俗文献尤其军事文献极为少见。作为国内外孤本，该《军律》已收入《第一批国家珍贵古籍名录》中。

察合台文《纳瓦依诗集》

姑丽尼格尔·艾斯卡尔

伊斯兰教在10世纪中叶传入新疆，陆续扩展到新疆各地。原来通行的回鹘文逐渐被用阿拉伯文拼写的哈卡尼亚文替代。到13世纪，因其行用范围恰属成吉思汗三子察合台管辖地，故称察合台文，一直使用到20世纪30年代，所留下来的文献非常多。

国家图书馆藏《纳瓦依诗集》是察合台文文献的代表作。著者艾米尔·尼杂木丁·艾里希尔·纳瓦依，简称纳瓦依，15世纪诗人、学者、思想家、社会活动家。公元1441年2月9日（回历844年斋月17日）出生于当时帖木儿王朝的首府赫拉特城（Hirat，今阿富汗西北部历史名城、赫拉特省首府）。《拉失德史》一书中说："艾里希尔原本是维吾尔巴合西（Bahxi、巴合西：秘书、教师之义）家族人。""纳瓦依"是作者的笔名，意为"曲调、鸣啭"。1501年3月1日，纳瓦依在赫拉特逝世，享年60岁。

纳瓦依出身文学世家，青少年时代以浓厚的兴趣系统地学习了维吾尔语、波斯语-塔吉克语、阿拉伯语语言文学以及古典文学、历史、哲学、天文、历算等，还学习过绘

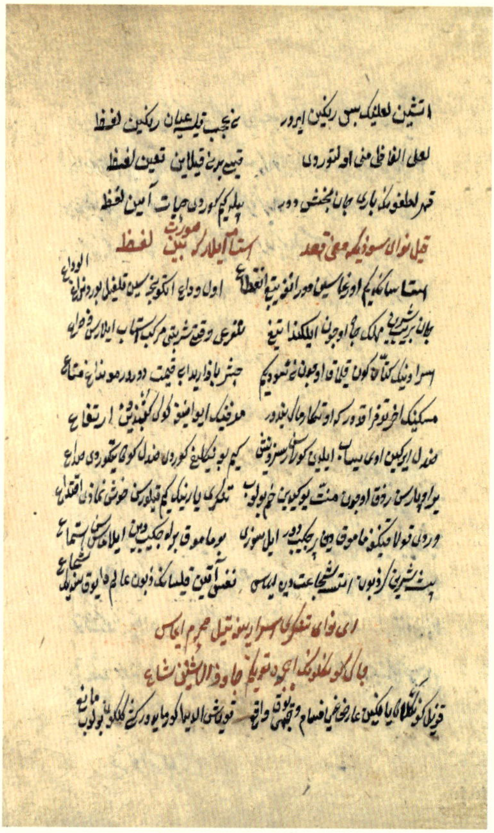
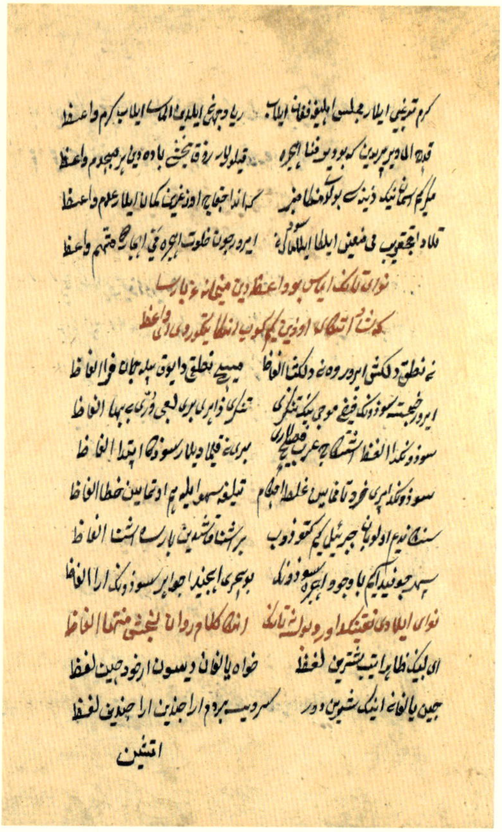

察合台文《纳瓦依诗集》

画和音乐。他用察合台文和波斯文进行诗歌创作，被称为“双语诗人”，亦被尊为将察合台文文学推向顶峰的人物，是维吾尔文学史和思想史上最负盛名的卓越代表。纳瓦依在他 60 年的生涯中，把大量心血和大部分时间献给了文学创作，留下了 30 余部著作。

纳瓦依的著作主要有《四卷诗集》《五卷诗集》《穆罕默德英雄传》《赛依僖·喀赞·艾尔德希尔传》《情之所钟》等，其中抒情诗占了绝大部分。他一生中书写的抒情诗有 5 万余行，其中 44901 行用察合台文，其余用波斯文创作。1487 年，纳瓦依把以察合台文创作的抒情诗辑成一部诗集，称为“恰哈尔迪瓦尼”，波斯语“四卷诗集”之义。诗人把人的一生比喻为一年四季，把诗集也分为四个部分。《四卷诗集》共收 16 种体裁的

3132 首诗，诗歌的内容涉及哲学、社会学、政治和道德各个方面。

纳瓦依的作品被称为察合台语的完整典范。几百年来，喜爱纳瓦依的人们以最原始的方式不断地抄写他的作品以流传到今天。因此他著作的手抄本很多，有的甚至超过百本，但较早的版本很少。现流散在世界各地的纳瓦依手抄本，其中原苏联各大图书馆数量最多，藏量超过千本（册），特别是乌兹别克斯坦社科院东方学院，所藏旧抄本有 254 册。在我国，这些抄本集中在新疆各地的古籍收藏单位和文化部门，不少还流散在民间。在 1950 年的一次调查中搜集到 400 多种旧抄本，1957 年在新疆沙车县（叶尔羌）搜集到 150 种。此外，在喀什地区博物馆还收藏有 20 多种。

我馆藏《纳瓦依诗集》为 17 世纪抄本，使用新疆当地以桑树皮为原料制作的桑皮纸，其最大特点是柔嫩、防虫、拉力强、不退色、吸水力强，极具文献、文物、艺术价值。

国家图书馆藏傣文贝叶经

韩金彪

我国云南省的傣族信仰南传上座部佛教，并且有丰富的佛教经典。这些经典在西双版纳及勐连等地多刻写在贝叶上，称为贝叶经。贝叶是一种名为贝多树的叶子，又称贝多罗树，是梵文 pattra 的译音。这是一种棕榈类的木本植物，挺拔高大，其叶以扇形展开。砍下叶片后可按现成的叶脉割成长条形，经过加工制作后就可用来刻写佛经，即贝叶经。

用贝叶刻经，源自印度。公元前 1 世纪，贝叶经文随着其他载体的经文一起传入中国，在傣族地区年深日久的流传中，人们逐渐称之为“贝叶经”。14 世纪左右，云南傣族地区僧众开始用自己的文字刻写贝叶经，形成别于当时中原竖写习惯的“旁行”文字。

制作贝叶经的步骤是先从树顶砍下贝叶，裁切成长方形入锅水煮，水里加上柠檬或酸角，使其物理性质更加稳定。当煮到贝叶的表皮滑脱、绿色泛白时，取出沥干，再用细砂将叶面打磨光滑，保持贝叶的洁净，压平阴干，以备随时取用。刻写经文之前先要以同尺寸的夹板夹住整筴的贝叶打孔，以保证四面叶边切口的整齐光滑，便于最后涂刷金粉，达到防虫防潮的效果。有的还要在贝叶上弹以墨线，为的是方便刻写。

傣族学者们用针状铁笔刻写贝叶经，笔画深浅如一，浅了不便于吃进显示字迹的颜料；深了则会过多地破坏叶纤维，不利于贝叶经的使用和保存。刻写完成，在字迹上涂以颜料，然后淡淡地涂以植物果油，最后擦拭干净，字迹就清晰易辨了。

中国国家图书馆先后入藏贝叶经二十余筴。以现代文献分析方法来观察，装帧形式属梵夹装，上下两块木板“夹紧”写满文字的贝叶。有的夹板上写有提示内容的文字，个别的有刻或画上的各种图案，甚者在两块夹板上镂刻或浮雕各种鸟兽，有的还镶嵌类似宝石的颗粒，使贝叶经的整体装潢显得更加精美华贵。长度一般在30—60cm间，宽度在5—8cm间。其中最为珍贵者应属傣文大藏经。

我国的佛教《大藏经》有汉文《大藏经》、藏文《大藏经》、西夏文《大藏经》、蒙古文《大藏经》、满文《大藏经》。这些文字的《大藏经》多数属于大乘佛教经典，惟有傣文《大藏经》属于小乘佛教经典，准确的称呼应是南传上座部巴利语系《大藏经》。傣文《大藏经》还有一点不同于其他文字的《大藏经》，汉文、藏文、西夏文、蒙文、满文《大藏经》，都是经过人们汇总、编定，有时间，有版本，有确切的数量，甚至有专门的藏经处；但傣文《大藏经》只有一个84000函（册、卷）的总目，号称84000部，从未有人做过汇总、编纂工作。它们散存于各地佛寺之中，现在也有一部分保存在各地的博物馆、文化馆、图书馆、古籍办、地方志办、政协等单位。

我馆现藏的傣文《大藏经》是一套纲要式的经典，其三藏名目齐全，虽具体品类还缺很多，但也可窥见傣文《大藏经》之概貌。这套经典计有：经藏部分共54册、律藏部分58册、论藏部分53册。

除了这一套以经、律、论各部命名的经典之外，另有许多不成套的单部经典，计有：丘萨本生经10册（属经藏相应部经）；维先达罗本生经15册（即“须达拏太子”本生经，属经部小品经）；寺庙礼教4册；沙门言说3册；善意仙子7册（另重复1册）；净行者

傣文贝叶经

说 4 册；金制渔网 2 册；大品经 10 册；大品经词章 4 册；松帕敏本生经 1 册；十世书 8 册；四念处 5 册；佛随意经 3 册；善意正念 3 册；帕入达尼 8 册（应为 10 册，尚缺 2 册）；波罗蜜经 1 册；满塔都拉本生经 1 册；大念处 5 册；七宝沾响 6 册；黄金元首 9 册；苦行者 1 册；四念住论 3 册；心不相应法 1 册；初入正觉 7 册；阿湿波王本生经 1 册；般若波罗蜜经 1 册（最上智慧，为十波罗蜜之一）；天法本生经 1 册。

此外，还有一套总名《律藏原始》3 册，但此 3 册又各有经名为《论藏·芘罗摩经》《小经藏》《小律藏》，可能是一种简写的诵读本。

傣文贝叶经有的是直接从巴利语转写为傣文，一般信徒和小和尚只是跟着大佛爷吟诵，并不解其意；有的是用傣语翻译过来的，中间夹杂一些巴利语的偈颂，一般信徒都能了解，这些经典的传播面比较广。国家图书馆保存的丘萨本生经、维先达罗本生经就是这样的经典，它们很口语化，故事性强，经典内容几乎家喻户晓。

国家图书馆保存的这套傣文贝叶经虽然数量有限，但三藏重要典籍已比较齐全，含有影响最大、流传最广的一些代表性经典，对于佛学和宗教史研究者自有其重要的价值，而对于一般的读者，特别是对文献学、版本学、民族学的研究者和书法家来说，贝叶经的质料、版式、装帧技术和书法艺术，更是奇花独放，别具一格。

东巴文《创世经》——象形文字的活化石

朱志美

东巴文是纳西族使用的一种古老的象形文字，保留有人类文字产生早期的某些形态，并且至今仍在实际应用，所以人们贴切地称其为人类文字起源和发展的活化石。此种文字因东巴（智者）用以书写东巴经而得名。其图画式的文字，给人以艺术的享受，用以书就流传的东巴教经典，更有着一种神奇的魅力，让我们不禁想要去探索、解开古老而神秘的纳西东巴文化之谜。

提起东巴文化就不得不提《创世经》，这是纳西族东巴经中较为重要的部分。其版本众多，根据不同的流传方式，名称亦不同，一般来讲以书面的东巴教经典方式流传的版本叫做《创世经》《创世纪》《崇搬图》；在民间以口头形式流传的神话传说本叫做《洪水的故事》《开天辟地》《天女下凡》；咏唱的版本则叫做《洪水冲天》。现在我们所能见到的关于《创世经》翻译整理的版本亦较多，各种版本的具体情节会有些出入，存在增补、删改的状况，但大体内容一致。我馆所藏版本全称为《麽些创世经译本全部》，它的形式是上面为四行彩色东巴文，下面为墨写汉文。

该书反映了纳西族人民对自然界和人类起源的认识，展现了纳西族祖先崇忍利恩和妻子衬红褒白与自然界搏斗以及纳西族人民不断迁徙的历史，表露出纳西人民对祖先的爱戴与崇敬。透过《创世经》精彩的故事本身，可以看出当时纳西族社会的发展情况，以及现在一些生活习俗的来源。

该书最后写道：岁在庚寅年九月二十四日译成，丽江周汝诚持赠与中央民族访问团夏康农团长以为纪念（庚寅年即1950年）。从最后的这段简单的落款中，我们大概得知了该书的来历。

周汝诚（1904—1985），字炼心，丽江市古城区人，著名的纳西族学者。长期致力于东巴经的收集整理工作，早在20世纪60年代，丽江县县委书记徐振康便领导组织大规模的收集整理东巴经的工作，旨在抢救及传承东巴文化。当时周汝诚先生在北京就职于中央民族学院，徐振康先生将其调回丽江，任命其为丽江县文化馆馆长，并以该馆为核心，具体开展起此项工作。

周先生在译注东巴经典方面也有很多成就，例如1963年，周汝诚先生根据纳西族大东巴和芳先生的讲述，译成了《崇搬图》，由丽江文化馆石印；与和正才、李即善合作翻译了《碧庖卦松》等等，周汝诚先生堪称东巴经的大师。

1950—1952年中央向全国各民族地区先后派遣了四个民族访问团，其中西南民族访问团是第一个被派出的，访问团给当地群众带去了各样的小礼物，当地群众也将自己生产的一些土特产及各样的礼品赠送给访问团，送给毛主席，以表达他们对党、对毛主席的爱戴。

国家图书馆藏《麽些创世经译本全部》即为该时期的产物，相对于送土特产及各样小礼品，送书籍则有着更特殊的意义，它不但是宝贵的纳西族文献，更是民族团结的见证，这是纳西族同胞心系党的一段佳话，是一段历史的真实写照。周先生选定将东巴文的《创

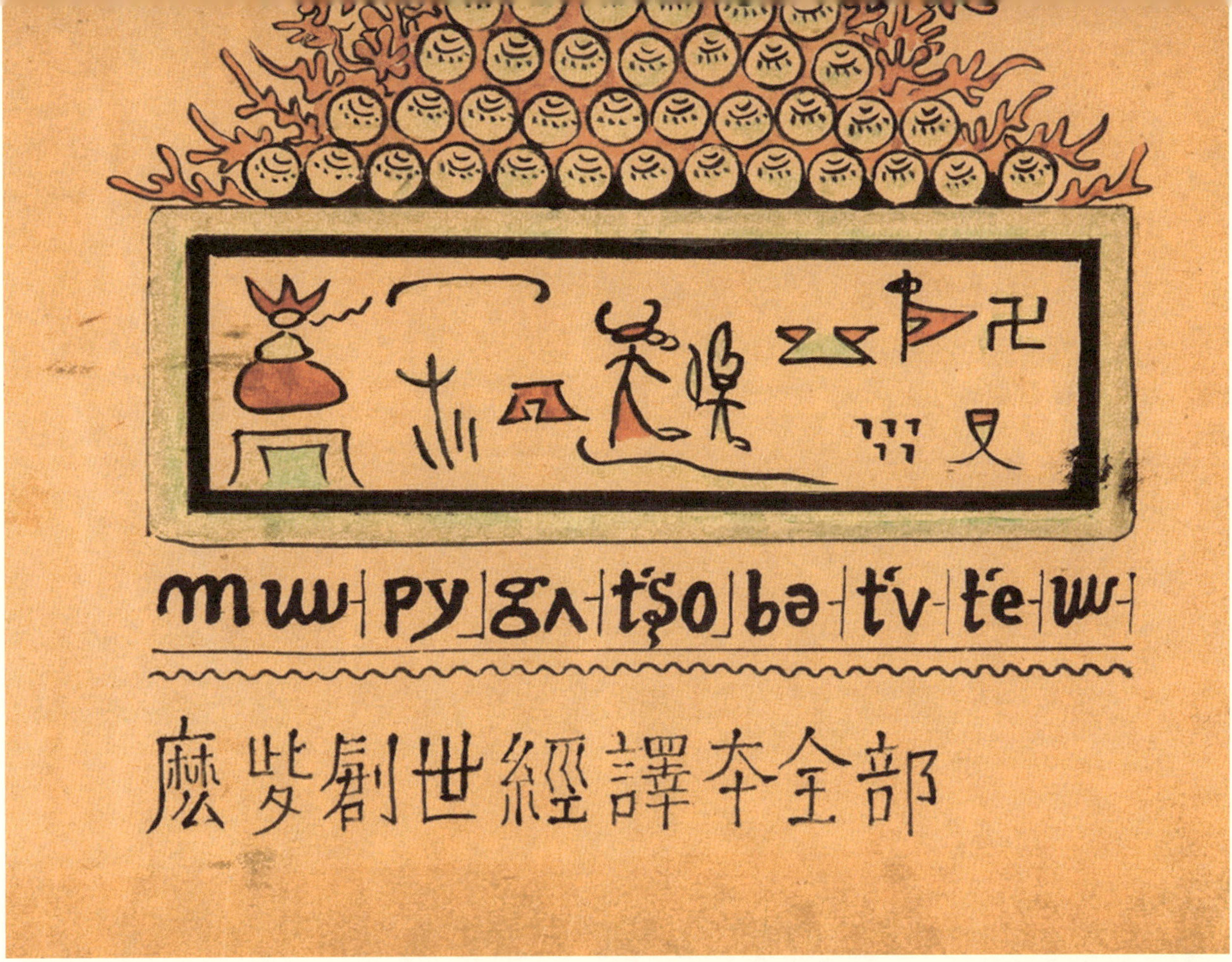

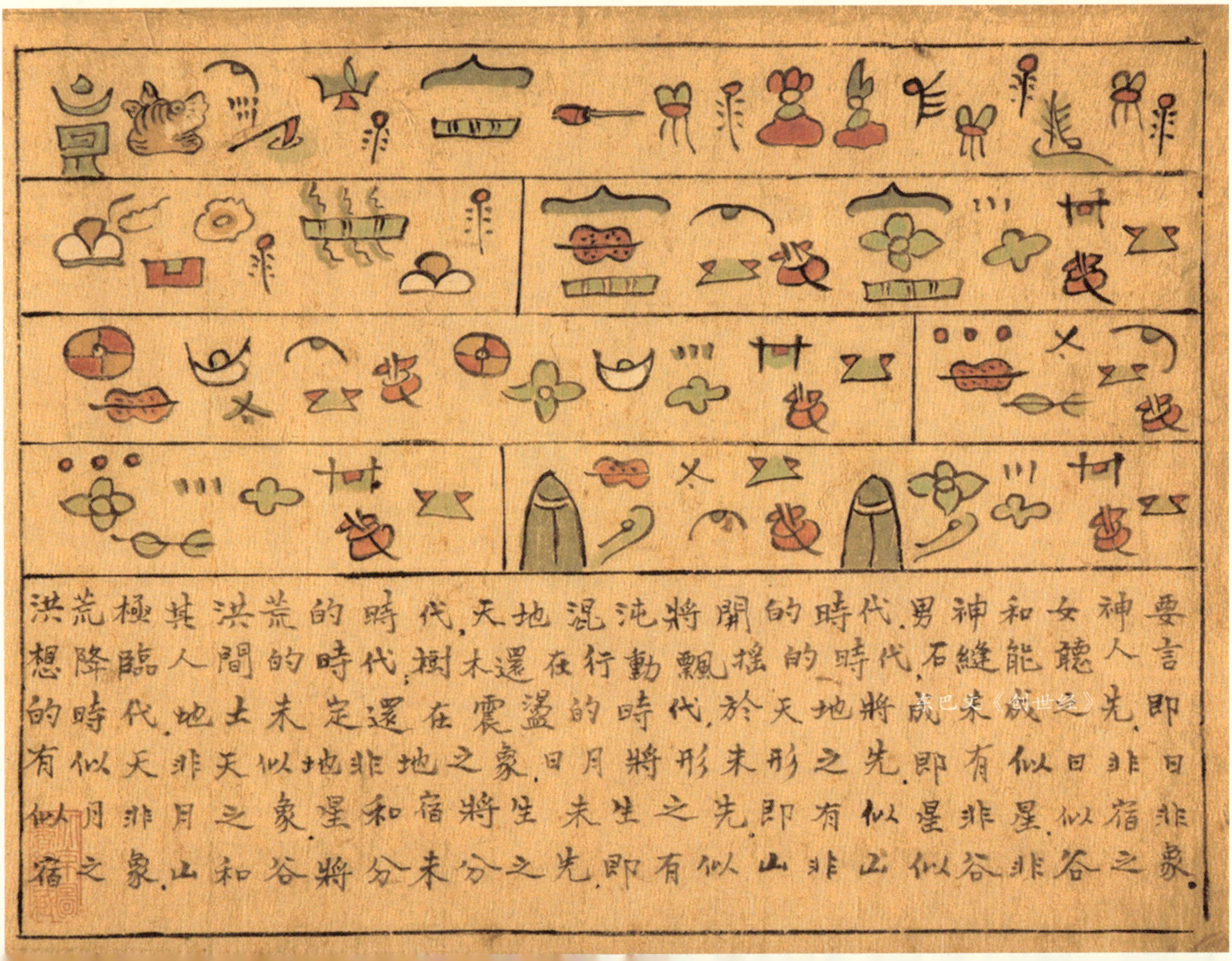
洪荒極其洪荒的時代，天地混沌將開的時代，男神和女神要想降臨人間的時代，樹木還在行動飄搖的時代，石縫能聽人言的時代，地土未定還在震盪的時代，於天地將成未成之先，即有似天非天似地非地之象。日月將形未形之先，即有似日非日似月非月之象。星和宿將生未生之先，即有似星非星，似宿非宿之象。山和谷將分未分之先，即有似山非山似谷非谷之象。

东巴文《创世经》

世经》作为礼物献给中央民族访问团，可见该部经书在纳西文化中的突出地位，亦可见周先生对纳西文化的热爱和珍视。

而周先生持赠给中央民族访问团的这本珍贵的东巴经亦经辗转，最终被国图收藏。时光流逝，故人已去，实物永存！

满文本《三国志演义》

朱志美

《三国志演义》，又名《三国志通俗演义》，简称为《三国演义》，罗贯中撰，中国古代四大名著之一。全书着重描写了公元3世纪魏、蜀、吴三个政治军事集团之间的矛盾和斗争，战争情节跌宕起伏，军事谋略引人入胜，人物刻画入木三分。其文字流畅，内容生动，雅俗共赏，是中国古代第一部长篇章回小说，堪称历史演义小说经典之作，在中国文学史上有着无可替代的地位。

罗贯中，名本，字贯中，号湖海散人，元末明初著名小说家。其主要作品有《隋唐两朝志传》《残唐五代史演义传》《三遂平妖传》等，被视为中国章回小说的鼻祖。

清代满族统治者将满语定为国语，力求保持满族原有的民族特征，与此同时，积极吸纳汉文化，以求维护和巩固国家统治。其吸纳汉文化的一项具体举措即是大量翻译汉文典籍。特别是清入关后，翻译刊刻进入了崭新阶段。顺治三年(1646)，刊印了满文本《洪武宝训》(又名《洪武要训》)，这是清入关后用满文翻译的第一部汉文典籍。顺治七年

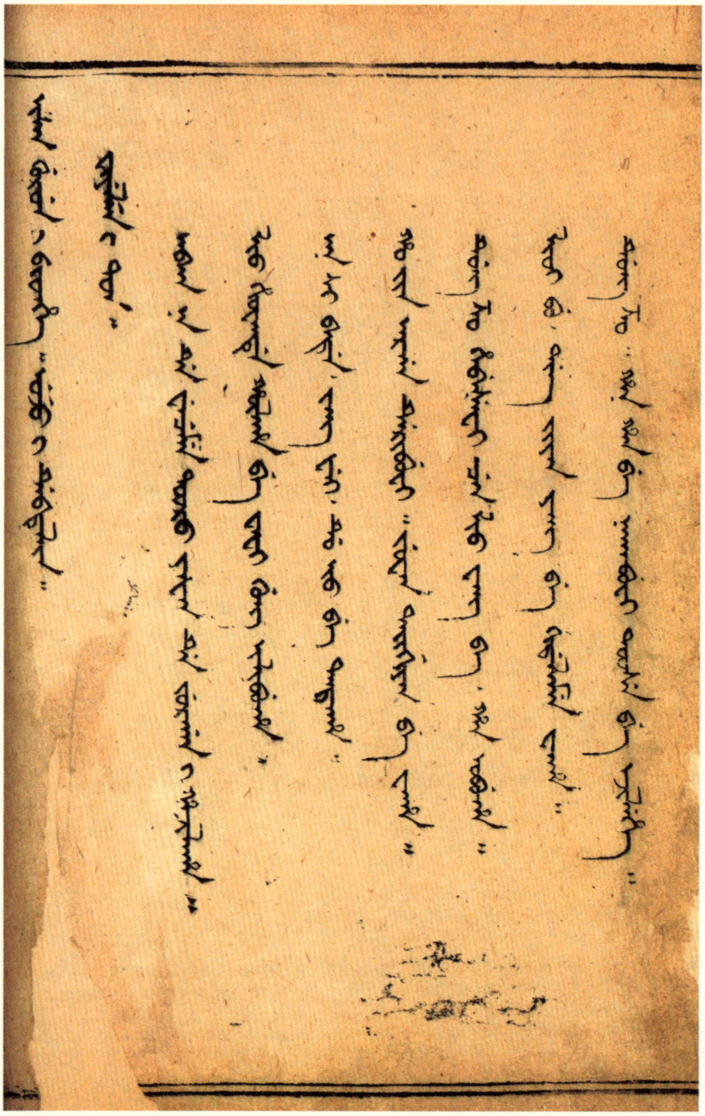

满文本《三国志演义》

（1650），刊印了满文本《三国志演义》，成为清入关后翻译的第一部汉文文学作品。

顺治七年刊印的满文本《三国志演义》由祁充格等翻译。祁充格，姓乌苏氏，初隶满洲正白旗，后改隶满洲镶白旗。历任礼部启心郎、弘文院大学士，为《明史》等书的总裁官之一。

《三国志演义》的翻译与校勘工作是繁复的，参与的人亦较多，祁充格实乃该书的总校之一，与之共同为该书总校的还有范文程巴克什、刚林巴克什、冯铨、洪承畴、宁完我、宋权。参与到具体工作当中的还有能图、叶成额、查布海、索那海等人。关于“巴克什”，《养吉斋丛录》中记：“国初直文馆者，掌文字，学问优赡，则赐号巴克什。如达海、刚林皆尝赐此号。”从译校该书的人员构成来看，有大学士、巴克什这样满汉兼通、学识超群的文臣领衔主持，可见清统治者对该书的重视程度。

关于满文译本《三国志演义》的译书原因，摄政王多尔衮曾明确指出：“著译《三国演义》，刊刻颁行。此书可以忠臣、义贤、孝子、节妇之懿行为鉴，又可以奸臣误国、恶政乱朝为戒。文虽粗糙，然甚有益处，应使国人知此兴衰安乱之理也。”由此可见，清统治者欲使国人以此为行为规范，取其忠孝节义之精华教导国人，以裨统治。

翻译《三国志演义》的历史由来已久，据相关史料载，清入关前，太宗曾命达海（1594—1632）翻译满文四书及《三国志》各一部，颁赐耆旧。许多学者认为此《三国志》即为《三国志演义》，在《掌故零拾》中亦记：“本朝未入关之先，以翻译《三国演义》为兵略。”努尔哈赤、皇太极等皆好读该书，参悟其中的军事谋略。一些将领亦将其作为行军布阵的兵书来读。该书在满族人中的影响可见一斑。

在众多版本中，清顺治七年官刻满文本《三国志演义》最为精良，影响最大。此外，雍正年间出现了满汉合璧《三国志演义》。据学者考证，雍正年间版本应为民间坊刻，满文部分与顺治本相同，应为顺治七年版本的衍生本。

中国国家图书馆藏满文《三国志演义》，即为顺治七年本，虽仅存前十六卷，但仍乃国之瑰宝，对于研究清初满族的语言习惯及满汉文化交流史具有重要价值。

满汉三十二体篆字本《御制盛京赋》

朱志美

国家图书馆藏一件满汉合集三十二体篆字《御制盛京赋》，为清高宗弘历撰清乾隆十三年（1748）内府刻本。

汉文本《御制盛京赋》为乾隆八年（1743）乾隆帝赴盛京（今沈阳）东巡祭祖时所作，分序、赋、颂三部分。该赋追述了先人创建大清基业的丰功伟绩，描述了盛京的地理位置、自然景观、淳朴民风、丰饶物产、辉煌建筑，流露出对开国功臣们的尊敬与缅怀之情，反映出盛京作为陪都的重要地位。

该赋是乾隆皇帝众多文学作品中惟一一篇以都市为题材撰写的作品，其中有明显的仿两汉大赋的痕迹，且不乏堆砌冗沓，但瑕不掩瑜，在中国历代以京都为题材所作的赋中，该赋也是惟一一篇在海外流传并产生一定影响的作品。1770 年该赋在法国巴黎出版。大文豪伏尔泰看了法文版《御制盛京赋》，赞赏有加，曾作诗给乾隆皇帝，可见《御制盛京赋》在文学上的造诣之深。

[illegible]

御製盛京賦有序

玉箸篆

嘗聞以父母之心為心者天下無不友之兄弟以祖宗

满汉三十二体篆字本《御制盛京赋》

乾隆十三年（1748），大学士傅恒等奉敕仿照汉文篆字，用三十二体满文篆字撰写了该赋，后于武英殿刊刻满汉合集三十二体篆字本《御制盛京赋》。书前有乾隆十三年九月十二日内阁奉上谕，在上谕中乾隆帝提到，在官用印章等事宜中，经常会用到各体篆文，故而令儒臣广搜载籍，据援古法成三十二类。儒臣请以乾隆帝所作《盛京赋》缮成清汉篆文，既广国书，并传古篆。该书以傅恒、汪由敦为总裁官，阿克敦、蒋溥充副总裁官。全书六十四册，凡三十二体满汉文篆字，每种篆体后皆附有《篆文缘起》，记载此篆体由来等方面的内容。

满汉篆字本《御制盛京赋》的成书意义重大，它标志着满文篆字体式的完备，使其臻于规范化。满文篆字乃是皇太极天聪六年（1632）达海对老满文加以改进后，随着新满文的出现逐渐产生的，但不完备、不规范。直至满汉篆字本《御制盛京赋》的完成，使其达到顶峰。此三十二体分别为：玉箸篆、奇字篆、大篆、小篆、上方大篆、坟书篆、倒薤篆、穗书篆、龙爪篆、碧落篆、垂云篆、垂露篆、转宿篆、芝英篆、柳叶篆、鸟迹篆、雕虫篆、麟书篆、鸾凤篆、龙书篆、剪刀篆、龟书篆、鹄头篆、鸟书篆、科斗篆、缨络篆、悬针篆、飞白篆、殳篆、金错篆、刻符篆、钟鼎篆。

汉文本《御制盛京赋》的创制意义非凡，将此篇气势恢弘的大赋译成满文本更非易事，后又用三十二体满文篆字撰写，堪称工程浩大。然此三十二体满文篆字并未在民间广泛流传使用，而只是在部分官印上得以运用。有学者认为创制此三十二体满文篆字是乾隆皇帝好大喜功的一个体现，然而无论当时出于何种目的创制了三十二体满文篆字，并刊印了三十二体篆字本《御制盛京赋》，在今日看来都为我们留下了宝贵的民族财富，为中华民族的艺术之林增添了一块瑰宝，为后人研究满汉文互译以及研究满文篆字及其起源等方面提供了第一手资料。

满文本《难经脉诀》

朱志美

中华文化博大精深，各民族之间相互交流、相互融合，形成各自独具特色的生产生活、物质文化与精神文明的同时，科学技术与医疗经验等相关领域也互相吸收、借鉴、渗透，产生了祖国文化宝库中不可或缺的众多科学著作，满族医学经典即在其中。

满族早期的医学并不发达，在白山黑水这样特殊的自然环境下，满族先民采集当地的动植物、矿物为药，利用特有的食物，摸索出符合自身体质的保健、疗病的方法。然而满族信仰萨满教，一旦遇到较为严重的疾病时则请萨满诊治，具有一定的时代局限性，缺乏科学性。

满族医学在清代得到较大发展。清代的医事制度在鸦片战争以前多承袭明制，设有太医院、御药房、药库、社会抚恤组织等。清太宗时期，皇太极抑制萨满的巫医行为，医生逐渐走进了人们的视野，这时的医生偏重于医治痘诊、眼病、骨科等症，逐渐取代了萨满为人看病。顺治朝满族医学得到较快发展，吸收了蒙古族医学、汉族医学、西方

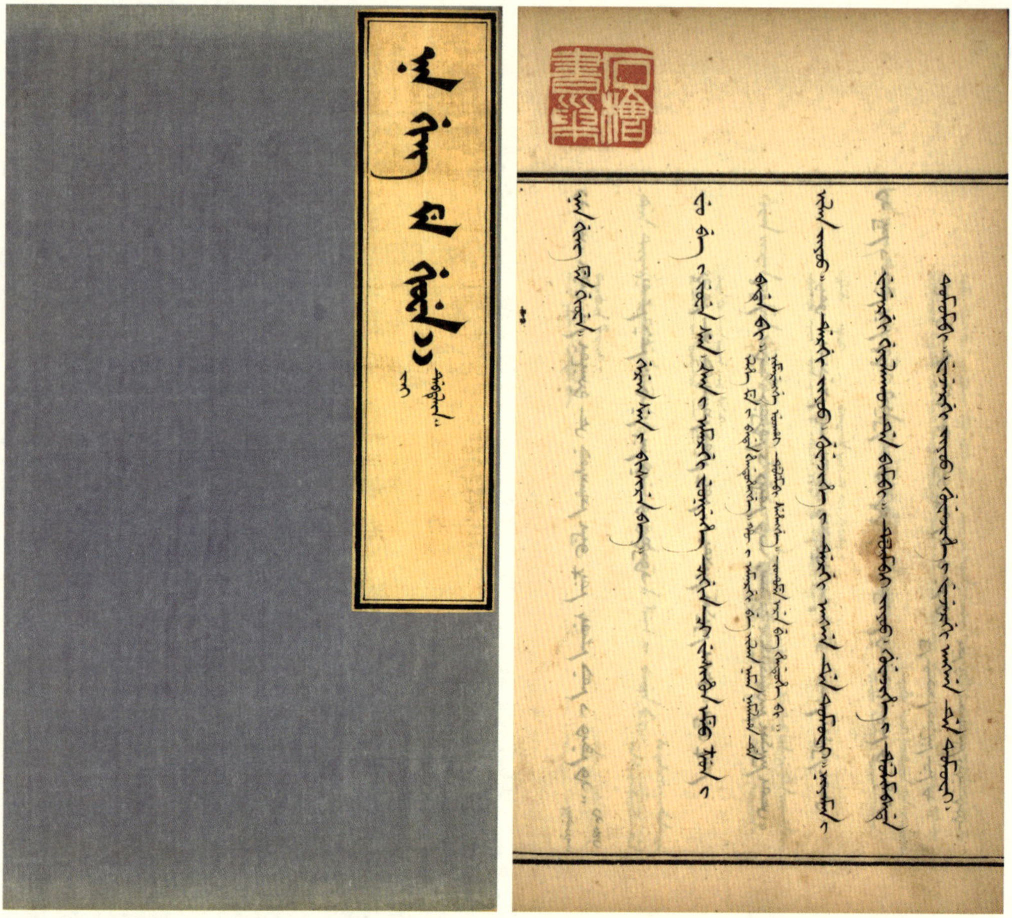

满文本《难经脉诀》

医学等先进成果。康熙朝开始则大量整理翻译汉文医籍，满文本的《难经脉诀》正是在这样的时代大背景下应运而生的。

满译本《难经脉诀》的汉文底本为明代张世贤注《图注难经脉诀》。张世贤，字天成，号静斋，明代四明（今浙江宁波）人。明正德年间著名医家，曾为秦越人所撰《难经》、王叔和所撰《脉诀》作注附图，形成了《图注八十一难经》和《图注脉诀》二书，而《图注难经脉诀》即是这两部书的合刊本，曾于1510年首刊，清代又有诸多版本刊印流传。此书的特点是每节作注，每难附图，研读者可按图索理，清晰易懂。

此满文译本为清抄本，题名“难经脉诀”，但其内容并非是汉文版《图注难经脉诀》的全译本。该满文本开篇是张世贤注《图注脉诀》中“诸穴所在”的文字部分以及“诸穴法图”。接下来的内容皆为张世贤注《图注八十一难经》的满译本，从一难至八十一难，每难先文字说明，后配以一图进行注释，内容大体与汉文本《图注八十一难经》一致，但亦有些变动，有待进一步对比研究。

该抄本满文书写，隽永端正，配图工整精细，其卷端题名上方钤有“石桧书巢”朱印，此乃我国著名书画家、文物鉴赏收藏家周肇祥之藏书印。周肇祥（1880—1954），号养庵，别号退翁，清末举人，曾就读京师大学堂。民国时曾任四川补用道、奉天劝业道等职，并一度任湖南省省长。后于北京任清史馆提调、北京古物陈列所所长。周先生善诗文、书画，爱好收藏。其所藏汉文典籍、拓片等为后人留下了宝贵的文化财富。然而，钤有周先生藏书印“石桧书巢”的满文古籍尚属罕见，周先生与该书的一段渊源值得我们继续研究。

满文医学译著多以抄本存世且为数不多，满文本《难经脉诀》迄今只见此件抄本存世，未有刻本和其他抄本流传，堪称孤本，意义非凡！

四体合璧《二十一救度佛母赞》
——尽显皇家典籍风范

李金花

国家图书馆藏四体合璧《二十一救度佛母赞》，亦称《御译救度佛母赞》，为清乾隆间竹笔写本，凡 96 叶；梵夹装，9.0cm × 16.2cm，四周双栏绘蓝色花纹，每叶左、右两侧分别书有满、汉文书名及页码；文字从上到下依次为藏文、满文、蒙古文、汉文；开本娇小，纸张考究，装帧娴雅；文末书有"子臣永瑢敬书"，得知此件珍品出自乾隆第六子永瑢之手。

永瑢（1743—1790），乾隆八年（1743）十二月十四日酉时纯惠皇贵妃苏氏所生。乾隆二十三年（1758）五月袭贝勒，号"九思主人"。乾隆三十四年（1769）管理内务府事务，三十七年（1772）封质郡王。清乾隆三十八年（1773）朝廷设立四库全书馆，由永瑢负责，任四库全书馆总裁，与纪昀等人奉敕编纂《四库全书总目提要》。永瑢是

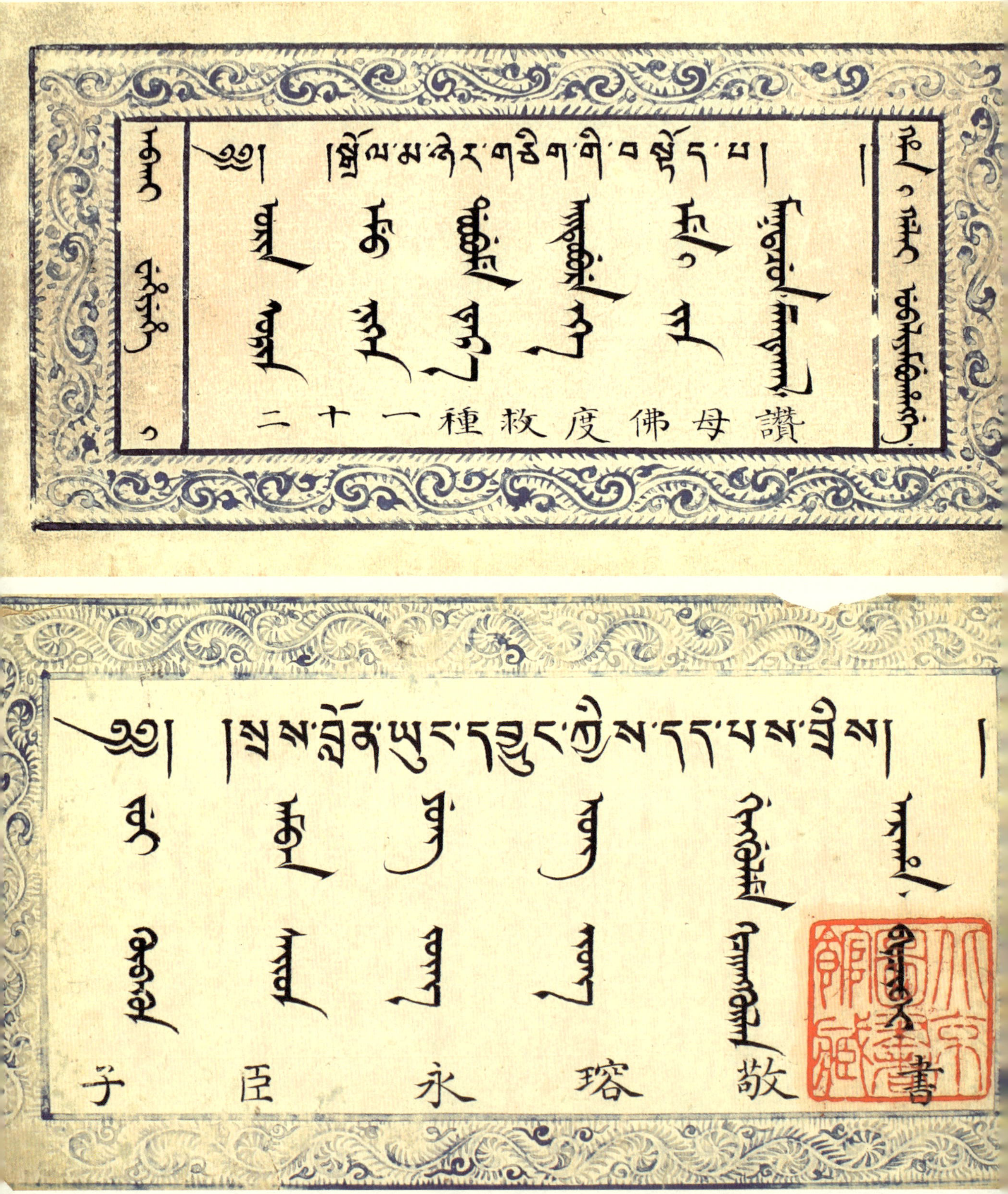

四体合璧《二十一救度佛母赞》

乾隆皇帝诸子中艺术天分最高者，史载其工诗、善画、精通天文历算，与其十一弟永瑆分别以绘画和书法名世，传世作品有《山村读书图》扇画、《平安如意图》等，并著有《九思堂诗钞》。

度母是“圣救度佛母”的略称，是观音菩萨的化身，有二十一种，身有六种不同颜色，即白、红、蓝、黄、绿、黑，为藏传佛教诸宗派崇奉的女性本尊群，是度脱和拯救苦难众生的最美丽、最慈悲的女神。藏传佛教认为，二十一救度母是绿度母的不同事业所化现的佛母，绿度母则是二十一度母所有功德的总摄聚集。因此，在蒙古族和藏族聚居地区，有不少《绿度母经》的流传，凡是识字者不但能够念诵还能背诵弹唱，有很多变种版本。

《二十一救度佛母赞》的度母礼赞，由度母的报身和事业的礼赞两部分组成。报身部分的礼赞，是对二十一救度母穿戴严饰及所持法器的赞叹；事业的礼赞则针对寂静尊和愤怒尊的事业。

永瑢书《二十一救度佛母赞》有其独到之处。先是度母的报身及功能，然后对度母的功德赞（事业赞），之后是皇子对经文的恭敬。另外，文中对二十一种度母的称呼也与汉文本和藏文本有所不同。此书中的二十一救度佛母依次为救度勇速圣母、百千秋月朗耀 、紫磨金色圣母、如来顶髻圣母、怛啰吽字圣母、释梵火天圣母、特啰胝发圣母、都哩威严圣母、三宝手印圣母、威德欢豫母、总持大地圣母、顶冠月相母、如大火劫圣母、手按大地母、安隐柔善圣母、普编最喜圣母、都哩巴帝圣母、萨啰天海圣母、诸天集会母、明升恒圣母、具三真实母等，二十一救度佛母用三行字、三句话来对其报身，并赞颂事业。经文讲述救度母的功能以及修诵度母心态和带来的利益。修诵度母能消除各种毒害和怨害，若能以清净的动机和恭敬心，愿求都能圆满，求男得男，求富贵得富贵，已现逆缘得消除，未现逆缘则不显，来世也能获得殊胜利益。若对礼赞文具有恭敬心，修诵的利益则很大。经文末尾体现了皇子对救度圣佛母和诸佛提萨埵的虔诚及“与众生悉成就、众生所行住、消除病苦及战争、广兴妙法大福祉”的愿望。

平时所见多为《度母经》或《绿度母经》《白度母经》，称“二十一救度佛母赞”者十分罕见，蒙藏文《甘珠尔》亦未收，四体合璧者更是仅见此件，是为大一统国家多民族文化融合和发展的见证，清皇室崇信佛教的体现，皇子多才多艺的明示。正因本件稀世珍贵，曾在美国和我国香港地区等地出展，也曾在“文明的守望”等国内影响较大的古籍展中展出，入选国务院颁发的《第二批国家珍贵古籍名录》中。

外文善本掌故

摇篮本《安哲罗全集》

Summa Angelica

彭福英

摇篮本（incunabulum，pl. incunabula），在西方目录学上，是指古登堡活字印刷术发明后到1501年之前，在欧洲以活字印刷术印刷的书籍。中国国家图书馆共藏四种五册摇篮本，其中一种为《安哲罗全集》。

此书作者安哲罗（Angelo Carletti di Chivasso，1411—1495），中世纪著名的道德神学家，生于意大利皮埃蒙特（Piedmont）大区的基瓦索（Chivasso），逝世于库内奥（Coni）。曾就学于博洛尼亚大学，获教会法和罗马法博士学位。后加入方济各会，并四次当选为方济各会守归派总执事长。1480年，奥斯曼帝国攻占奥特朗托（Otranto）城，安哲罗被教宗西斯都四世（Sixtus IV，1414—1484）任命为教廷大使。奥斯曼帝国穆罕默德二世逝世后，土耳其军队从意大利半岛撤军。1491年，安哲罗再度被任命为教廷大使，以

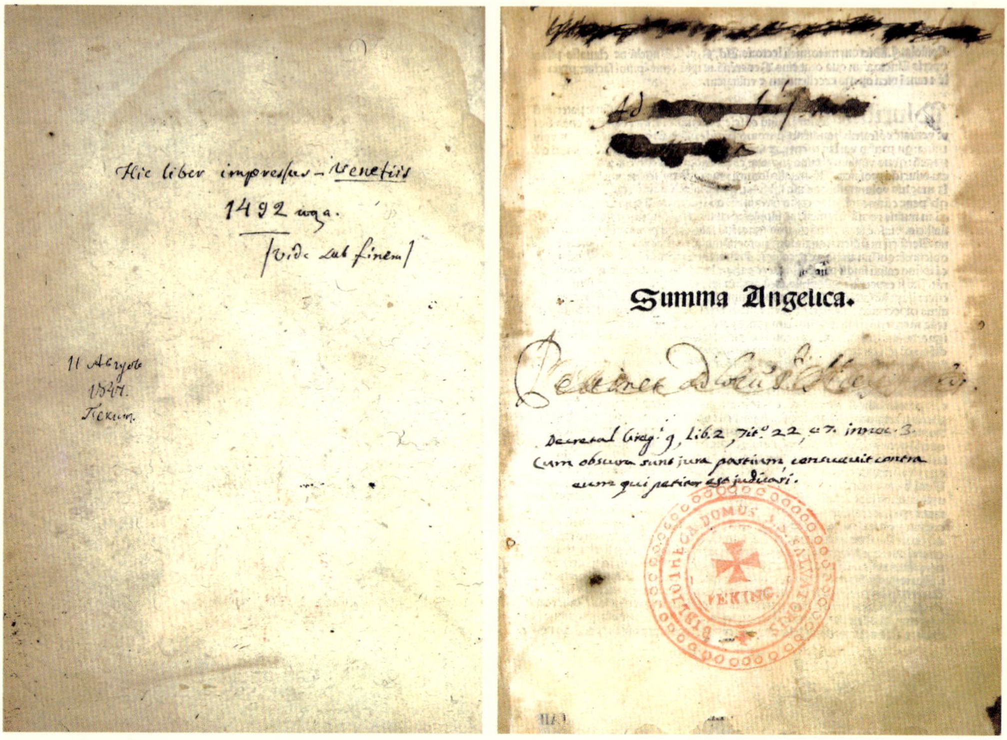

《安哲罗全集》

阻止天主教异端韦尔多教派的蔓延。安哲罗一生，学识渊博，道德高尚，赢得了众多教友的信任，17 世纪教宗本笃十三（Benedict XIII，1649—1730）为其行宣福礼，列真福品，给予了安哲罗官方的肯定和赞颂。

《安哲罗全集》，原名《良心个案大全》（*Summa de Casibus Conscientiae*），后依照其作者名简称为《安哲罗全集》（*Summa Angelica*）。“Summa”（大全）为中世纪的一种文体，通过列举不同甚至是相反的观点，总结某一学科（通常为神学、哲学、教会法）的总体知识，主要用作学校的教科书或者参考书，起源于 12 世纪，13 世纪臻于成熟。《安哲罗全集》是一部伦理神学辞典，共分 659 个条目，按字母顺序排列，书前有说明文字及条目索引，书中主要阐释了基督教道德论，包括神人关系、信仰生活实践等，为基督

《安哲罗全集》

教徒的道德生活和忏悔事宜提供了重要的向导。整部书中，作者对神学始终保持一种不偏不倚而又庄重的态度，字里行间充满了对上帝的崇敬之情，为中世纪一部重要的神学著作。安哲罗沿袭方济各会传统，推崇司各脱主义，强调神学理论不能由理性加以演绎，因为理性只表现于现象界、个体及经验中，只依理性无法理解神性，神的终极性表现于意志上，而意志的最高象征就是爱。此书遭到了新教教徒的反对，马丁·路德曾当众烧毁过一册 1492 年纽伦堡版《安哲罗全集》。

该书初版于 1476 年，至 1520 年止，共有 31 个版本面世。现今世界多家图书馆，如澳大利亚国家图书馆、法国国家图书馆、英国图书馆等都有收藏，其中德国巴伐利亚州立图书馆收藏为最多，共收藏了 25 个版本的《安哲罗全集》。

中国国家图书馆藏本为 1492 年威尼斯拉丁文再版，羊皮精装。八开本，共 540 叶，最后一叶为空白叶，双栏，44 行，罗马字体，无页首标题、眉题和插图，有出版者标记。出版者乔治乌斯 · 阿瑞瓦本努斯（Georgius Arrivabenus），为意大利文艺复兴时期著名出版商，以出版神学、历史学著作见长。前护叶和题名叶有藏书者题字，正文四周多处写满注记。

简话《纽伦堡编年史》

徐亚娟

国家图书馆藏品丰富多样，外文善本独秀其中。通过西文文献提善，参加拍卖竞得，接受国外机构、私人赠书或有偿转让等途径，我馆外文善本的馆藏量逐年递增，目前已逾50000册，近年新增文献中最为珍稀的当数《纽伦堡编年史》（*Nuremberg Chronicle*）。这是一部插图丰富的世纪历史著作，内容上以《圣经》为基础记载了许多历史事件，被公认为早期印刷业最优秀的范例之一。

编著者哈特曼·舍德尔是纽伦堡医生、人文主义者和藏书家，他继承了中世纪的学术传统，从古旧资料中提取和引述文本，书中所采用的拉丁文材料十之八九是直接取材于文艺复兴时期的经典著述。该文本取自《耶路撒冷的黄金时代》，概括了这座城市的重要性并描绘了它所遭受的毁坏，其内容源于弗拉菲乌斯·约瑟夫斯（Flavius Josephus，37—100）的《犹太战争》，版刻来自艾哈德（Erhard Reuwich，约1450—约1505）早先出版的巴勒斯坦地图。

《纽伦堡编年史》

《纽伦堡编年史》

该书于1493年7月12日以拉丁文初版，同年12月23日，由乔格·阿特（Georg Altc.，1450—1510）译成德文。据学者估计，当时出版计1400—1500册拉丁文版本及700—1000册德文版本。1509年的一份资料表明，其中539册拉丁文版本和60册德文版本当时并没有售出，目前存世的约有400册拉丁文版本及300册德文版。拉丁文学者通常将此书拉丁文版本首页介绍中的短语Liber Chronicarum（《编年史之书》）作为该书的名称。英语中，则一直使用该书出版地将其命名的《纽伦堡编年史》（*Nuremberg Chronicle*）。德语中，则是以作者舍德尔的名字将这本书命名为*Die Schedelsche Weltchronik*（《舍德尔世界历史》）。

《纽伦堡编年史》由当时德国最大的印刷及出版商——安东·科贝格（Anton Koberger）出版，安东亲自监督印刷工序，并遴选排字风格。该印刷厂当时有24台印刷机，最多时雇有100名工人，为欧洲四大印刷厂之一。安东于1470年左右开始在纽伦堡印刷书籍，到1500年为止已经印了250部书。

该编年史体现了早期印刷品制作精良的插图技艺，采用652块木板制作出1804幅木刻版画，由当时纽伦堡最负盛名的插画家迈克尔·沃尔格穆特（Michael Wohlgemut，1434或1437—1519）和他的继子威廉·普莱登武尔夫（Wilhelm Pleydenwurff，1460—1494）完成，是当时拥有最奢华插图的书籍，并且是最早一批成功整合了插图和文字的书籍。由于使用了不同的绘画图版，并且文本和图版以多种方式交织在一起，使得这部编年史成为1500年之前最复杂的一部印刷书籍。在它所处的年代，这是一本十分畅销的书，拉丁文和德文两种版本共出版了约2500本，1497年在奥格斯堡出现了未经授权的廉价版本。

这部编年史记载了从创世之初直至其创作年代即1493年的世界历史。它的构架遵循了与《圣经》有关的人类历史故事，同时也插叙了自然灾害、皇家族谱和一些重要西方城市的历史。其版式设计非常现代，同现代书籍一样，有页眉、页码，单独成段，而且第一次使用了木刻版画。内容分为索引、编页码、时期、插图四部分。

《纽伦堡编年史》不仅仅是早期印刷业技术及艺术性的完美展现，还反映了那个时代的精神。一方面它体现了文艺复兴时期人文主义的影响，更重要的是它展现了一个正在由中世纪向现代转变的社会，同时也展现由手写文化向印刷文化转变的过程。

我馆藏本为无着色版，保持了15世纪出版时的原貌，难能可贵。

国家图书馆藏《论人体构造》

彭福英

中国国家图书馆藏外文善本中，有一册拉丁文的《论人体构造》(*De Humani Corporis Fabrica*)，为1543年巴塞尔初版，购藏于20世纪，品相良好，弥足珍贵。此书是医学史和自然科学史上具有划时代意义的巨作，在书籍史上也具有重要意义。

作者安德雷亚斯·维萨留斯（Andreas Vesalius，1514—1564），文艺复兴时期著名医生和解剖学家。1514年出生于布鲁塞尔，曾就读于巴黎大学、鲁汶大学，1537年在意大利帕多瓦大学获得博士学位后留校任教。1543年始，先后担任了查理五世和腓力二世的宫廷御医。1564年遭遇船难，逝世于希腊的扎金索斯岛。主要著作有：《解剖图谱六书》(*Tabulae Anatomicae Sex*)、《解剖学指南》(*Institutiones Anatomicae*)、《论人体构造》(*De Humani Corporis Fabrica*)等，《论人体构造》为其代表作。出版者约翰·奥普吕纳斯（Johannes Oporinus，1507—1568），文艺复兴时期瑞士著名出版商，其印刷所素以学术性闻名，曾出版了许多神学、古典学和历史学著作，如世界上第一个拉丁文印本《古兰经》

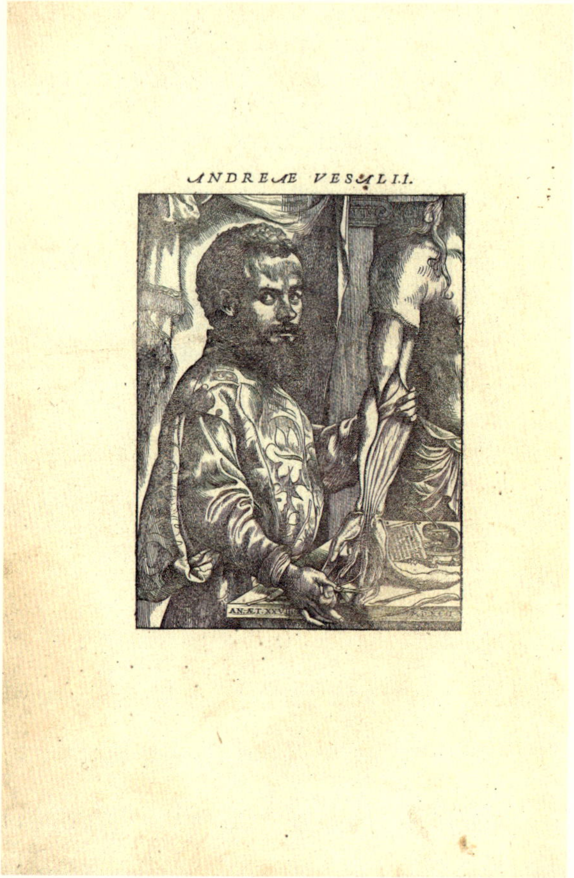

《论人体构造》

（*Koran*）、《丹麦人的业绩》（*Saxonis Grammatici Danorum Historiae Libri XVI*）等。

《论人体构造》共分为三个部分。第一部分为作者 1542 年 8 月写于帕多瓦之序言，简要介绍了医学的发展历史、本书的内容和结构，并追溯了自己求学和参加解剖的经历；第二部分为出版商致读者信，内容实为维萨留斯 1542 年 9 月在威尼斯写给出版商的注意事项；第三部分为正文，共七卷，分别介绍了人体骨骼和软骨组织性质、将骨骼连接到一起的韧带组织和主司运动的肌肉组织、动脉和静脉体系、神经系统、各种器官的组成和功能、心脏以及心脏的附属部分、大脑和感觉器官的合作等内容。

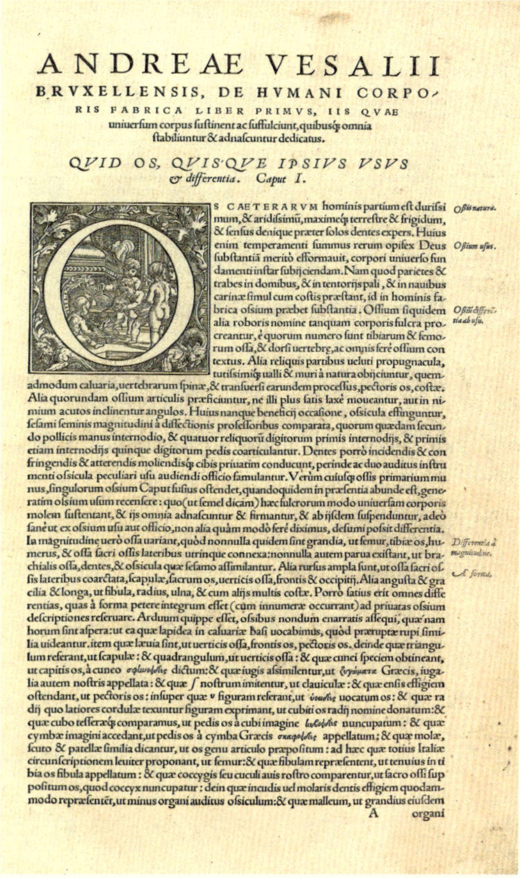

ANDREAE VESALII
BRVXELLENSIS, DE HVMANI CORPORIS FABRICA LIBER PRIMVS, IIS QVAE
uniuersum corpus sustinent ac suffulciunt, quibusque omnia
stabiliuntur & adnascuntur dedicatus.

QVID OS, QVISQVE IPSIVS VSVS
& differentia. Caput I.

OS CAETERARVM hominis partium est durissimum, & aridissimũ, maximeque terrestre & frigidum, & sensus denique præter solos dentes expers. Huius enim temperamenti summus rerum opifex Deus substantiã meritò efformauit, corpori uniuerso fundamenti instar subijciendam. Nam quod parietes & trabes in domibus, & in tentorijs pali, & in nauibus carinæ simul cum costis præstant, id in hominis fabrica ossium præbet substantia. Ossium siquidem alia roboris nomine tanquam corporis fulcra procreantur, è quorum numero sunt tibiarum & femorum ossa, & dorsi uertebre, ac omnis ferè ossium contextus. Alia reliquis partibus ueluti propugnacula, tutissimique ualli & muri à natura obijciuntur, quemadmodum caluaria, uertebrarum spinæ, & transuersi earundem processus, pectoris os, costæ. Alia quorundam ossium articulis præficiuntur, ne illi plus satis laxè moueantur, aut in nimium acutos inclinentur angulos. Huius nanque beneficij occasione, ossicula effinguntur, sesami seminis magnitudini à dissectionis professoribus comparata, quorum quædam secundo pollicis manus internodio, & quatuor reliquorũ digitorum primis internodijs, & primis etiam internodijs quinque digitorum pedis coarticulantur. Dentes porrò incidendis & confringendis & atterendis moliendisque cibis priuatim conducunt, perinde ac duo auditus instrumenti ossicula peculiari usu audiendi officio famulantur. Verùm cuiusque ossis primarium munus, singulorum ossium Caput fusius ostendet, quandoquidem in præsentia abunde est, generatim ossium usum recensere: quo (ut semel dicam) hæc fulcrorum modo uniuersam corporis molem sustentant, & ijs omnia adnascuntur & firmantur, & ab ijsdem suspenduntur, adeò sanè ut ex ossium usu aut officio, non alia quàm modò ferè diximus, desumi possit differentia. In magnitudine uerò ossa uariant, quòd nonnulla quidem sint grandia, ut femur, tibiæ os, humerus, & ossa sacri ossis lateribus utrinque connexa: nonnulla autem parua existant, ut brachialis ossa, dentes, & ossicula quæ sesamo assimilantur. Alia rursus ampla sunt, ut ossa sacri ossis lateribus coarctata, scapulæ, sacrum os, uerticis ossa, frontis & occipitij. Alia angusta & gracilia & longa, ut fibula, radius, ulna, & cum alijs multis costæ. Porrò satius erit omnes differentias, quas à forma petere integrum esset (cùm innumeræ occurrant) ad priuatas ossium descriptiones reseruare. Arduum quippe esset, ossibus nondum enarratis assequi, quæ nam horum sint aspera: ut ea quæ lapidea in caluariæ basi uocabimus, quòd præruptæ rupi similia uideantur. item quæ læuia sint, ut uerticis ossa, frontis os, pectoris os. deinde quæ triangulum referant, ut scapulæ: & quadrangulum, ut uerticis ossa: & quæ cunei speciem obtineant, ut capitis os, à cuneo σφηνοειδὴς dictum: & quæ iugis assimilentur, ut ζυγώματα Græcis, iugalia autem nostris appellata: & quæ ſ nostrum imitentur, ut clauiculæ: & quæ ensis effigiem ostendant, ut pectoris os: insuper quæ υ figuram referant, ut ὑοειδὴς uocatum os: & quæ radij quo latiores cordulæ texuntur figuram exprimant, ut cubiti os radij nomine donatum: & quæ cubo tesseræque comparamus, ut pedis os à cubi imagine κυβοειδὴς nuncupatum: & quæ cymbæ imagini accedant, ut pedis os à cymba Græcis σκαφοειδὴς appellatum; & quæ molæ, scuto & patellæ similia dicantur, ut os genu articulo præpositum: ad hæc quæ totius Italiæ circunscriptionem leuiter proponant, ut femur: & quæ fibulam repræsentent, ut tenuius in tibia os fibula appellatum: & quæ coccygis seu cuculi auis rostro comparentur, ut sacro ossi suppositum os, quod coccyx nuncupatur: dein quæ incudis uel molaris dentis effigiem quodammodo repræsentẽt, ut minus organi auditus ossiculum: & quæ malleum, ut grandius eiusdem

A organi

Ossis natura.
Ossium usus.
Ossiũ differentia ab usu.
Differentia à magnitudine.
A forma.

《论人体构造》

形制上，该书开本巨大，插图众多而又精美，印刷精良，在书籍史上具有重要意义。题名页插图为整幅木刻版画，此版画是16世纪欧洲木刻版画的杰作之一。插图主体为一个想象的大厅，古典柱式，半圆形拱券，具有文艺复兴时期的典型建筑风格。大厅靠上部位是一个徽章，徽章上有两个小天使，天使手举三只鼬鼠（weasels），因为鼬鼠是维萨留斯故乡韦塞尔（Wesel）市的市徽。徽章中间空白的地方为如下文字：

ANDREAE VESALII

BRVXELLENSIS，SCHOLAE

medicorum Patauinae profefforis， de

Humani corporis fabrica Libri feptem

意为“布鲁塞尔的维萨留斯医学教授，论人体构造 · 七卷”。大厅中间主要描绘了解剖学教师公开演示解剖的场景，人物众多，刻画细腻，栩栩如生。插图靠下部位为一长方形框，内有“CVM CAESAREAE Maiest，Galliarum Regis，ac Senatus Veneti gratia priuilegio，ut in diplomatis eorundum continetur ”字样，意为“来自法国国王和威尼斯市议会特许，从而获得出版权”。图 2 为维萨留斯肖像的木刻版画，据研究，此画出自提香的学生简 · 斯蒂芬 · 范 · 卡尔卡（Jan Stephan Calcar，1499—1546 或 1550）之手。画中的维萨留斯年轻、精力充沛、自信而又坚毅。书内共有 200 多幅插图，平均每三页就有一张。这些插图尺寸不一，大的尺寸达到了 56cm × 40cm，小的尺寸只有 5 毫米 × 7 毫米，如描绘小骨的一张图。这些插图采用自然主义手法，准确而又科学地描绘了人体内脏的位置、尺寸、形态等。此外，书中还采用了众多装饰首字母来描绘解剖过程的不同细节，表现手法细腻，为此书增色不少。这些版画，不仅是重要的科学插图，而且具有很高的美学价值，许多版画成为欧洲艺术界的经典作品。

总之，中世纪后期的欧洲，解剖学有了很大的发展，之前建立在权威著作和人物之上的经验性方法，已经遭到了挑战。维萨留斯最了不起的贡献不是他对人体的种种描述，而是他对人体解剖实践的强调和自身的实践经历，这种观察和实验性研究的方法将解剖学乃至整个医学从教条派和学究派里面解放出来，并开辟了革命性发现道路，这在文艺复兴时期的欧洲，具有重要的意义。维萨留斯之后，解剖学研究者将重点放在精确性和直接的观察之上。半个世纪之后，人们开始接受了维萨留斯的解剖学方法，他的奠基工作也为人体器官的探索注入了原动力。

并非无人读过的书
——哥白尼《天球运行论》

赵大莹

哥白尼的《天球运行论》，历史上曾赢得“无人读过的书”的称号。这部历经数百年世事沉浮而保存下来的域外珍籍，真的无人问津吗？事实并非如此。

《天球运行论》共六卷（libris sex），第一次描述了地心说的不足和地动说的优点，并从日心说的角度，描述了太阳、月亮和五大行星的运动情况。1543 年，德国印刷商、阿尔卑斯北部科学出版商领袖约翰内斯·彼得乌斯（Johannes Petreius）率先出版了哥白尼的著作。然而，如果没有路德教徒、年轻的天文学教授雷蒂库斯（Georg Joachim Rheticus），哥白尼也许临终前根本无法看到他的著作出版。在波兰的最北部弗龙堡（Frombork）的天主教大教堂里，哥白尼完成了《天球运行论》，而此地远离学术中心和任何大印刷商。1539 年，雷蒂库斯给哥白尼带来了五部科学著作，其中三部由彼得乌

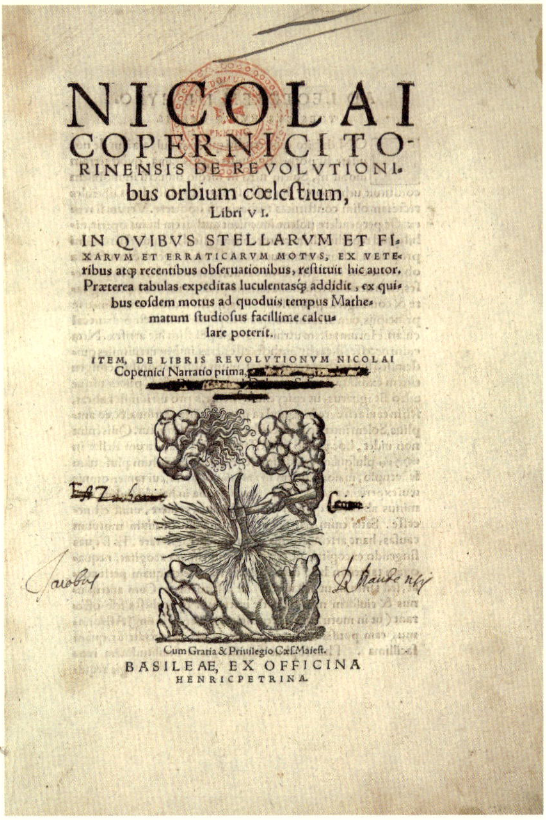
NICOLAI
COPERNICI TO-
RINENSIS DE REVOLVTIONI-
bus orbium cœlestium,
Libri VI.
IN QVIBVS STELLARVM ET FI-
XARVM ET ERRATICARVM MOTVS, EX VETE-
ribus atq; recentibus obseruationibus, restituit hic autor.
Præterea tabulas expeditas luculentasq; addidit, ex qui-
bus eosdem motus ad quoduis tempus Mathe-
matum studiosus facillime calcu-
lare poterit.
ITEM, DE LIBRIS REVOLVTIONVM NICOLAI
Copernici Narratio prima, [redacted]
Cum Gratia & Privilegio Cæs. Maiest.
BASILEAE, EX OFFICINA
HENRICPETRINA.

《天球运行论》

斯在纽伦堡出版。雷蒂库斯劝说哥白尼出版其著作，并成功地获得了哥白尼的授权，于1540年出版了《首次报告》(*Narratio Prima*)，介绍新的日心说体系。由于这个小册子广受欢迎，哥白尼允许雷蒂库斯将他的论文带回德国印刷。在雷蒂库斯的监督下，彼得乌斯主要采用带有特制的水印纸（带有字母 P，即 Petreius 的缩写）和罗马体木刻字模来印刷此书，历时 9 个多月，约制作了 500 部印本。1566 年在巴塞尔印刷第二版时，则加上了《首次报告》，约有 500—600 部。

哈佛大学天文学与科学史教授金格里奇于 1973 年编辑哥白尼诞辰五百周年论文集时，见到了爱丁堡皇家天文台克拉福德图书馆（Crawford Library of the Royal Observation，Edinburg）所藏带有大量批注的雷茵霍尔德（Erasmus Reinhold）旧藏《天球运行论》。从此，金格里奇历经 30 余年的全球踏访，查阅了《天球运行论》第一版（1543）和第二版（1566），共计 601 部，成为研究哥白尼《天球运行论》版本的首席专家。这 601 部《天球运行论》无论是装帧特色，还是内文批注，皆各不相同。金格里奇将寓目之诸版本汇编成为《哥白尼〈天球运行论〉1543 年纽伦堡版与 1566 年巴塞尔版的普查与注释》（*An Annotated Census of Copernicus' De Revolutinonibus*[1]，Leiden：Brill，2002），又将 30 年追踪经历编辑成书，2008 年由三联书店出版社出版其中译本，即《无人读过的书——哥白尼〈天体运行论〉追寻记》（*The Book Nobody Read: Chasing the Revolutions of Nicolaus Copernicus*，2004）。

从金格里奇的普查中，我们可以见到存世的 277 部第一版和 324 部第二版，不仅带有收藏和售价信息，还介绍了哥白尼同时代的天文学家藏本的各种批注。

截至目前，此书有《天旋论》《天体运行论》和《天球运行论》三种中文翻译。清代学者黄百家的《天旋篇》最早介绍了哥白尼学说，因此李珩的《哥白尼》（商务印书馆，1963 年）采用此译名。1953 年竺可桢等编《纪念哥白尼》一书，使用了《天体运行论》的译名，之后一直为学界沿用。然而吴国盛等学者指出，这种译法并不确切，对“orbium”的理解有偏差。哥白尼本人接受的是古希腊天文学传统，接受“天球”的概念，认为宇宙中不是“天体”而是“天球”在运动，当译作《天球运行论》为宜。

1973 年，中国科学家纪念哥白尼诞辰五百周年的活动中，国家图书馆所藏第二版《天球运行论》（巴塞尔 1566 年版）即被展出。此部《天球运行论》为软犊皮装帧，封面和书根有手写题名，放在蓝布函盒中，大部分书叶为白色，略有卷边，个别带有黄斑，少数几叶严重变黄。题名页的最后一句“per M. Georgium Ioachimum Rheticum ad D. Ioan Schonerum scripta”（由雷蒂库斯提交给约翰·硕纳博士的手稿）被墨笔划掉。这是

(1) Nurumberg，1543 and Basel，1566

因为雷蒂库斯是路德教徒。此外，题名页原有墨笔拉丁文签名一行（Est Zachariae Cairae（?)），亦被划去。题名页上保留着罗雅谷（Giacomo Rho，1593-1638）的签名（Jacobus Rhaudensis）。罗雅谷是耶稣会传教士，天文学家，1618 年入华，参与《崇祯历书》的修纂。根据席宗泽的研究，《崇祯历书》译用了原书第 4、5 卷的内容，引用了哥白尼 27 项观测记录中的 17 项。入清后，汤若望（Johann Adam Schall von Bell）将《崇祯历书》加以改撰，以“西洋新法历书”为名进呈，受到清廷的赏识，以“时宪历”之名颁行。显然，明末清初的来华传教士，已经在阅读和使用哥白尼的著作，并且将之传播给了中国的知识分子。

NICOLAI COPERNICI

net, in quo terram cum orbe lunari tanquam epicyclo contineri diximus. Quinto loco Venus nono menſe reducitur. Sextum deniq; locum Mercurius tenet, octuaginta dierum ſpacio circū currens. In medio uero omnium reſidet Sol. Quis enim in hoc

pulcherrimo templo lampadem hanc in alio uel meliori loco poneret, quàm unde totum ſimul poſsit illuminare? Siquidem non inepte quidam lucernam mundi, alij mentem, alij rectorem uocant. Trimegiſtus uiſibilem Deum, Sophoclis Electra intuentē omnia. Ita profecto tanquam in ſolio regali Sol reſidens circum agentem gubernat Aſtrorum familiam. Tellus quoque minime fraudatur lunari miniſterio, ſed ut Ariſtoteles de animalibus ait, maximam Luna cum terra cognationē habet. Cōcipit interea à Sole terra, & impregnatur annno partu. Inuenimus igitur ſub hac

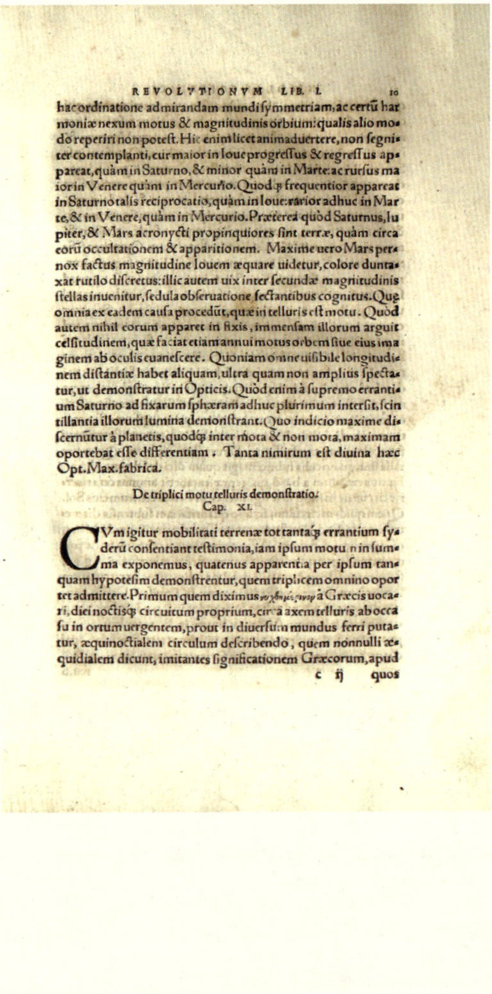
REVOLVTIONVM LIB. I. 10

hac ordinatione admirandam mundi ſymmetriam, ac certū harmoniæ nexum motus & magnitudinis orbium: qualis alio modo reperiri non poteſt. Hic enim licet animaduertere, non ſegniter contemplanti, cur maior in Ioue progreſſus & regreſſus appareat, quàm in Saturno, & minor quàm in Marte: ac rurſus maior in Venere quàm in Mercurio. Quodq; frequentior appareat in Saturno talis reciprocatio, quàm in Ioue: rarior adhuc in Marte, & in Venere, quàm in Mercurio. Præterea quòd Saturnus, Iupiter, & Mars acronycti propinquiores ſint terræ, quàm circa eorū occultationem & apparitionem. Maxime uero Mars pernox factus magnitudine Iouem æquare uidetur, colore duntaxat rutilo diſcretus: illic autem uix inter ſecundæ magnitudinis ſtellas inuenitur, ſedula obſeruatione ſectantibus cognitus. Quę omnia ex eadem cauſa procedūt, quæ in telluris eſt motu. Quòd autem nihil eorum apparet in fixis, immenſam illorum arguit celſitudinem, quæ faciat etiam annui motus orbem ſiue eius imaginem ab oculis euaneſcere. Quoniam omne uiſibile longitudinem diſtantiæ habet aliquam, ultra quam non amplius ſpectatur, ut demonſtratur in Opticis. Quòd enim à ſupremo errantium Saturno ad fixarum ſphæram adhuc plurimum intersit, ſcintillantia illorum lumina demonſtrant. Quo indicio maxime diſcernūtur à planetis, quodq; inter mota & non mota, maximam oportebat eſſe differentiam. Tanta nimirum eſt diuina hæc Opt. Max. fabrica.

De triplici motu telluris demonſtratio.
Cap. XI.

CVm igitur mobilitati terrenæ tot tantaq; errantium ſyderū conſentiant teſtimonia, iam ipſum motum in ſumma exponemus, quatenus apparentia per ipſum tanquam hypoteſim demonſtrentur, quem triplicem omnino oportet admittere. Primum quem diximus νυχθημέρινον à Græcis uocari, diei noctisq; circuitum proprium, circa axem telluris ab occaſu in ortum uergentem, prout in diuerſum mundus ferri putatur, æquinoctialem circulum deſcribendo, quem nonnulli æquidialem dicunt, imitantes ſignificationem Græcorum, apud

c ij quos

《天球运行论》

门多萨《中华大帝国史》

徐亚娟

1585年，西班牙历史学家门多萨（Juan González de Mendoza，1545—1618）的《中华大帝国史》于罗马初版，这是16世纪有关中国自然环境、历史、文化风俗、礼仪、宗教信仰以及政治、经济等概况最全面、最详尽的著述，也是《利玛窦中国札记》发表以前，在欧洲最有影响的一部专论中国的百科全书。莫东寅认为："此书为欧西东方学史上重要文集之一，实西洋关于中国专籍之嚆矢，包括评述中国礼俗之西书也。"方豪认为：此书"风行欧洲，即后出利玛窦之著作亦不能及"。

胡安·冈萨雷斯·德·门多萨是西班牙奥古斯丁修会修道士、历史学家、文学家、语言家、汉学家。1545年出生于西班牙多莱西亚·德加麦罗斯，自幼受过良好的教育，17岁从军墨西哥，1564年加入奥古斯丁修会，1583年应召去罗马教廷，当时天主教意欲在东方拓展势力，亟需一部详尽介绍中国社会的资料汇编来制定对华政策，教皇格列高利十三世（Pope Gregory XIII，1502—1585）于是委派门多萨完成此事。门多萨收集和整理了前

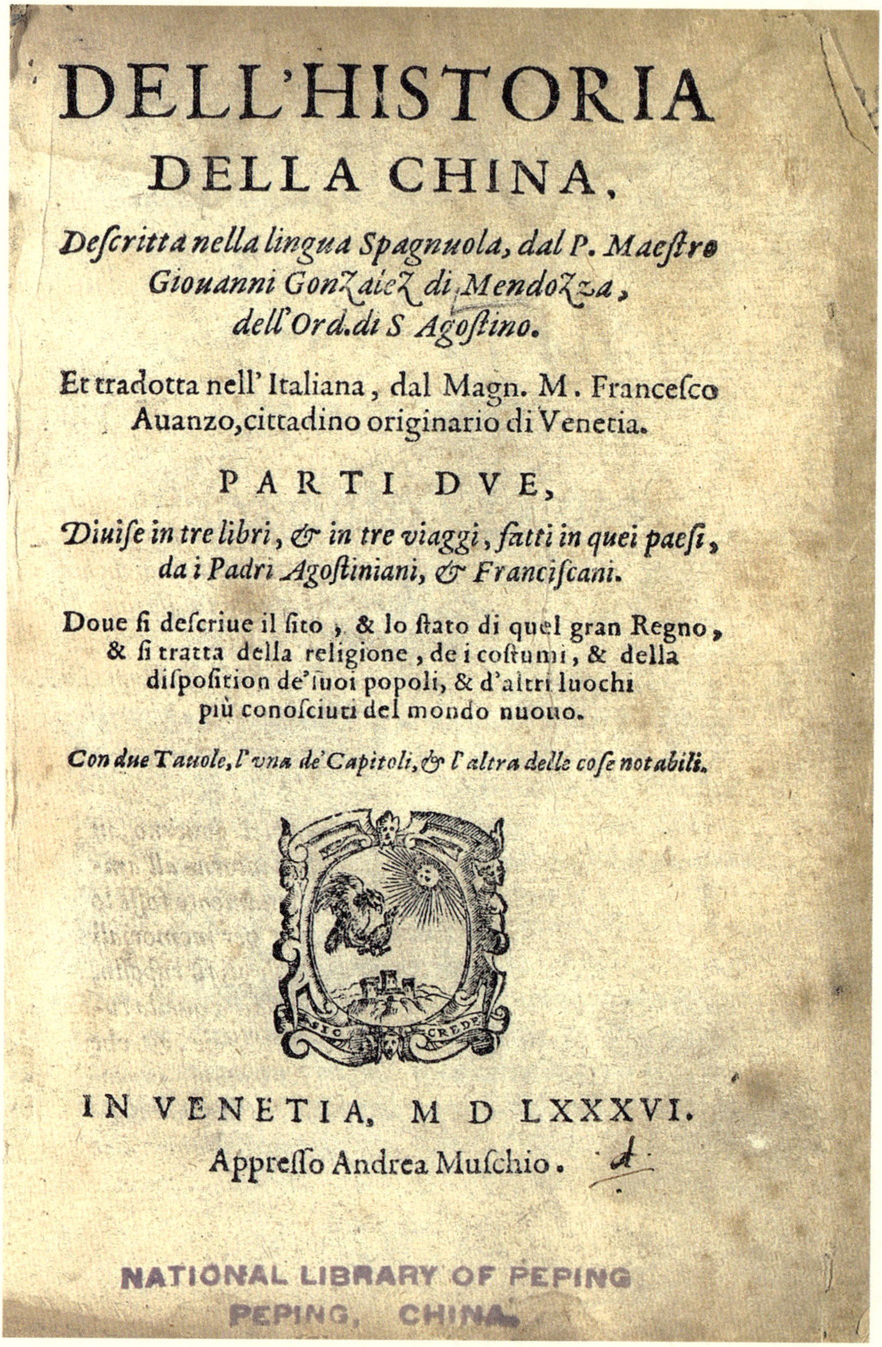

DELL'HISTORIA
DELLA CHINA,

Descritta nella lingua Spagnuola, dal P. Maestro Giouanni Gonzalez di Mendozza, dell'Ord. di S Agostino.

Et tradotta nell' Italiana, dal Magn. M. Francesco Auanzo, cittadino originario di Venetia.

PARTI DVE,

Diuise in tre libri, & in tre viaggi, fatti in quei paesi, da i Padri Agostiniani, & Franciscani.

Doue si descriue il sito, & lo stato di quel gran Regno, & si tratta della religione, de i costumi, & della dispositione de' suoi popoli, & d'altri luochi più conosciuti del mondo nuouo.

Con due Tauole, l'vna de' Capitoli, & l'altra delle cose notabili.

IN VENETIA, M D LXXXVI.

Appresso Andrea Muschio.

《中华大帝国史》

人有关中国的使华报告、信札、著述等资料，历时两年撰写成《中华大帝国史》，较同时代的其他汉学著作，内容更加详实可靠，满足了欧洲人了解中国的迫切愿望。1585 年初版后，该书一版再版，1586 年马德里意大利文版面世，其后有 1588 年伦敦英译本，1588 年、1589 年、1600 年巴黎法文版，1589 年法兰克福德文版和拉丁文版，1595 年荷兰阿尔克马尔和阿姆斯特丹的荷兰文版，1597 年莱比锡德文新译本，截至 16 世纪末，《中华大帝国史》以 7 种文字重印了 46 版，其中意大利文版 19 种，西班牙文版 11 种，由此亦可见此书当时风靡欧洲之影响。

1585 年西班牙文罗马 8 开本初版后，同年巴伦西亚（Valencia）也出版了一种西班牙文《中华大帝国史》。1585 年西班牙文首版错误百出，门多萨亲自监督修订再版。1586 年的意大利文修订本加入了西班牙 1583 年远征墨西哥的情节而使篇幅大大增加。该书分为两大部分。第一部分是对中国国情的综述，下分三册 44 章。第 1 册 10 章，内容涉及中国地理、气候、物产、矿藏、中国的人文初祖黄帝、长子继承制、宫殿式样、礼节、中国 15 行省及省级府州数目、建筑与万里长城、中国人的服饰外貌、妇女缠足习俗及妇道、瓷器制作、经商规则等；第 2 册 10 章，内容为中国人的宗教信仰和偶像崇拜、中国人的迷信行为、中国人的世界起源观和人类起源观、中国人的生死轮回报应论、祭拜故人的习俗、中国人的庙宇和某些宗教仪式、中国人办丧事及办婚事的仪式，提到了中国流行的多子多福观念、一夫多妻的陋习、妇女贞节等；第 3 册 24 章，主要内容为从黄帝至明万历皇帝的中国历代帝王及其称号、在位年限，还有中国 15 省纳税人口、给皇帝的贡品、各省军力、城防、征兵方式、中国法律、明代内阁制度、地方官员的选拔与惩治、地方保甲制和残酷的刑法、监狱、对犯人的执法和行刑、中国文字、纸、毛笔、中国的考试制度与学位制度、中国的科学技术、西班牙人从中国带来的书籍及其内容、中国的喜庆节庆风俗、社交礼仪、妇道种种、中国皇帝接见外国使臣规矩等等，是篇幅最长的一册。第二部分由三篇旅行记构成，分别记述了 1575 年奥古斯丁修会修道士马丁·德·拉达（Martín de Rada，1533—1578）等的福建之行，1579—1580年方济各会会士佩德罗·德·阿尔法罗（Pedro de Alfaro）与其他三名修道士的广州之行，以及1581—1584年方济各会会士马丁·伊格纳西奥·罗耀拉（Martín Ignacio de Loyola，1550—1606）从塞维利亚途经中国的环球旅行。

门多萨的重要资料来源有：葡萄牙历史学家若奥·德·巴洛斯（Joao de Barros）的《亚洲数十年》（*Décadasd a Asia*，1539—1563），葡萄牙多明我会士加斯帕尔·达·克鲁兹（Gaspar de Cruz）的《中国志》（*Tractadoemque secōtammuito pol estéco as cous da China*，1570），西班牙人拉达的使华报告及其带回的中文书籍等。

国家图书馆藏为弗朗切斯科·阿万佐（Francesco Avanzo）意大利文译注修订本，1586年威尼斯出版，羊皮精装，袖珍本，是继1585年罗马初版后的又一早期重要版本。

亚里士多德《寰有诠》

徐亚娟

中国国家图书馆藏外文善本中有一件《寰有诠》，为《亚里士多德〈论天〉讲义》的中译本。

亚里士多德（Aristotle，前384—前322），生于色雷斯的斯塔基拉，古代先哲，世界古代史上伟大的哲学家、科学家和教育家之一，著作包含物理学、形而上学、生物学、逻辑学、伦理学等诸多学科，被誉为“西方哲学的奠基者”。《耶稣会士科英布拉学院讲义——斯塔基拉人亚里士多德〈论天〉疏解》（*Commentarii Collegii Conimbricensis Societatislesv. Inqvatvorlibros De coelo Atistotelis Stagiritae*）是16世纪末至17世纪初葡萄牙科英布拉八部评论书之一，在当时产生了广泛影响，不仅在欧洲各耶稣会学院内使用，也被其他学校当作神学教材。1592年初版之后多次再版，传播到葡萄牙、意大利、法国、德国、美国和亚洲各地。

此著中译本的产生，与傅汎际有密切关系。傅汎际（François Furtado，1587—

COMMENTARII
COLLEGII
CONIMBRICENSIS SO-
CIETATIS IESV.
IN QVATVOR LIBROS DE
COELO ARISTOTELIS
STAGIRITÆ.

Cum Priuilegio & Facultate superiorum.

OLISIPONE.
Ex officina Simonis Lopesij.
Anno M. D. LXXXXIII.

《寰有诠》

1653)，字体斋，葡萄牙耶稣会士，曾在葡萄牙科英布拉大学学习自然哲学与神学，1620年随法国传教士金尼阁(Nicolas Trigault，1577—1629)同船来华，带来约7000部西籍。来华后，傅汎际结识了进士李之藻。李之藻(1565—1630)，字振之，又字我存，号凉庵居士，又号凉庵逸民，浙江仁和(今杭州)人，学识渊博，娴于历算，1613年至1631年间，在中国出版的50余种西方传教士译著中，无不凝聚了李之藻的心血。在结交利玛窦(Matteo Ricci，1552—1610)、傅汎际等西方传教士之后，李之藻对中西方自然科学进行了长期的比较研究，有感于中国传统文化缺失西方演绎思维的成果，决心将西方演绎逻辑系统介绍给国内学界。明天启五年(1625)，先与傅汎际合作，以1592年科英布拉大学初版为底本，翻译了亚里士多德著作《亚里士多德〈论天〉讲义》，中译名《寰有诠》。积累了一定经验之后，又开始合作翻译《耶稣会士科英布拉学院讲义——斯塔基拉人亚里士多德〈辩证法大全〉疏解》(*Commentarii Collegii Conimbricensis So cietatis Iesv，in Universam Dialecticam Aristotelis Stagiritae*)的一部分，定名为《名理探》，并于崇祯四年(1631)至九年(1636)之间付梓。

崇祯元年(1628)，《寰有诠》于杭州首刻，标明葡萄牙后学傅汎际译义，西湖存园寄叟李之藻达辞，耶稣会中同学黎宁石(Pirre Ribeiro，1572—1640)、曾德昭(Alvaro Semedo，1585—1658)、费乐德(Rodrigo de Figueredo，1592—1642)共订，值会阳玛诺(Emmanuel Diaz，1574—1644)阅准。是书共计13万余字，分六卷，第一部分阐述天主创生万物，接下来分作圆满篇、不坏篇、动施篇、浑圆篇、均动篇、星理篇、星运篇、星圆篇、天星二解篇、物生灭篇、性数篇、元行生灭篇、相生篇、轻重篇等十五篇。主要是在吸取古希腊有关宇宙学说的基础上论述宗教哲学及经院哲学的宇宙论，比较完整地介绍了亚里士多德的天体运行模式及其运动原理，并据此对多种天象进行了解释。时至今日，虽然亚里士多德宇宙论模式已然不具有科学性，书中的评论部分也无法完全摆脱神学思想的影响，但其中蕴含的天文学、物理学、逻辑学知识仍有借鉴意义，既是欧洲天文学东传史上的承前启后之作，也是中国翻译史上的一部杰作。

我馆藏本为 1593 年里斯本再版，书衣经改装，现为黄色布面，书头、书根及书口刷红，内容完好，具有重要的史料价值和文献价值。

帕拉第奥及其《建筑四书》

赵大莹

15 世纪中叶，奥斯曼土耳其人推翻了延续千年的东罗马帝国，一大批精英学者，行囊中塞满古代文化典籍，逃亡到了意大利。帝国的瓦解使欧洲的经济与文化开始复苏，文艺复兴时代就此来临。这一时期的文化艺术成就众多，从建筑来看，最明显的特征是在宗教和世俗建筑上重新采用古希腊罗马时期要素。但此时期的建筑师并非简单“复兴”古典柱式，而是创造性地运用古典法则表达新的建筑理念。建筑师们重新追捧维特鲁威（Vitruvius）的《建筑十书》（*De Architectura*），创造了一系列承前启后的建筑杰作，涌现出一批建筑大师。其中最具影响力和最常被模仿的是意大利建筑师帕拉第奥（Andrea Palladio，1518—1580）。

帕拉第奥 1508 年生于帕多瓦，出身平民，无姓氏，只是在教名后缀上父亲的名字冈多拉（Gondola）。13 岁时，他给石匠巴尔托洛梅奥（Bartolomeo Cavazza da Sossano）当学徒。16 岁在维琴察加入当地砖石手艺行会，后受雇于著名专业建筑师米凯莱（Michele

REGINA VIRTUS
I QVATTRO LIBRI DELL'ARCHITETTVRA
DI ANDREA PALLADIO.
Ne' quali, dopò vn breue Trattato de' cinque ordini, & di quelli auertimenti, che sono più necessarij nel fabricare;
SI TRATTA DELLE CASE PRIVATE, delle Vie, de i Ponti, delle Piazze, de i Xisti, & de' Tempij.
CON PRIVILEGI.
OMNIA VINCO
IN VENETIA, Appresso Bartolomeo Carampello. 1601.
VICARIAT APOSTOLIQUE de PÉKIN & TCHE-LY NORD
Bibliothèque du PÉ-TANG

《建筑四书》

Sanmicheli)。著名人文主义诗人和学者特里西诺(Gian Giorgio Trissino)扩建别墅时，年轻的石匠参与其中，引起特里西诺的注意，得以学习人文主义知识，还被特里西诺用希腊智慧女神雅典娜之名“帕拉斯”的变体——“帕拉第奥”命名其姓氏。在此次扩建工程中，帕拉第奥掌握了古典建筑原理。1545—1547年，他在罗马测绘了许多精美的废墟，结合维特鲁威制定的建筑原则，开阔了眼界。与此同时，他运用古典建筑原理为维琴察贵族们设计了一系列的乡村别墅和城市宫殿，其中最著名的建筑之一就是圆厅别墅(Villa Rotonda)。此外还有欧洲首个室内剧场——奥利匹克剧场(Teatro Olimpico)。后期，他转向宗教建筑设计。其作品众多，端庄典雅，大部分建在维琴察，使之以“帕拉第奥城”闻名世界。

作为杰出的建筑师，帕拉第奥的建筑理论影响深远。1554年，他出版了古建筑测绘图集。1570年出版其最主要的著作《建筑四书》(*Il Quattro Libri dell' Architectura*)，为40年从业的成果和经验的系统总结。书中有关于五种柱式的准确描述和详尽论证，并有他自己的建筑设计——涵盖城市宫殿、乡村别墅、街道、桥梁、广场公共建筑、古代神庙。他认为，建筑是对大自然的模仿，要使建筑成为“另一种大自然”，追求建筑物真实、端庄、朴素而又高贵的气质。

帕拉第奥的58幅素描亦作为木版插图收入书中，使此书的学术性与艺术性相得益彰。据张璐对《建筑四书》插图的研究可见，图版以建筑的首层平面图、立面图以及细部图为主，多以平面图和立面图对照的方式进行布局，以清晰的木刻插图与简洁的文字展现建筑设计理念。在建筑细部图纸中，则通过不同灰度的斜线排布，暗示墙面细部雕饰物的前后空间关系及阴影，既有当时制图准则的体现，也有建筑师本人独特的表现方式。帕拉第奥并未对每个房间尺寸都给出精确数值，而是根据不同情况进行调整，以适应结构需要。建筑史学家詹姆斯·艾克曼(James S. Ackerman)评价说，帕拉第奥一方面是《建筑四书》的作者，以简单的线条绘制版画插图，表现出理性主义的风格和严谨的比例关系；另一方面作为建造者，则会根据业主需求和周围环境、当地的施工习惯，在设计思想与实际需求之间寻得平衡，建造出适合实际情况，但与图纸略有出入的建筑作品。

1580年，帕拉第奥在维琴察逝世，其《建筑四书》以更具理论学术性、内容广泛性和应用可行性而深受欢迎，被翻译成多种语言，传播到整个欧洲乃至世界，几乎成为欧洲绅士的必藏书籍。帕拉第奥成为历史上第一位完全以建筑和舞台设计为主业、不再从事雕塑和绘画的职业建筑师。他总结了16世纪建筑艺术，也为17世纪古典主义建筑原理奠定了基础。

国家图书馆所藏《建筑四书》为1601年威尼斯版意大利文本。题名页图版顶部保留1570年版多梅尼科（Domenico de' Franchesch）的印刷标志图案和铭文"Regina Virtus"，插图中间椭圆形图案换成出版商卡尔佩罗（Carmpello）的标志图案及铭文"Omnia Vingo"。据题名页的墨笔题识和藏书印，知其原为济南耶稣会旧藏。虽然并非首版，但以其在华流传、收藏与利用的历史而言，更具独特研究价值。

中国国家图书馆藏《金言集》
——世界孤本

赵大莹

在《第三批国家珍贵古籍名录》中入选的1603年日本长崎印刷的基督版《金言集》颇引人注目。中日学者先后介绍了它的传奇经历和珍贵价值，值得追寻。

基督版典籍，是指1590年耶稣会士将金属活字印刷机带到日本后，以罗马字、汉字、假名等印刷发行的书籍，共33种。然而基督版《金言集》在20世纪30年代以前并不为人所知。1935年耶稣会士裴化行（H. Bernard，S.J.，1889—1975）在北堂图书馆偶然发现此书，他兴奋地写信给在日本的劳瑞斯（Johannes Laures，S.J.，1891—1959）神父。1936年，劳瑞斯神父造访北京，激动地拍下了书影。照片的复制件现存于日本上智大学基督版文库。孙楷第、方豪等在20世纪40年代开始注意到北堂书中的中西文善本，并有札记和文章发表。但随着抗日战争的爆发，《金言集》的去向，渐渐不为人知。

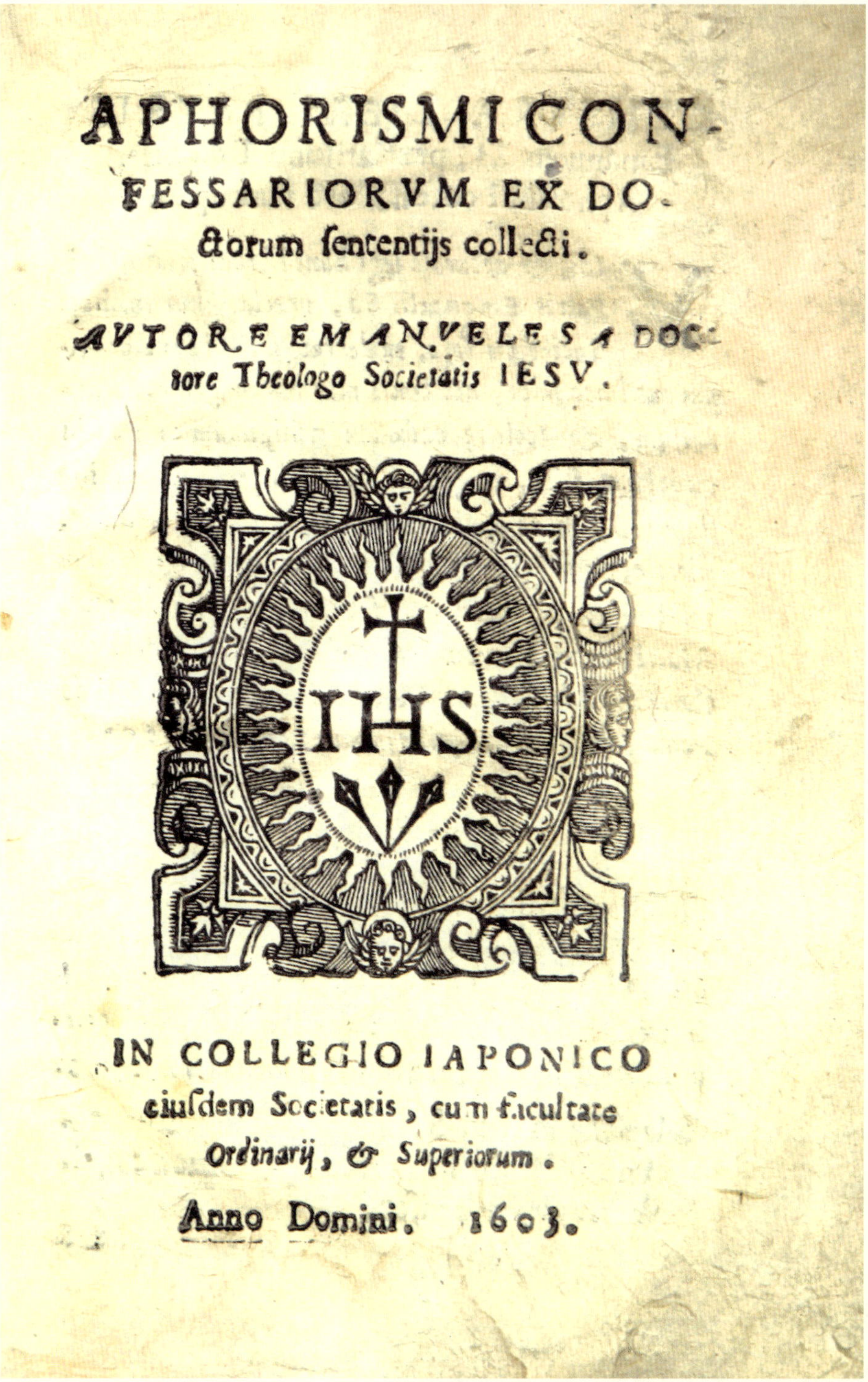

APHORISMI CON-
FESSARIORVM EX DO-
ctorum sententijs collecti.

AVTORE EMANVELE SA DOC-
tore Theologo Societatis IESV.

IN COLLEGIO IAPONICO
eiusdem Societatis, cum facultate
Ordinarij, & Superiorum.

Anno Domini. 1603.

世界孤本《金言集》

1959 年，北京图书馆（国家图书馆前身）找到了此书。20 世纪 60 年代，卡明斯（J. S. Cummins，1920—2004）教授在北京图书馆查阅了北堂书，并在《日本文化志丛》（*Monumenta Nipponica*）上加以介绍，但他并未看到《金言集》。

2009 年 3 月，日本的雄松堂古书店董事长新田满夫在中国国家图书馆访问期间，循着劳瑞斯等学者的介绍和照片，提出希望查阅《金言集》。经过现场比对，发现这部长崎印本。他兴奋地告诉学界，《金言集》完好地保存在中国国家图书馆。

《金言集》的作者是 16 世纪葡萄牙耶稣会士、著名神学家、《圣经》学者曼努埃尔德萨（Manuel de Sá，c. 1528—1596）。他于 1545 年加入耶稣会，是弗朗西斯科德保拉神父（Francisco de Borja，1510—1572）的得意门生。他作为优秀的耶稣会士，被耶稣会总长依纳爵罗耀拉选为罗马学院的教师，教授神学和《圣经》学。

裴化行介绍《金言集》时，用的是其拉丁文原名"神学家诸书中收录的听罪神父格言"。1936 年，日本的幸田成友博士将标题巧妙地翻译为《金言集》。

《金言集》共收入神父、神学家的格言 312 条，主要用于天主教的"赦罪"圣礼。神父们要对不同的犯罪个案做出正确的判断，在短时间内给出合适的建议。因此，先贤的智慧言语和文章，就成为神父们共同的需要。

《金言集》于 1595 年在威尼斯首次出版。作者逝世后，此书多次再版，至少有 56 种版本，包括 1603 年日本长崎刊本。后因多明我会的道明·巴奈（Domingo Bá?ez，1528—1604）将此书告发至宗教裁判所，使之列入了禁书目录。

日本耶稣会将 1603 年在长崎刊行《金言集》的消息向罗马总部报告，同时送去几册印本。澳门作为给日本教区神学生教授伦理神学的耶稣会院，也收到了几册。据日本上智大学教授高祖敏明推测，送到澳门的书，也许是托葡萄牙甘博亚船长（Jo. o Caiado de Gamboa）的船带去的。该船于 1604 年 12 月从长崎出发，1605 年 2 月到达澳门。而所述北堂旧藏，也许是 1607 年到北京的熊三拔（Sabatino de Ursis，1575——

1620）或其他传教士带到北京，送给了利玛窦。就这样，送到罗马和澳门存留的几本《金言集》作为宗教裁判所禁书，都被销毁了。北京的藏本，因为不知道是禁书，反而一直留存至今，成为了“天下孤本”。

人间天堂
——《艾希施泰特的花园》

赵大莹

德国巴伐利亚州的小城艾希施泰特（Eicstätt），是德国最古老的教区之一。其宏伟的主教宫殿四周，环绕华美壮丽的花园——“艾希施泰特的花园”。30年战争的破坏使花园日渐荒废，1998年才得以部分重建，其参考蓝本是400多年前出版的巨著《艾希施泰特的花园》（*Hortus Eystettensis*）。

作为欧洲17世纪初开本最大、制作最精美的花卉集，此书记录了王子主教约翰·康拉德·冯·格明根（Johann Konrad von Gemmingen）所造花园内种植的各种花卉。于1596年，花园由主教请医师、植物学家姚基姆·卡梅拉留斯（Joachim Camerarius）进行设计。两年后姚基姆逝世，继任者为纽伦堡药剂师贝斯莱尔（Besler Basilius）。

此书的卷首插图极富深意：在所罗门王（Salomon）和波斯王塞路斯（Cyrus）之间，

人间天堂——《艾希施泰特的花园》中的花卉

有两根立柱，中间悬挂帷幕、题写书名。帷幕下方是伊甸园中的上帝与亚当。这透露出主教希望将花园建成人间天堂的用意。主教得知自己身患绝症后，采纳贝斯莱尔的建议，决定编辑一书来记录他所建造的伊甸园。当时，编辑如此开本宏阔、插图繁多且图文并茂的图书花费甚巨，幸好主教来自德国最古老富有的家族之一。此书的出版历时16年。采用当时能够制作的最好最大的纸（57cm×46cm）来印刷。纽伦堡最好的画师、雕刻师云集一堂，进行绘画和雕版。贝斯莱尔在纽伦堡负责审阅全书，每隔一两周，有专人从50英里外的艾希施泰特送去满箱鲜花，以供修改图版及彩绘师上色参考。

此书按实际尺寸绘制了1084株667个品种的花卉，依四季排序，展示不同的花期和果期，共366个图版，即一个闰年天数。印本主要有两种：贵重版，单页印刷，图版手工着色，另插一页双面印刷的说明文字，多用于主教馈赠。流通版，图版不着色，双面印刷，正面图版，背面说明文字，用于研究参考。此书未印页码，只有折帖序号，成品以散叶方式出售，故装订时常出现排序错误。如海恩霍夫（Hainhofer）在1617年写给奥古斯都公爵（Duke August the Younger of Brunswick）的信中就曾报怨："我装订好的花卉集又一次发现了错误……如果没有看到一个完整的原件，即使是100位装帧匠也无法正确装订此书。"贝斯莱尔显然也意识到了这个问题。1612年主教逝世后，他劝说继任者约翰·克里斯托夫·冯·韦斯特尔斯特滕（Johann Christoph von Westerstetten）出版无文本的图录。这样，至1613年付梓，出现了三个版本：两种是图版附文本，一种无文本。三种版本一共约制作了300部。无着色版每部售价35到48弗洛林。贵重版（着色本）每部售价约500弗洛林。

4年间，此书售罄，为贝斯莱尔带来了巨大的声名和利益。他去世后，图书版权回归本地教区，1640年曾再版。作为百年纪念（1713），王子主教约翰·安东尼一世（Prince-Bishop Johann Anton I）印制了一小部分纪念版，1750年前后首次对外发售。但此时林奈（Carolus Linnaeus）建立了植物分类体系，书的内容已过时，销售困难。

此书的贵重版，在英国图书馆、泰勒博物馆（Taylor Museum）、阿伯卡博物馆（Aboca Museum）等 21 家公藏机构中有收藏，少量在私人手中。单幅插图常见于世界各地的拍卖名录。

中国国家图书馆所藏为无着色流通版，来自传教士旧藏。1613 年，耶稣会士金尼阁（Nicolas Trigault）返回罗马，向教皇保罗五世（Paul V）汇报在华传教事务，并广募图书。7 年后，他与邓玉函（Johann Schreck）等人携“七千部”欧洲典籍回到澳门，后分批带到北京。金尼阁、邓玉函在欧洲募书期间，首版《艾希施泰特的花园》出版。这部兼具科学性与艺术性的花卉集巨制，极可能是身为医生的邓玉函建议购买的。经历了数百年的历史沉浮，此部书题名页缺失，57 幅图版散佚，作者肖像亦有残破。一些书叶有水渍，大部分书叶边缘经过修复加固。每页文本右上角皆以汉文墨书页码，如“六十四”。这些痕迹表明此书曾经被细心管理和利用。在中西方文化交流步入高潮的 17 世纪，此书能在问世之初即漂洋来华并被加以利用，其植物学、药学、园林、绘画等内容必然在中西交流中发挥了独特作用，也成为它与众不同的重要价值。

武加大《圣经》与索智能主教藏书

赵大莹

在明清间中西文化接触与交流的过程中，入华耶稣会士扮演了极为重要的角色。自利玛窦成功在北京建立教堂，中西科学与文化的交流开始了一段辉煌的历程。其间，书籍成为双方互动的主要媒介：一方面传教士不断调适传教策略，利用书籍作为科学传教的工具，以应变历史处境；一方面明末清初的知识分子对科技与文化有了空前的兴趣和需求。以利玛窦、徐光启合作翻译的《几何原本》为开端，王徵、邓玉函合作的《远西奇器图说录最》，汤若望、李天经翻译的《坤舆格致》等为代表，明末清初的西学会通与传播取得了令人瞩目的成就。

然而，传教士入华的根本目的在于传播基督教。来华传教士的随身行李中，必备的是《圣经》、耶稣圣像、十字架，此外才是其他宗教、科学和文化书籍。尤其曾任主教的传教士，其藏书特色更为突出。如来华耶稣会士末任葡萄牙籍索智能（Policarpo de Sousa，1697—1757）主教的藏书中，就有多部《圣经》。其中一部武加大《圣经》，写

BIBLIA SACRA
Vulgatæ Editionis
SIXTI V. PONT. MAX. IVSSV
recognita atque edita.
Cum Scholijs plurimum auctis et emendatis IOANNIS MARIANÆ, et Notationibus
EMANVELIS SA Societatis IESV Sacerdotum.
Quæ singulis Sacri Textus Capitibus subiunguntur, et perpetui Commentarij vicem supplent;
addito PETRI LANSSELII eiusdem Soc. Supplemento.
Tomus Primus.
ANTVERPIÆ
EX OFFICINA PLANTINIANA
Apud Balthasarem Moretum, et Viduam Ioannis Moreti, et Io. Meursium.
M. DC. XXIV.
FECERAT
ET ERANT
VALDE BONA
CREAVIT DEUS HOMINEM RECTUM.
ET PER PECCATUM MORS.
SCRIBE HOC, ET TRADE AURIBUS.
HAURIETIS AQUAS DE FONTIBUS SALVATORIS.
ACCIPE, ET DEVORA.

武加大《圣经》

满批注，反映了其被仔细研读利用的历史。

武加大译本，即“拉丁通俗译本”，来自拉丁文“Vulgata”，由哲罗姆（Jerome，340—420）于公元 4 至 5 世纪译自希腊文。哲罗姆精通希伯来文、希腊文及拉丁文，对古代抄本有敏锐的判断力，是权威的《圣经》学者，其译本被认为中肯流畅、措辞优雅。8 世纪以后，其译本得到普遍认可。1546 年，特伦托宗教会议承认其为权威译本。其抄本众多，也涌现了一些学者的修订本，但均不能成为标准的译本。于是，特伦托大公会议决定出版法定修订本。教皇庇护四世（Pius IV）和庇护五世（Pius V）于 1561、1569 年先后成立特别委员会，开展修订工作，至 1585 年教皇西斯都五世（Sixtus V）时正式出版，称“西斯督版”（The Sixtine Edition）。十四世（Gregory XIV）继任后，格里高利又组织修订，至 1592 年克莱门八世（Clement VIII）在位时完成，1604 年出版《西斯督—克莱门版》（*The Sixto-clementine Edition*）。该版本至今仍是拉丁教会的法定本。

国家图书馆所藏的武加大译本，是由著名的耶稣会学者萨·曼努埃尔（Manuel de Sà，1530—1596）、玛丽安娜（Juan de Mariana，1536—1624）和兰瑟留斯（Petrus Lansselius，1579—1632）编辑，1624 年由安特卫普普朗坦出版的西斯都—克莱门版的修订本，为第一版，对《圣经》学研究有重要价值。

此书为索智能主教旧藏，题名页有主教椭圆形朱印一枚。1725 年，索智能入华，1729 年作为中国副省的代理人（procurator）进入北京，1740 年被任命为北京主教。因为是耶稣会士，索智能印章图案为主教牧徽，正中的盾徽为耶稣会的标志：十字架、IHS 和三颗钉子。耶稣会士将“IHS”作为修会标志，取“以耶稣为伙伴（Iesum Habemus Socium）”之义。钉子是耶稣受难的象征，最初为 4 枚，分别钉在双手双脚，中世纪后期许多耶稣受难图像的双脚上变成了一枚钉子。3 颗钉子，还表示耶稣会士及其他基督教修会成员入会的三项誓愿：清贫、独身、顺从。印文分两段自左向右环形，拉丁文，为“EPISCOPVS PEKINENSIS POLYCARPVS DE SOVZA”，两段印文之间用十字架标志隔开。

在印文和中心的耶稣会标志图案之间，还有象征主教的宽边帽和 4 根流苏的穗带。

索智能主教入华前后搜集了大量西文书。据鲁汶大学高华士（Noël Golvers）研究，索智能藏书，如《卡莱皮努斯七语词典》(*Septem linguarum Calepinus*, Patavii:1731)，是来自果阿主教伊纳西奥·德·索萨（Inácio de Souza）的旧藏。1749 年，他曾赠送给南堂耶稣会学院一部《光学体系四书》(*A Compleat System of Opticks in Four Books*, Cambridge: 1738),其扉页上带有其题识“Polycarpus Episcopus Pekinensis Donavit Coll(egi) o Soc（ietatis）Jes（u）Pekin（i），anno.1749”，意即“北京主教索智能赠给北京耶稣会学院，1749 年”。1757 年索智能主教去世后，其藏书归入南堂图书馆，后随其他南堂藏书一起并入北堂图书馆。据惠泽霖所编《北堂图书馆西文善本目录》(*Catalogue of the Peit’ang Library*, Peking: 1949)，带有索智能主教印章的文献有 93 种，而高华士最新研究为 95 种。其藏书范围涵盖医学、神父用书、祈祷书与圣咏、教会法、中国教团历史等，其藏书特点具有极强的“职业化”特征，显示出为传教士的“教师”“祈祷者”“教会管理者（主教）”等参考的实用性。

《第二、三次荷兰东印度公司使节出访大清帝国记闻》

翁莹芳

《第二、三次荷兰东印度公司使节出访大清帝国记闻》，荷兰语书名为*Gedenkwaerdig bedryf der Nederlandsche Oost-Indische Maetschappye，op de Kuste en in het Keizerrijk，van Taising of Sina: Behelzende het tweede Gezandschap aen den Onder-koning Singlamong en Veldheer Taising Lipoui*，1670年在荷兰阿姆斯特丹出版，著者系荷兰人奥尔费特·达佩尔（Olfert Dapper，约1635—1689）。阿姆斯特丹市的达佩尔大街（Dapperstraat）即以达佩尔的名字来命名的。

达佩尔，荷兰作家、地理学家、历史学家和翻译家，出生于阿姆斯特丹一个工人家庭。达佩尔一生从未离开过荷兰本土，但借助大量历史和地理书籍以及旅行者记录，尤其是荷兰东印度公司和西印度公司的记录，编纂了不少历史和地理著作。他出版过有关阿姆

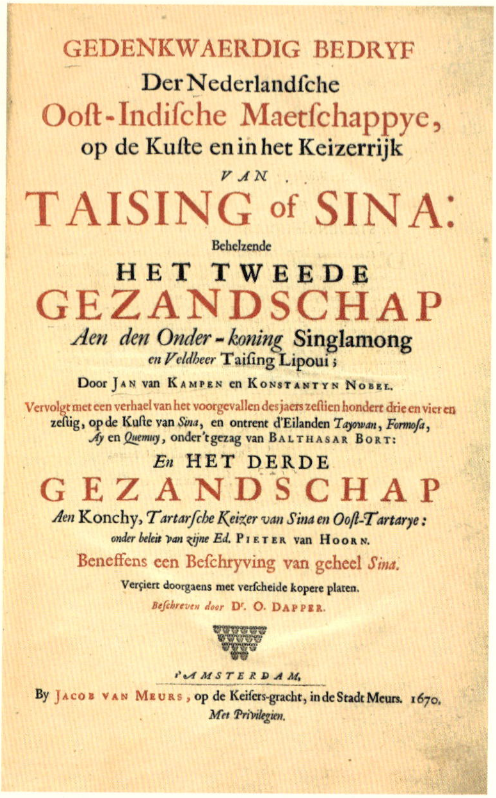

GEDENKWAERDIG BEDRYF
Der Nederlandſche
Ooſt-Indiſche Maetſchappye,
op de Kuſte en in het Keizerrijk
VAN
TAISING of SINA:
Behelzende
HET TWEEDE
GEZANDSCHAP
Aen den Onder-koning Singlamong
en Veldheer Taiſing Lipoui;
Door JAN van KAMPEN en KONSTANTYN NOBEL.
Vervolgt met een verhael van het voorgevallen des jaers zeſtien hondert drie en vier en zeſtig, op de Kuſte van *Sina*, en ontrent d'Eilanden *Tayowan*, *Formoſa*, *Ay* en *Quemuy*, onder 't gezag van BALTHASAR BORT:
En HET DERDE
GEZANDSCHAP
Aen Konchy, *Tartarſche Keizer van Sina en Ooſt-Tartarye:*
onder beleit van zijne Ed. PIETER van HOORN.
Beneffens een Beſchryving van geheel *Sina*.
Verçiert doorgaens met verſcheide kopere platen.
Beſchreven door Dr. O. DAPPER.

t'AMSTERDAM,
By JACOB VAN MEURS, op de Keiſers-gracht, in de Stadt Meurs. 1670.
Met Privilegien.

《第二、三次荷兰东印度公司使节出访大清帝国记闻》

斯特丹历史的著作，曾将古希腊著名历史学家希罗多德（Herodotus）的名著《希波战争史》翻译成荷兰文，还曾出版有关非洲、中国、印度、波斯、格鲁吉亚和阿拉伯半岛的著作。这些著作在他的时代非常有名，曾被译成英语、法语和德语等其他语言。达佩尔在今天最知名的作品是《描写非洲》（*Description of Africa*，1668），至今仍是研究非洲语言文化的关键作品。因此，1986 年，巴黎一家专注非洲艺术的博物馆正式开放时，便以达佩尔的名字来命名，这就是戴皮尔博物馆（Musée Dapper）。

1602 年，荷兰成立了东印度公司，旨在扩大远东贸易，开拓殖民地。荷兰人占领东印度群岛后，从 1655 至 1686 年间共 5 次派使节来中国，希望能与中国官方建立贸易关系，以维持和扩大在远东地区的贸易。其中第二次是 1662 年，由扬 · 范 · 坎彭（Jan

《第二、三次荷兰东印度公司使节出访大清帝国记闻》

van Kampen）和康斯坦丁·诺贝尔（Constantijn Nobel）领队出使中国福建；第三次是1663年，由范和伦（Pieter van Hoorn）领队出使中国。从而东印度公司档案成为研究17、18世纪亚洲历史最重要的资料来源之一。

达佩尔编纂《第二、三次荷兰东印度公司使节出访大清帝国记闻》不仅利用了东印度公司的资料，还使用了葡萄牙耶稣会士法伦西斯哥·皮门特（Francisco Pimentel）1670年以葡萄牙使节随员的身份到北京写的报告，包括觐见仪式的过程和对年轻的康熙皇帝的评价等。

中国国家图书馆藏本为十六开本，皮面精装，收录近百幅精细的铜版插图。内容由《荷兰东印度公司在中华帝国及沿岸可纪念之事件》和《第二、三次荷兰东印度公司使节出访大清帝国记闻》两部分组成，记录了出使路途所见，如中国的动植物以及桥、寺、塔等建筑，通过图文结合的方式详尽描绘了中国的民俗风情、社会风貌、政治事件、自然地理等，特别是福建沿海等地的情况。例如，书中的厦金地图精确绘出了这一海域的纬度；据悉，世界大航海时代有关鼓浪屿的最早详细记录就出自该书。书后还附有《荷兰人统治下的台湾》一文，记述了台湾的地理、历史、物产、风土民情及台湾地区曾经发生的重要历史事件。因此此文也是研究16、17世纪台湾历史极为重要的参考资料。

达佩尔擅长将地理学、经济学、政治学、医学、社会生活和民俗等各种单独的线索贯串起来，称得上是采用跨学科方法的第一人。当然，由于作者从未亲身到过中国，因此书中也存在不少臆想和谬误，尤其体现在诸多铜版插画中。由于西方人对中国的宗教充满了好奇，用西方的艺术手法绘出了中国的神像，如妈祖和观音，但是佛像被供奉在西方式的高大廊柱宫殿中，此外还有人骑着鸟在天上飞、天上飞着长翅膀的龙、地上长的菠萝比人还大等等。尽管如此，这本书还是生动表现了当时中国的面貌，丰富了当时欧洲人对中国的认知。对今天而言，则是让我们了解那一时期西方人对中国和中国人的认识。

《中华帝国全志》与《本草纲目》的西传

彭福英

中国国家图书馆藏外文善本中，有不少早期汉学著作，其中包括“法国汉学三大奠基作之一”的《中华帝国全志》(*Description géographique，historique，chronologique，politique，et physique del'empire de la Chine et de la Tartarie chinoise*)。

此书作者杜赫德(Jean-Baptiste Du Halde，1674—1743)，为法国耶稣会神父，著名汉学家。神父对中国文化与历史非常着迷，虽然一生从未踏上中国国土，但他收集了诸多在华耶稣会士有关中国的通信、著作、研究报告等，并精心选编，成其著作《中华帝国及其所属鞑靼地区的地理、历史、编年纪、政治和博物》，简称《中华帝国全志》。

该书共分四卷：第一卷记中国各省的地理，并有夏至清23个朝代的历史大事记，附有中国地理全图以及各分省地图；第二卷记述中国的政治、经济、经书、教育和科举制度等；第三卷论述了中国的宗教、道德、医药、博物等，并载有中国古代一些经典著作的节译本；第四卷主要论述中国鞑靼、蒙古、西藏等地区的地理、历史、语言等，并

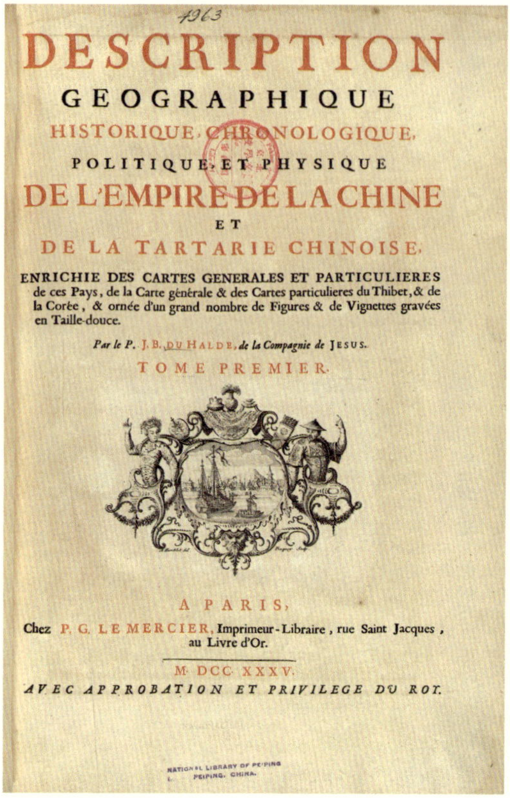

DESCRIPTION
GEOGRAPHIQUE
HISTORIQUE, CHRONOLOGIQUE,
POLITIQUE, ET PHYSIQUE
DE L'EMPIRE DE LA CHINE
ET
DE LA TARTARIE CHINOISE,
ENRICHIE DES CARTES GENERALES ET PARTICULIERES de ces Pays, de la Carte générale & des Cartes particulieres du Thibet, & de la Corée, & ornée d'un grand nombre de Figures & de Vignettes gravées en Taille-douce.

Par le P. J. B. DU HALDE, *de la Compagnie de* JESUS.

TOME PREMIER.

A PARIS,
Chez P. G. LE MERCIER, Imprimeur-Libraire, rue Saint Jacques, au Livre d'Or.

M. DCC. XXXV.
AVEC APPROBATION ET PRIVILEGE DU ROY.

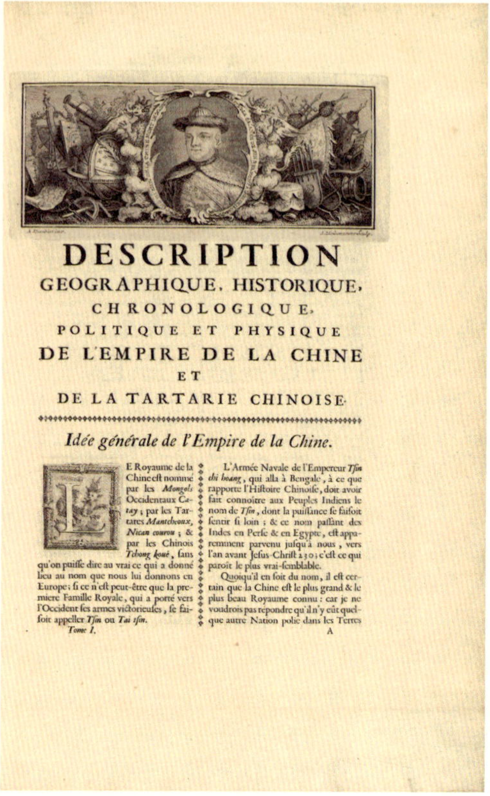

DESCRIPTION
GEOGRAPHIQUE, HISTORIQUE,
CHRONOLOGIQUE,
POLITIQUE ET PHYSIQUE
DE L'EMPIRE DE LA CHINE
ET
DE LA TARTARIE CHINOISE.

Idée générale de l'Empire de la Chine.

LE Royaume de la Chine eſt nommé par les *Mongols* Occidentaux *Catay*; par les Tartares *Mantcheoux*, *Nican courou*; & par les Chinois *Tchong koué*, ſans qu'on puiſſe dire au vrai ce qui a donné lieu au nom que nous lui donnons en Europe; ſi ce n'eſt peut-être que la premiere Famille Royale, qui a porté vers l'Occident ſes armes victorieuſes, ſe faiſoit appeller *Tſin* ou *Tai tſin*.

L'Armée Navale de l'Empereur *Tſin chi hoang*, qui alla à Bengale, à ce que rapporte l'Hiſtoire Chinoiſe, doit avoir fait connoître aux Peuples Indiens le nom de *Tſin*, dont la puiſſance ſe faiſoit ſentir ſi loin; & ce nom paſſant des Indes en Perſe & en Egypte, eſt apparemment parvenu juſqu'à nous, vers l'an avant Jeſus-Chriſt 230; c'eſt ce qui paroît le plus vrai-ſemblable.

Quoiqu'il en ſoit du nom, il eſt certain que la Chine eſt le plus grand & le plus beau Royaume connu: car je ne voudrois pas repondre qu'il n'y eût quelque autre Nation polie dans les Terres

Tome I. A

《中华帝国全志》

收录张诚的《鞑靼纪行》、雷孝思关于朝鲜地理的观察报告等。其中第三卷较为详细地介绍了《本草纲目》的作者、成书过程、书的主要内容以及书的价值，阐释了《本草纲目》的分类法，并对其部下的60类本草逐一加以介绍。同时选译了人参、茶、象、骆驼、海马、麝香、冬虫草、大黄、阿胶、当归、白蜡、五倍子、乌桕木、三七等十数种药品。

《中华帝国全志》1735年在巴黎以法文对开本首刊，共2500页，仅篇幅就显示出其为煌煌巨著。此书不仅是耶稣会士报告的分类汇编，也是18世纪上半叶欧洲有关中国知识的总汇，极受大众欢迎。在巴黎初版之后，轰动了整个欧洲，几年之内便出现了3个法文版、2个英文译本，俄文译本和德文译本也陆续出版发行。直到19世纪，此书依然被认为是欧洲关于中国知识的标准著作。其第三卷翻译的《本草纲目》节本，由于此书的广泛传播而为法国学者所认识，并随着《中华帝国全志》英文、德文、俄文等译本的出现，被介绍到欧洲各个国家，引起了欧洲学者越来越大的兴趣。因而，作为《本草纲目》的第一个法文节译本，《中华帝国全志》在其西传过程中发挥了重要的作用。

然而应当说，在这以前已有人将《本草纲目》节译成法文。据李约瑟考证，1720年法国医生范德蒙德（Jacques François Vandermonde，生卒年不详）赴澳门行医，1732年得到《本草纲目》。他对照书中所载药物，采集了80种矿物标本，编为《本草纲目中水火土金石诸部药物》，属于《本草纲目》金石部摘译本。但由于种种原因，此摘译本被积压了164年，直到1896年，通过德梅里（Ferdinand de Mély，1851—1935）的著作《中华金石》（*Les lapidaires Chinois*）才得以全部发表。

此后，法国著名汉学家雷慕沙（Jean Pierre Abel Rémusat，1788—1832）也撰写过对《本草纲目》和中国医学研究的论文：《论中国人的舌苔诊病》（*Dissertaio de Glosso-semeiotice, sive de signis morborum quae è lingua sumuntur, praesertim apud Sinenses*, 1813）和《中医历史研究》（*Recherches historiques sur la médecine des Chinois*, etc. 1813）。他对《本草纲目》的介绍和研究，促进了该书在欧洲的传播，欧洲有关《本草纲目》的学位论文逐渐增多，研究队伍也日益庞大，较为著名的如英国汉学家丹尼尔·韩伯里（Daniel Hanbury，1825—1875）的《中国本草备注》（*Notes on Chinese Materia Medica*，1862）和《药物学与原植物学论丛》（*Science Papers, Chiefly Pharmacological and Botanical*，1876），后者有一半是介绍《本草纲目》。

20世纪初叶，英国人伊博恩（Bernard Emms Read，1887—1949）积多年努力对《本草纲目》卷8—37、39—52共四十卷所作的英文介绍，虽非全译本，但所译亦达亦雅亦信，也是《本草纲目》翻译的一个巅峰。

可见，自《本草纲目》第一个法文节译本问世200多年以来，西方学者从未中断过对它的研究。如同李约瑟所说：“毫无疑问，明代最伟大的科学成就，是李时珍那部在本草书中登峰造极的著作《本草纲目》……李时珍作为科学家，达到了同伽利略、维萨里的科学活动隔绝的任何人所不能达到的最高水平。”而且，近些年来，随着中医的盛行，西方对《本草纲目》的研究将达到一个新台阶。

国家图书馆所藏《中华帝国全志》，初版，四册，对开本，牛皮精装，品相良好，钤“北京汇文学校图书室（The Peking Academy Library）”印，为北京汇文学校旧藏，甚为珍贵。

《简明地图集》与“詹金斯耳朵的战争”

朱默迪

1739年，佛朗西斯科·朱斯蒂尼亚尼（ Francisco Giustiniani）出版了其历史地图代表作——《简明地图集》（*El Atlas Abreviado*）。这是一本介绍世界地理、政治、历史、风俗的图集汇编，附带43幅地图。值得注意的是，同年10月23日，时任大英帝国首相罗伯特·沃波尔（Robert Walpole，1676—1745）爵士代表英国政府，正式对西班牙宣战。作为当时西方两大帝国之间的战争，其导火索竟然是一只耳朵。这只耳朵的主人是英国商船“丽贝卡号”（Rebecca）船长罗伯特·詹金斯（Robert Jenkins）。1738年，在下议院的一个听证会上，詹金斯激动地举着一只耳朵，公开讲述七年前他在海上的不幸遭遇。在航海途中，西班牙当局官员登船巡检，双方发生冲突，西班牙官员竟割下了他的一只耳朵。詹金斯船长的愤慨叙述引起舆论的广泛关注，下院更有言论认为此事牵涉国体荣辱，必须严肃处理。尽管当时内阁无意开战，但迫于国内压力，首相还是宣布了对西战争。1739至1748年，这场战争持续了九年，最终以西班牙获胜告终，从而西班牙得以继续支配大西洋制海权直至19世纪，同时也得以继续维持在美洲的殖民统治。

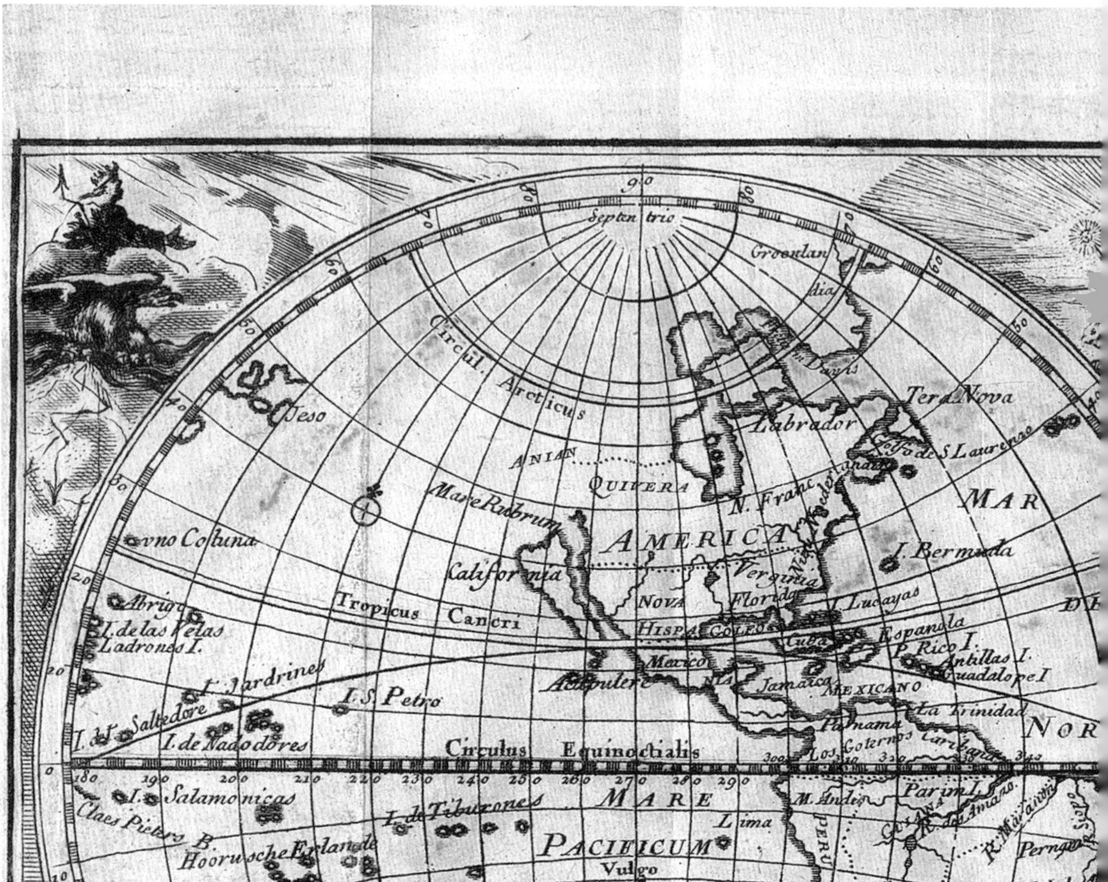
Septentrio
Groenlandia
Circul. Arcticus
Jeso
Labrador
Tera Nova
ANIAN
QUIVERA
Mare Rubrum
AMERICA
I. Bermuda
California
Tropicus Cancri
Florida
Cuba
Espanola
Mexico
Jamaica
MEXICANO
La Trinidad
Panama
vno Coluna
Ladrones I.
I. de las Velas
I. S. Petro
I. de Nadodores
Circulus Equinoctialis
I. Salamonicas
Claes Pieters B.
MARE
PACIFICUM
Vulgo
Lima
PERU
BRASILIA
PARAGUAY
Tropicus Capricorni
MARE DEL ZUR
Nova Zeelandia
Magellanica I.
Fretum Magellanicum
Circul. Antarcticus
AUSTRALIA INCOGNITA
Meridies

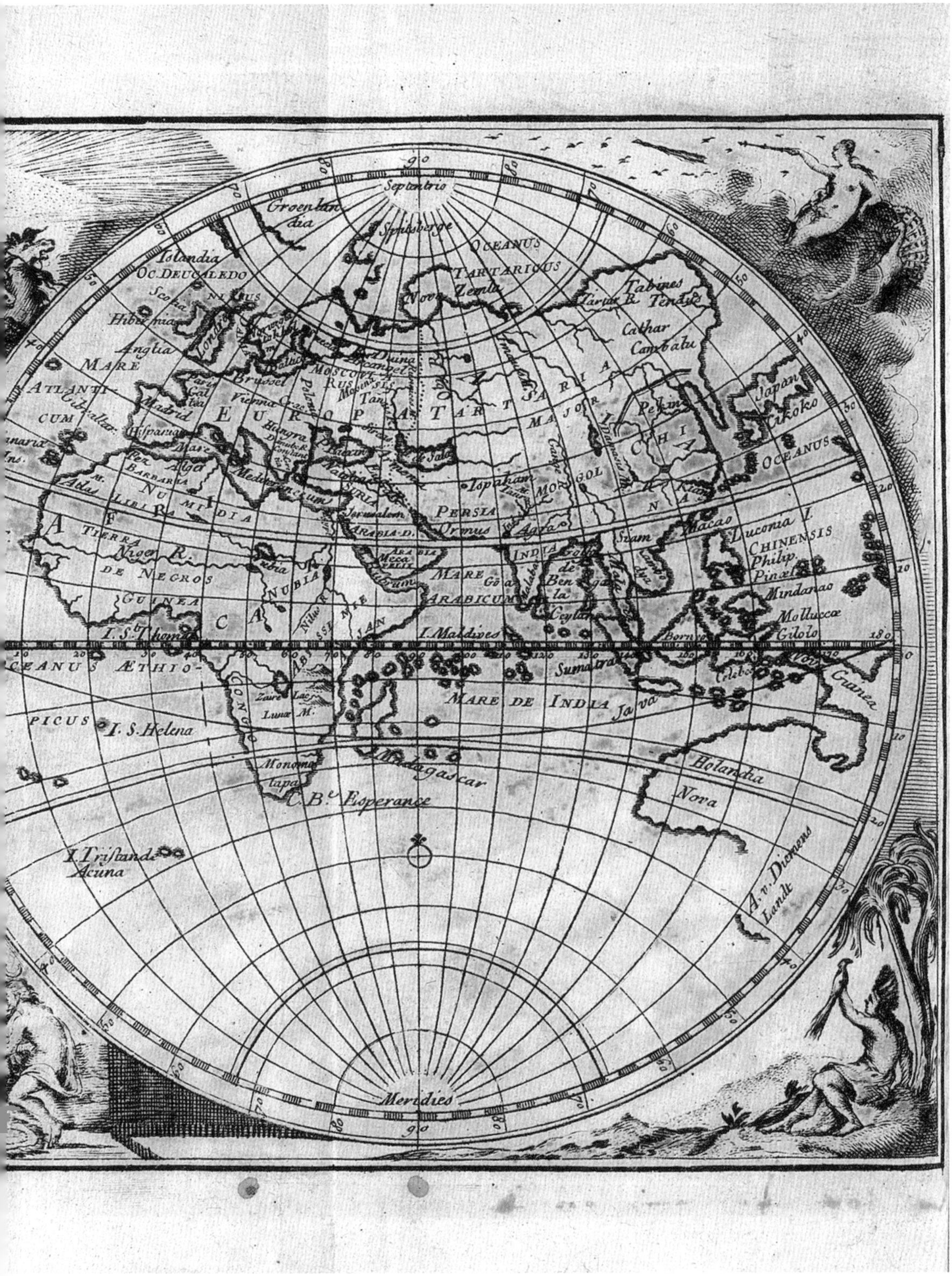
Septentrio
Groenlandia
Spitsberge
OCEANUS
TARTARICUS
Nova Zemla
Islandia
OC. DEUCALEDO
Hibernia
Anglia
Londra
MARE
ATLANTICUM
Tabines
Tendic
Cathar
Cambalu
Japan
Tikoko
OCEANUS
Madrid
Hispania
EUROPA
Vienna
Brussel
Moscovia
TARTARIA
MAJOR
Pekin
CHINA
MONGOL
Ispahan
PERSIA
Ormus
Agra
Siam
Macao
Luconia I.
CHINENSIS
Philip.
Mindanao
Moluccæ
Gilolo
Jerusalem
BARBARIA
NUMIDIA
AFRICA
Niger R.
DE NEGROS
GUINEA
NUBIA
Meca
MARE ARABICUM
Ceylan
I. Maldives
Bornee
Sumatra
Celebes
Guinea
OCEANUS ÆTHIOPICUS
CONGO
Zaire
I. S. Helena
MARE DE INDIA
Java
Monomotapa
Madagascar
C. B.e Esperance
Holandia
Nova
I. Tristand Acuna
A. v. Diemens Landt
Meridies

西班牙语《简明地图集》

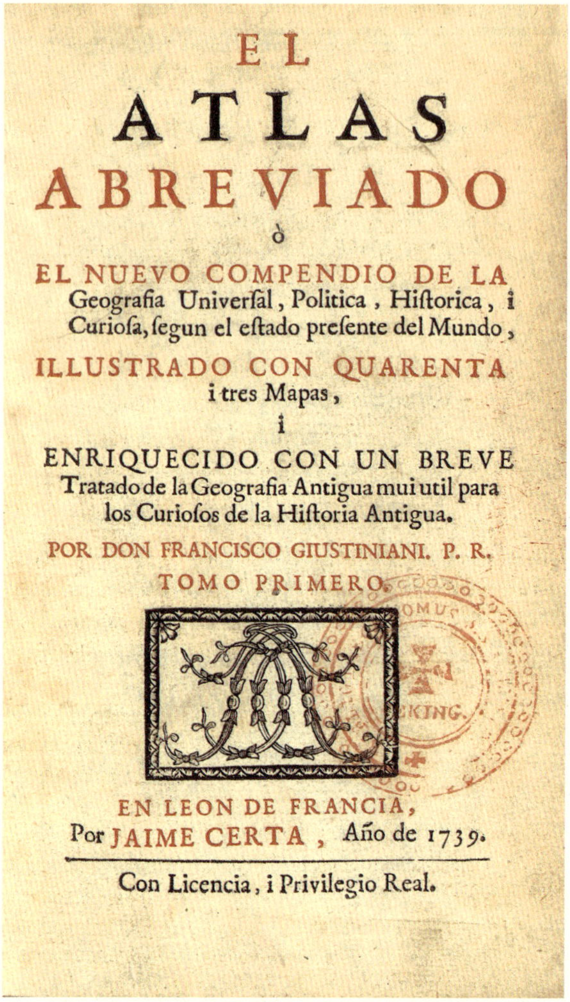
EL
ATLAS
ABREVIADO
ò
EL NUEVO COMPENDIO DE LA
Geografia Univerſal, Politica, Hiſtorica, i
Curioſa, ſegun el eſtado preſente del Mundo,
ILLUSTRADO CON QUARENTA
i tres Mapas,
i
ENRIQUECIDO CON UN BREVE
Tratado de la Geografia Antigua mui util para
los Curioſos de la Hiſtoria Antigua.
POR DON FRANCISCO GIUSTINIANI. P. R.
TOMO PRIMERO.
EN LEON DE FRANCIA,
Por JAIME CERTA, Año de 1739.
Con Licencia, i Privilegio Real.

西班牙语《简明地图集》

这场被称作“詹金斯耳朵的战争”，只是后大航海时代英、西争夺海上霸权及新大陆殖民统治权的一个缩影。其实，早在1492年哥伦布从西班牙出海开始，西班牙人对于世界其他地方的好奇心从未停止过，关于世界的舆地知识逐渐成为西班牙学者们最乐于探讨的话题。因此在地图绘制和地理知识研究上，优秀著作层出不穷。朱斯蒂尼亚尼的这本地图集另辟蹊径，立足于对历史资料的整理，进而研究世界地理变迁。一方面，它对历史文献中地理资料的挖掘相对以往有了长足的深入，例如自古罗马时代以来各地区地理变迁，甚至精细到每个地区地名的变化等。另一方面，本书的编排又是按照当时最新的地理状况进行章节划分，包括美洲“新大陆”、亚洲、非洲、欧洲各地，每个章节均附有该章所涉及地区的详细地图。这样的编纂形式对编者提出了很高的要求，在如此长的时间跨度下，地缘变化会十分复杂，还要从繁杂的历史资料中理清所需信息。但是，这样编排的好处在于，按照人们熟悉的地理划分便于读者按图索骥，根据自己已形成的地理概念在书中追溯古代地理知识。此外，书后还附有地名索引，使查阅更加方便。在书籍题名页上写着“本书内含丰富的古代地理知识，对爱好古代历史之人十分有用”（enriquecido con un breve tratado de la geografia antigua mui util para los curiosos de la historia antigua），这段话恰恰说明编者的关注点在历史上。

《简明地图集》共三卷四册，中国国家图书馆所藏为首版的第二卷上册，由里昂书商 Jaime Certa 出版。书中 43 幅图版以弗朗西斯科·德·艾佛登（Francisco de Aefferden，1653—1709）出版的地图集为底本，新增了大量的文献，对部分地图进行了修订。该书于 1755 年再版，为六卷八册，题名改为《新版简明世界地图集》（*El Nuevo Atlas Universal Abreviado*），除进行了一些必要修正，还增加了 24 幅地图以及海上相关内容，如航海指南等，大大提升了书籍的实用性。朱斯蒂尼亚尼的《简明地图集》对地理大发现之前的世界地理概况进行了总结和汇编，这种编纂形式对历史地理学的研究具有重要的学术意义，反映了 18 世纪以来人们在地理学研究上的热忱和深度。

版画《帝鉴图说》

马　琳

中国明代内阁首辅、大学士张居正曾亲自编纂了一部供十岁的万历皇帝阅读的教科书，名为“帝鉴图说”，目的是希望小皇帝能以史为鉴，成为贤明君主。这部书从内容上分为两个部分：第一部分以“圣哲芳规”为总题，收录历代明君帝王故事81则；第二部分以“狂愚覆辙”为总题，收录昏君暴主故事36则，每个故事都配有一幅生动的木刻版画插图，可读性极强。此书成书后不仅受到历代统治者的重视，在一般官吏、士人中也颇受欢迎，四百年间多次翻印传抄，甚至流传到日本等地，影响极为深远。

中国国家图书馆藏外文善本中有一部法文书，题名为*Faits mémorables des empereurs de la Chine*，直译为《中国皇帝的真实记忆》，为1788年巴黎版，装帧十分精美。比利时布鲁塞尔自由大学教授马思杰（Jacques Marx）在其研究论文中指出，此书是乾隆时期担任中国宫廷画家的王致诚（Jean Denis Attiret，1702—1768）据中文本《帝鉴图说》创制画作，再由赫尔曼（Isidore-Stanislas-Henri Helman，1743—1806或1809）

《帝鉴图说》

I.^E ESTAMPE.

L'Empereur Yao, qui regnait 2357 ans avant notre Ere, donna à tous les Princes le grand exemple de faire parvenir la vérité jusqu'au Thrône. A la porte extérieure de son Palais, il fit placer une Tablette sur laquelle tous ses Sujets avaient droit d'écrire les avis qu'ils croiraient utiles au bien de l'Empire. A côté de la Tablette était un Tambour; celui qui venait d'écrire y frappait; le Prince, averti par le son, se faisait apporter sur le champ ce qu'on avait écrit, et profitait, soit pour rendre justice soit pour réfor-mer l'administration, des lumieres que cet expédient lui avait procurées. Cette sage institution condamne la politique de ces Princes qui font consister la Majesté du Thrône à se rendre inaccessibles à leurs Sujets.

《帝鉴图说》

雕版而成。

王致诚，法国耶稣会士，清朝宫廷画家。擅长油画人物、肖像、走兽。乾隆三年（1738）作为法国耶稣会士来华，将所绘《幕阁崇拜圣子图》进呈乾隆皇帝，获得皇帝赏识并成为宫廷画家。其传世作品不多，有《十骏图册》《阿尔楚尔之战》（乾隆平定西域战图之一）以及一些蒙古族厄鲁特首领的油画肖像等。

赫尔曼，法国著名雕刻师、书画刻印作品商，著名雕版师拉—贝斯（Jacques Philippe Le-Bas，1707—1783）的学生，专刻中国事物的版画，曾参与《乾隆战功图》的版画创作。

《中国皇帝的真实记忆》的内容形制都与张居正书十分相似，故亦可译为《帝鉴图说》。全书左图右文，按时间顺序介绍了中国古代自尧帝至宋哲宗24位帝王的历史故事。既有“谏鼓谤木”类广听言路的贤明君主的故事，也有“焚书坑儒”等残暴帝王的故事。书中内容大部分都能从张居正《帝鉴图说》中找到原型，仅极少数几种为新增。书中的版画插图画法、描绘内容也与张居正《帝鉴图说》如出一辙，而历史故事的介绍文字则相对简短，并且在历史时间和事件上存在一些误差。

扉页上述及的献给“madame”，即为玛丽·约瑟菲娜·路易丝（Marie-Joséphine-Louise de Savoie，1753—1810），是萨丁尼亚王国萨伏依王朝公主。她1771年嫁给了法兰西王国波旁王朝国王路易十五的第四个孙子，普罗旺斯伯国伯爵。法国大革命爆发后，逃往布鲁塞尔，并游历普鲁士、英国、俄国等国。1795年，其丈夫被宣布为法兰西国王路易十八，她也因此被册立为名义上的王后，封号玛丽十世。

我馆藏另有一本由钱德明（Jean-Joseph Marie，1718—1793）编纂的《孔子小传》（*Abrégé historique des principaux traits de la vie de Confucius，célèbre philosophe chinois*），亦由赫尔曼雕版，是《帝鉴图说》的姊妹篇。

德里格音乐手稿
——中西音乐交流的见证

赵大莹

随着明清间入华传教士与中国文人日益密切的合作，中西文化在各领域的接触与交流广泛展开，不仅是数学、天文学、工程机械、水文学、地理学，音乐、绘画方面所取得的成就也颇引人注目。中国国家图书馆所藏意大利籍遣使会士德里格（Teodorico Pedrini，1671—1746）的音乐手稿，即是现存惟一一部18世纪欧洲音乐作品的原稿，是中西音乐交流的重要历史见证。

德里格，1671年出生于意大利马尔凯地区（Le Marche）的费尔莫（Fermo），1692至1697年在罗马切诺学院（Roman Collegio Piceno）求学，获得教会法和民法的博士学位，兼修医学。1698年德里格从切诺学院离开后，来到蒙特奇特利欧（Montecitorio），并在这里加入了遣使会（Congretation of the Mission）。这样的选择也许是因为当地遣使会与

SONATE
A
VIOLINO SOLO COL BASSO
DEL NEPRIDI
OPERA TERZA
PARTE PRIMA

Sonata I
Adagio
1

德里格手稿

费尔莫主教有关，而且与切诺学院联系密切。例如 1704 年费尔莫主教巴尔达萨·琴奇（Baldassare Cenci，1697—1709）即负责在该地开设新的遣使会士之家（Lazarist House）。18 世纪初叶，教皇克莱门十一世（Clement XI）准备选派传教士赴华，尤其希望在北京建立一个直接由教皇领导的代表团。教皇最初选择了费尔莫主教，但为后者谢绝。于是与遣使会有密切关系的多罗（Charles-Thomas Maillard de Tournon，1668—1710）成为教皇特使。德里格则由于是遣使会士，且与意大利枢机主教法布里奇奥·保卢齐（Fabrizio Paolucci，1665—1726）同样来自马尔凯而被选中，虽然他并非自愿。他未与多罗同行，1711 年才抵达北京。

早在 1708 年，康熙帝的宫廷乐师徐日升逝世。德里格则精通音乐，擅长斯宾耐琴、羽管键琴、铃鼓、管琴，便受到康熙帝的赏识，成为宫廷音乐教师。他受命教授七位皇子学习音乐，并参与了《律吕正义·续编》的编著，收入康熙钦定《律吕正义》卷五中。雍正皇帝即位后，虽执行了严格的禁教政策，但仍留德里格在京服务，后者得以在北京建造遣使会的教堂——西堂（今西直门天主堂）。然而在礼仪之争中，德里格作为遣使会士，不能不执行教皇的谕令。德里格先是因誊抄康熙帝写给罗马教廷关于礼仪问题的信件时，部分内容有背于圣旨，得罪了康熙帝，1718 年又未入宫吊唁皇太后，加之 1720 年未给皇帝叩拜新年，此后又未在《嘉乐来朝日记》中署名，惹怒了康熙帝，导致 1721 年锒铛入狱，直到 1741 年才重回宫廷，1746 年逝世。

我馆藏《德里格小提琴独奏和通奏低音奏鸣曲》（*Sonate a violino col basso del Nepridi, Opera Terza*）是德里格的音乐手稿，75 页，装订为一册，第一部分和第二部分的题名皆为手写。用纸有所不同，除了第三奏鸣曲至第四奏鸣曲的第一部分外，大部分是两张白棉纸粘在一起。用墨也浓淡不一。有些页面带有潦草的批注，带有勾划、擦除乃至另贴一纸改正内容等方式的修改痕迹。德里格音乐手稿的构成，许多地方借鉴了意大利小提琴家、作曲家科雷利（Arcangelo Corelli，1653—1713）的作品，例如，音乐手稿的第一页模仿了科雷利于 1700 年罗马出版的作品第 5 号《6 首教堂奏鸣曲》。又如，同样为 12 首，科雷利分前后部分各 6 首，德里格则分第一部分 8 首，第二部分 4 首；采用类似的标记说明，如前者标“庄重的”（Grave）、“轻快的”（Allegro）等，德里格标为“欢快的”（Largo）、“轻柔的”（Cantabile）等；另外，第二部分都是舞曲。

科雷利在 18 世纪的欧洲掀起了一股热潮，声名远播。据罗马传信部（Propaganda Fide）的通信档案，1711 年 3 月 4 日德里格写信请求寄给他科雷利的作品。北堂藏书中有罗格（Roger）整理的科雷利三重奏鸣曲作品（Sonate à tre，due violini e violone col basso per l'organo di Arcangelo Cordili da Fusignano detto II Bolognese），其出版时间在 1711—1746 年，此书到达德里格手中可能是在他生命的最后 20 年了。从德里格手稿所借鉴的内容来看，虽然科雷利的作品第 5 号是在德里格离开欧洲后出版，但德里格显然看过，并通过他的吸收和改编，将科雷利的音乐传播到中国宫廷，扩大了科雷利在东亚的影响。我们所能看到的德里格音乐手稿也成为西方音乐传入中国的重要实物例证，弥足珍贵。

《法汉蒙满四体合璧词典》

彭福英

中国国家图书馆藏外文善本中，有一些珍贵的外文稿抄本，其中包括《法汉蒙满四体合璧词典》。

作者孙璋（Alexander de la Charme，1695—1767），法国著名作家、天文学家、翻译家和汉学家。1695 年诞生于里昂，1712 年入初修院，1721 年晋铎，1728 年来华，后定居于北京直至 1767 年逝世。孙璋精通拉丁文、法文、汉文、满文等，曾翻译《礼记》（*Li-ki*）为法文、《诗经》（*Livre des Vers*）为拉丁文。拉丁文版《诗经》附有详细注释，为欧洲刊行的第一种《诗经》全本。此外，孙璋还历经十数年之功写成汉文著作《性理真诠》，初刻于乾隆十八年（1753），六卷四册，1757 年译成满文。该书从概念、命题之辨析入手来比较中西文化，以学术理论方式考究中西“性理”概念，借“先儒”弘扬“天学”，是明清之际在华耶稣会士神学代表作之一，也是较系统地探讨易学哲学问题的重要著作。1773 年该书重版，孙璋在其序言中，极力称颂五经的博大精深，并希望重新发掘《易经》

等经书的真义，此时正逢教会禁止中国礼仪，耶稣会被遣散之时，此书引起了轩然大波并被教廷列为禁书。

《法汉蒙满四体合璧词典》是孙璋的又一代表作，稿本。该书按照法文字母顺序排列，凡六卷：卷一从字母 A 到以字母 D 打头的 Dyssenterie（意为痢疾），卷二从 Eau（水）到 à Jeûn（意为空腹的），卷三从 Jeune（年轻的）到 Nécessaire（必须的），卷四从 Nécessaire 到 Prévaloir（占优势），卷五从 Profontié（navire，船舰的深度）到 seulement（仅仅），卷六从 Seulet（单独的）到 Zybelline（黑貂）。

据第一卷单词“cycle”（周期）下书“Cette année 1760 est la 17e du cycle”可推测，该书的成书年代当在 1758 年至 1767 年间。孙璋撰写之初，所用的纸张非常焦脆，且容易吸墨，导致两面书写的第一卷和第二卷的前半部分字迹模糊，难以辨认。从第二卷后半部分开始，改为仅正面书写，第一卷为 1190 页，第二卷为 1020 页，其余四卷均为 680 页，总共计 4920 页。从笔迹上判断，法语、蒙古语和满语以及简短的汉语都出自同一人之手，而那些较长的汉语则是用毛笔书写，笔法流畅，显然受过专业训练。第一卷前护叶有注记。

书页尺寸为 32cm × 23 cm，正文尺寸为 27.5cm × 18.5 cm。订为六册。由于装订者的失误，第五卷的前 48 叶，即从 Prévaricateur（渎职者）到 Profondeur（深度）的部分，被放置于第六卷的前部。

清朝之际，大型分类词典的编撰得到了长足发展。如康熙曾敕令编纂了《御制清文鉴》满文词典和满蒙合璧的《清文合蒙古鉴》等；后乾隆又敕令编撰了《清文总汇》《满汉文鉴》等满汉合璧的大型分类词典以及《御制满洲蒙古汉字三合切音清文鉴》《四体合璧文鉴》《御制四体清文鉴》《御制五体清文鉴》等三体、四体、五体合璧词典。《法汉蒙满四体合璧词典》正是在词典编撰发展的繁荣时期诞生的，见证了康乾期间词典编撰的历史，同时也为研究 18 世纪汉学的发展以及中西文化交流提供了重要的载体。

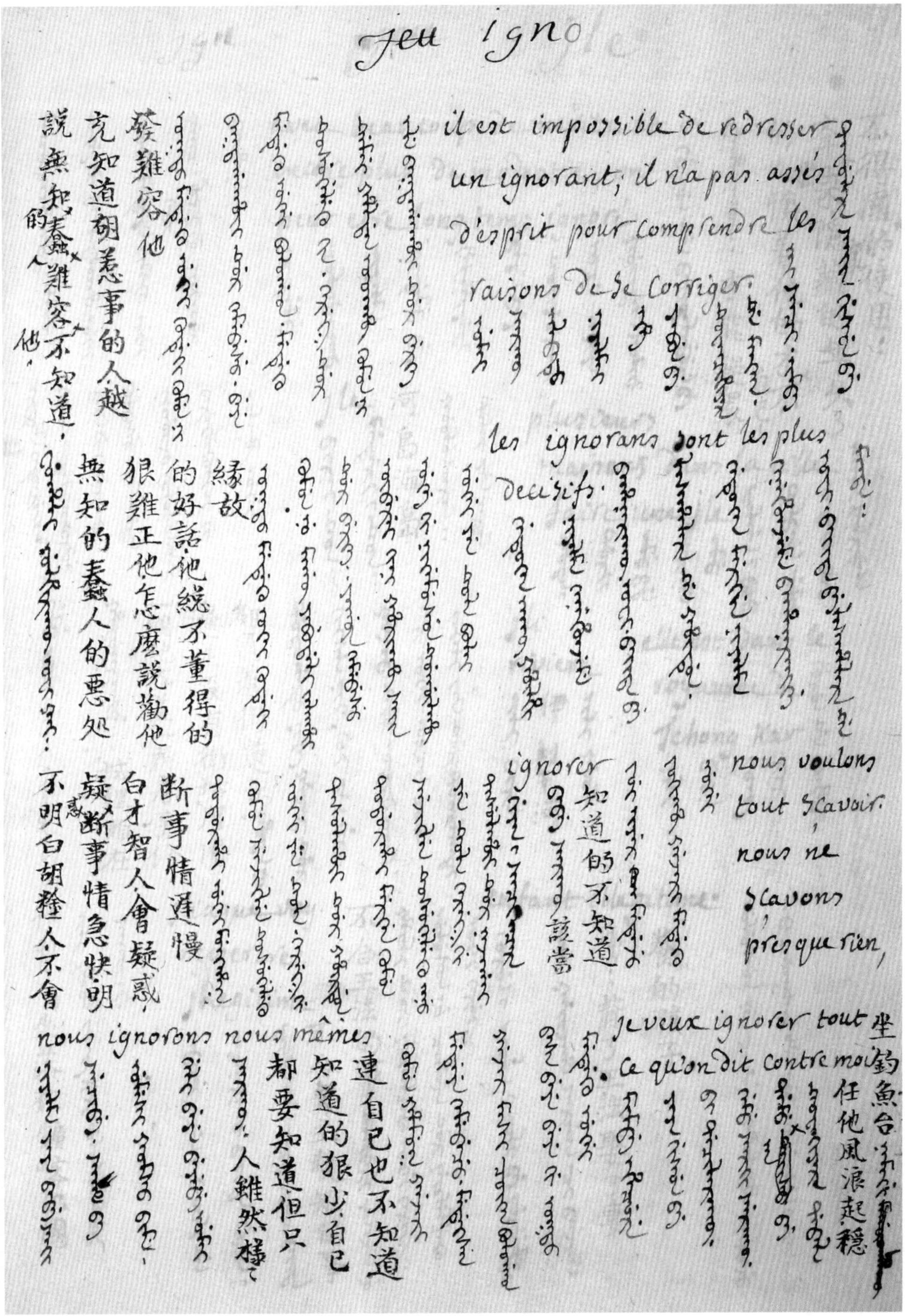
Jeu igno

il est impossible de redresser un ignorant, il n'a pas assés d'esprit pour comprendre les raisons de le corriger.

說無知的蠢人雖容不知道他
充知道胡惹事的人越
發難容他

les ignorans sont les plus decisifs.

無知的蠢人的惡処
狠難正他怎麼說勸他
的好話他總不董得的
緣故

ignorer 知道的不知道 該當

nous voulons tout sçavoir, nous ne sçavons presque rien,

不明白胡塗人不會
疑惑断事情急快明
白才智人會疑惑
断事情遲慢

nous ignorons nous mêmes

人雖然樣樣
都要知道但只
知道的狠少自己
連自己也不知道

je veux ignorer tout ce qu'on dit contre moi

坐釣魚台任他風浪起穩

《法汉蒙满四体合璧词典》

《柏林皇家图书馆汉满文书籍和手稿目录》
——中国珍籍在异域

翁莹芳

《柏林皇家图书馆汉满文书籍和手稿目录》，德文书名为 *Verzeichniss der chinesischen und mandshuischen Bücher und Handschriften der Königlichen Bibliothek zu Berlin*，1822 年由法国巴黎的皇家印刷厂印行出版。本书受当时的普鲁士皇帝委托编写，编者系德国人尤利乌斯 · 冯 · 克拉普罗特（Julius von Klaproth，1783—1835）。

克拉普罗特是欧洲东方学的创立者之一，是和雷慕沙（Jean Pierre Abel Rémusat，1788—1832）同时代人，其头衔包括语言学家、历史学家、民族学学者、作家、东方学家、汉学家和研究型探险家。他的父亲是著名的化学家马丁 · 海因里希 · 克拉普罗特（Martin Heinrich Klaproth），曾发现包括铀在内的四种化学元素。克拉普罗特不顾父亲的反对，年少时就开始学习亚洲语言，尤其是汉语。

在编制这本《目录》时，柏林皇家图书馆已经拥有一个比较全面的中国文献馆藏，是当时除巴黎皇家图书馆之外拥有最好中国文献资源的欧洲图书馆。17 世纪，勃兰登堡大选帝侯，即后来的第一任普鲁士国王腓特烈一世，对远东怀有极大热情。他决定首先从了解中国入手，于是委托荷兰东印度公司的私人朋友在巴达维亚（今印尼雅加达）大量采购中国文献。从 1665 年开始，陆续有中国书籍进入柏林的皇家图书馆。

中国藏书不断增加，为了便于了解和阅读以及更好地利用这些馆藏，编目和管理工作随之而来。最初的负责人是柏林神父、著名东方学家安德烈亚斯·米勒（Andreas Müller，1630—1694），他的继任是克里斯蒂安·门策尔（Christian Menzel）。

门策尔和中国方面一直有信件往来，他通过自己的渠道获取来自中国的书籍和手稿。当时图书馆里所有医学和植物类书籍都由门策尔收集而来。门策尔于 1702 年去世时，柏林皇家图书馆的中国书籍约有 400 本，在当时可谓西方最大、最好的中文图书馆。遗憾的是，此后 100 年间的藏书量始终没有增加，直至 1810 年克拉普罗特给图书馆带来了中文、满文和蒙古文书籍。

1805 年，克拉普罗特作为俄国戈洛夫金（Golovkin）伯爵使团的成员之一前来中国，但是使团在中俄边界无功而返。尽管如此，克拉普罗特却获得了可观的中国典籍，尤其是词典类书籍。

经过多年的搜罗和发展，当克拉普罗特编制这本目录时，柏林皇家图书馆的中文藏书不仅可以满足日常学习汉语的需要，也构成了一个全面的中国文献专藏。

《目录》共分为八个部分：历史和地理著作，词典和语法著作，哲学和伦理著作，小说，自然史和医学著作，耶稣会士在中国出版的著作，杂项和残卷等。《目录》在当时限量印刷了 200 册，极为珍贵，中国国家图书馆藏有两册，其中一册系穆麟德旧藏。

穆麟德（Paul Georg von Möllendorff，1847—1901）系德国东方学家、汉学家和外交官。1869 年来到中国后，先后在中国海关、德国驻华使馆、各地领事馆等处工作。作为一名

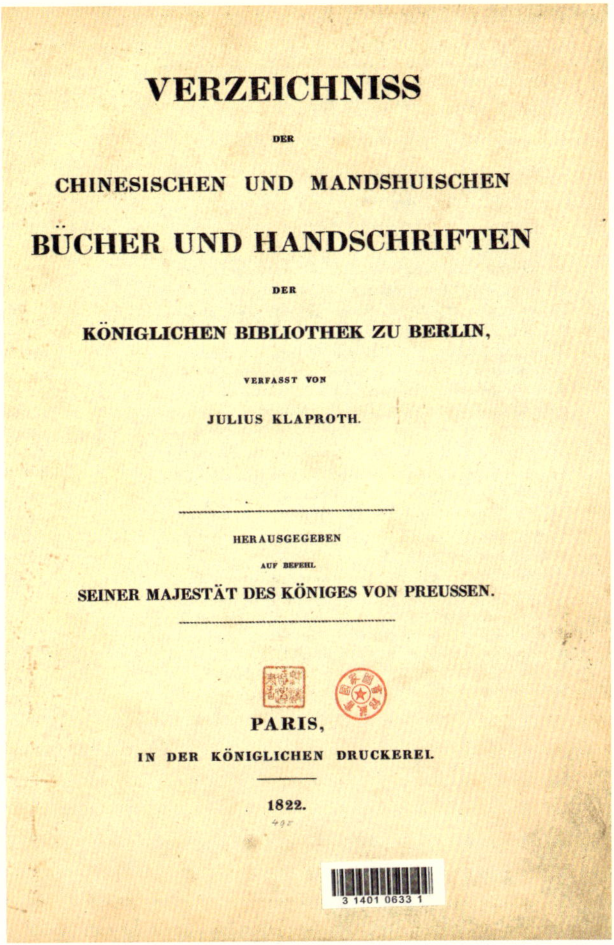
VERZEICHNISS

DER

CHINESISCHEN UND MANDSHUISCHEN

BÜCHER UND HANDSCHRIFTEN

DER

KÖNIGLICHEN BIBLIOTHEK ZU BERLIN,

VERFASST VON

JULIUS KLAPROTH.

HERAUSGEGEBEN

AUF BEFEHL

SEINER MAJESTÄT DES KÖNIGES VON PREUSSEN.

PARIS,

IN DER KÖNIGLICHEN DRUCKEREI.

1822.

《柏林皇家图书馆汉满文书籍和手稿目录》

东方学家，穆麟德购置了大量中国古籍以及与东方学和汉学相关的西文书籍。1901年，穆麟德卒于浙海关税务司任上，其藏书由其遗孀处理。

出于经济以及回国携带不便等原因，穆氏遗孀一直有意出售穆氏遗书，为此还编制了藏书目录。1914年，时任民国内务总长的朱启钤先生获悉，穆麟德遗孀正在出售穆麟德生前遗留的书籍。考虑到其中有诸多和东方学相关的宝贵资料，于是朱先生和友人集资购存了这批藏书。

朱先生当时正在故宫筹办古物陈列所，于是将穆氏遗书存放于传心殿旁的闲置屋中。

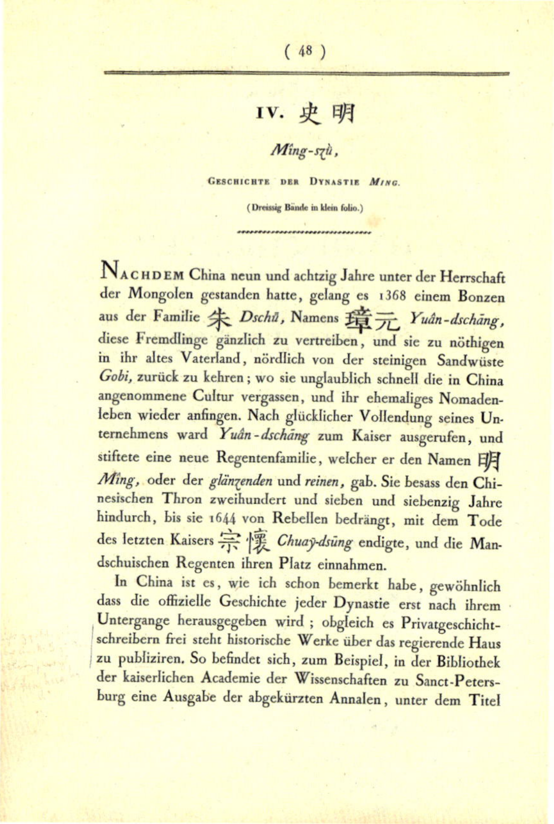

(48)

IV. 史明

Mîng-sẓù,

GESCHICHTE DER DYNASTIE *MING*.

(Dreissig Bände in klein folio.)

NACHDEM China neun und achtzig Jahre unter der Herrschaft der Mongolen gestanden hatte, gelang es 1368 einem Bonzen aus der Familie 朱 *Dschū*, Namens 章元 *Yuân-dschāng*, diese Fremdlinge gänzlich zu vertreiben, und sie zu nöthigen in ihr altes Vaterland, nördlich von der steinigen Sandwüste *Gobi*, zurück zu kehren; wo sie unglaublich schnell die in China angenommene Cultur vergassen, und ihr ehemaliges Nomadenleben wieder anfingen. Nach glücklicher Vollendung seines Unternehmens ward *Yuân-dschāng* zum Kaiser ausgerufen, und stiftete eine neue Regentenfamilie, welcher er den Namen 明 *Mîng*, oder der *glänzenden* und *reinen*, gab. Sie besass den Chinesischen Thron zweihundert und sieben und siebenzig Jahre hindurch, bis sie 1644 von Rebellen bedrängt, mit dem Tode des letzten Kaisers 宗懷 *Chuaỳ-dsūng* endigte, und die Mandschuischen Regenten ihren Platz einnahmen.

In China ist es, wie ich schon bemerkt habe, gewöhnlich dass die offizielle Geschichte jeder Dynastie erst nach ihrem Untergange herausgegeben wird; obgleich es Privatgeschichtschreibern frei steht historische Werke über das regierende Haus zu publiziren. So befindet sich, zum Beispiel, in der Bibliothek der kaiserlichen Academie der Wissenschaften zu Sanct-Petersburg eine Ausgabe der abgekürzten Annalen, unter dem Titel

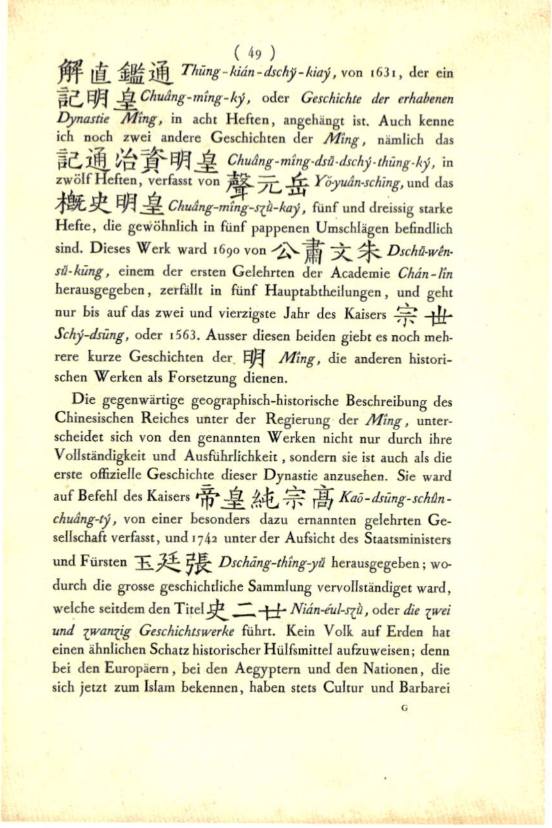

(49)

解直鑑通 *Thūng-kián-dschỳ-kiaý*, von 1631, der ein 記明皇 *Chuâng-mîng-ký*, oder *Geschichte der erhabenen Dynastie Mîng*, in acht Heften, angehängt ist. Auch kenne ich noch zwei andere Geschichten der *Mîng*, nämlich das 記通治資明皇 *Chuâng-mîng-dsū-dschý-thūng-ký*, in zwölf Heften, verfasst von 聲元岳 *Yŏ-yuân-schīng*, und das 概史明皇 *Chuâng-mîng-sẓù-kaý*, fünf und dreissig starke Hefte, die gewöhnlich in fünf pappenen Umschlägen befindlich sind. Dieses Werk ward 1690 von 公肅文朱 *Dschū-wên-sū-kūng*, einem der ersten Gelehrten der Academie *Chán-lîn* herausgegeben, zerfällt in fünf Hauptabtheilungen, und geht nur bis auf das zwei und vierzigste Jahr des Kaisers 宗世 *Schý-dsūng*, oder 1563. Ausser diesen beiden giebt es noch mehrere kurze Geschichten der 明 *Mîng*, die anderen historischen Werken als Forsetzung dienen.

Die gegenwärtige geographisch-historische Beschreibung des Chinesischen Reiches unter der Regierung der *Mîng*, unterscheidet sich von den genannten Werken nicht nur durch ihre Vollständigkeit und Ausführlichkeit, sondern sie ist auch als die erste offizielle Geschichte dieser Dynastie anzusehen. Sie ward auf Befehl des Kaisers 帝皇純宗高 *Kaō-dsūng-schûn-chuâng-tý*, von einer besonders dazu ernannten gelehrten Gesellschaft verfasst, und 1742 unter der Aufsicht des Staatsministers und Fürsten 玉廷張 *Dschāng-thîng-yū* herausgegeben; wodurch die grosse geschichtliche Sammlung vervollständiget ward, welche seitdem den Titel 史二廿 *Nián-éul-sẓù*, oder *die zwei und zwanzig Geschichtswerke* führt. Kein Volk auf Erden hat einen ähnlichen Schatz historischer Hülfsmittel aufzuweisen; denn bei den Europäern, bei den Aegyptern und den Nationen, die sich jetzt zum Islam bekennen, haben stets Cultur und Barbarei

G

《柏林皇家图书馆汉满文书籍和手稿目录》

此后朱先生出京多年，穆氏遗书也一直暂存古物陈列所。1930年，朱启钤先生为创立营造学社重又移家北平，此时穆氏遗书被置于保和殿夹室，保存完好。时逢国立北平图书馆（中国国家图书馆前身）新馆建成，又颁布了收受寄存图书的规则，有梁启超先生永久寄存图书的先例为榜样，朱先生决定将这批书移交图书馆。1930年10月，朱启钤先生将穆氏遗书永久寄存于国立北平图书馆，从而穆麟德藏书成为我馆藏的一部分。

埃德温·丁格尔《辛亥革命目击记》

徐亚娟

鸦片战争后，随着西方传教士、外交官、军人、战地记者、摄影师、商人和探险家大量涌入中国，有关中国，特别是两次鸦片战争、太平天国起义、甲午战争、义和团运动、八国联军侵华、辛亥革命等重大事件的著述越来越多。他们的记述不厌其详，且客观冷静，秉公直书，留下了大量的现场报道和战事图片、文字资料，为今人探究这段历史提供了难能可贵的史料。这些人对中国文化和社会有着不同程度的了解，视角也迥异于国人。《辛亥革命目击记》（*China Revolution*：1911—1912），即为当时的产物。

《辛亥革命目击记》的作者埃德温·丁格尔（Edwin John Dingle，1881—1972），中文名丁乐梅，英国传教士、记者、作家、精神意念疗法的创始人、英国皇家地理学会成员。1881 年生于英格兰康沃尔郡。1909 年 3 月来到中国。他长期在中国传教，熟悉中国社会，先后被聘为《字林西报》和上海英文《大陆报》的记者，撰写了不少文章，将中国国内情况介绍给西方世界，其中包括《徒步穿越中国》《我在西藏的生活》等。1917 年返回英格兰，将其在华经历整理成书出版。

武昌起义时，丁格尔正住在汉口，目睹了这一事件的整个过程。作为上海英文《大陆报》的特派员，作为战地记者，他周旋于各派政治力量之间，是第一个在辛亥革命爆发初期（1911年11月20日）在武昌采访到新任都督黎元洪的西方记者。南北议和期间，他又到上海、南京等地活动，以传教士的身份，接触了各方面的代表人物，采访到许多幕后新闻，对辛亥革命这一事件以及当事人，都有着独到的见解。1912年4月，在袁世凯就任大总统的十几天后，丁格尔以最快的速度写成《辛亥革命目击记》一书，并由上海商务印书馆出版，伦敦、纽约也同时发行。

这是关于辛亥革命这一历史事件的第一本书。作者从一个外国记者的视角，或以身经亲历，或以亲自访问获得的资料，对1911年10月发生在中国武昌、汉口和汉阳这段人所共知的革命历史进行了详实的记录。丁格尔在前线采访时，发现革命军指挥部内一

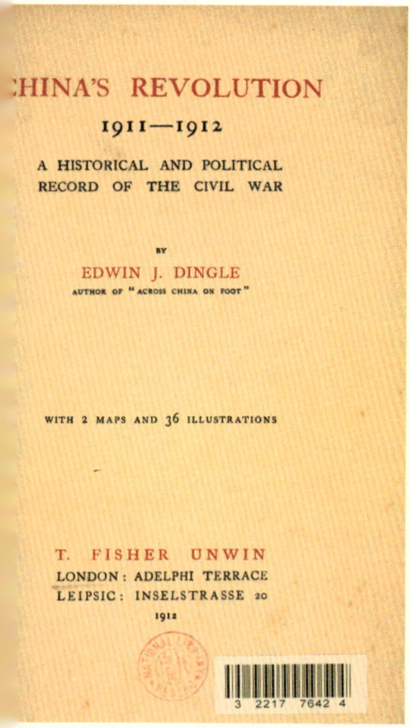
CHINA'S REVOLUTION
1911—1912
A HISTORICAL AND POLITICAL RECORD OF THE CIVIL WAR
BY
EDWIN J. DINGLE
AUTHOR OF "ACROSS CHINA ON FOOT"
WITH 2 MAPS AND 36 ILLUSTRATIONS
T. FISHER UNWIN
LONDON: ADELPHI TERRACE
LEIPSIC: INSELSTRASSE 20
1912

A QUEUELESS BRIGADE.
A great feature of the Revolution was the discarding of the pigtail. Barbers were kept busy for many days shearing the revolutionaries.
To face p. 53.

《辛亥革命目击记》

派繁忙，人来人往，所有的人都“将热情倾注在自己所做的事上，没有人在浪费时间”。他观察到革命军的士兵相当地勇敢与乐观，虽然，革命军在装备与训练上远逊于清兵，但他们士气高昂。而清朝军队的士气却十分消沉，他写道：清军军官为防止士兵倒戈，冲锋时排出了这样的阵式：来自河南等地的新军在前，满族士兵在后，“河南兵既不能放下武器，也不能后撤”，加入革命军的企图一旦被发现，便会遭到满洲人的射击。在汉口大火中，“民宅店铺化为灰烬，清军趁火打劫，对纵横街道的尸首或弃之不理，或投入大火，以致大火后城市中弥漫着烧焦的人肉气味”。丁格尔在书中还专辟一章，对当时的显要人物——袁世凯加以介绍。他认为袁世凯力图改革、治军有方，为改革提供了保障。对于袁世凯镇压义和团运动、祖护外国人的行径，丁格尔更是大加赞赏，认为他得到了“设在北京的外国公使馆里的外交官们以及整个文明世界的尊敬”。这代表了当时不少西方人对中国和袁世凯的看法。

作为一个久居中国的外国驻华记者，丁格尔对辛亥革命、对袁世凯等时政要人都做出了自己独特的判断，希望中国能在袁世凯的领导下，重振东方大国的魅力。虽然他没能预测中国后来的走向，也没能预测袁世凯后来的所作所为，但是其评价依然大体反映了当时一些西方人对中国和对袁世凯的看法，为我们提供了历史评价的另一视野和角度。

我馆藏品为1912年的伦敦、莱比锡版（London，Leipsic: T. Fisher Unwin，1912），充分反映该书问世之初的完整面貌，保持了书中记载的时效性。

康德黎《孙逸仙与中国的觉醒》

徐亚娟

詹姆斯·康德黎（James Cantline，1851—1926）是孙中山的英籍老师，曾为伦敦外科名医。1885—1896年任香港西医书院教务长，为中国培养了不少西医人才，孙中山即为其得意学生之一，且以其品学兼优备受器重。康德黎学识渊博，教学有方。孙中山在澳门行医时，康德黎不辞劳苦，多次前来协助手术。中华民国成立后，孙中山就任临时大总统，康德黎大喜，特著《孙逸仙与中国的觉醒》（*Sun Yat Sen* and the Awakening of *China*）一书，称誉孙中山的伟大人格及其领导中国革命的目的、建设新中国的步骤等。此书曾于1912年在伦敦、纽约两地出版。馆藏为1912年伦敦（London: Jarrod & Sons）出版，存世极罕。

康德黎在前言中表露了自己的写作初衷，主要是出版商盛情邀请，希望他执笔对孙中山及其革命事业做一描述。他非常谦逊地坦陈自己只是提供了孙中山生平、性格等相关素材并介绍他的革命事迹，其精彩华章均归功于合著者谢里丹·琼斯（Sheridan Jones）

Photo] [Illus
SUN YAT SEN, WHILST PRESIDENT OF THE REPUBLIC, BEING SALUTED BY SOLDIER

的创作。

全书共十章，附48幅插图。书中详细描述了康德黎营救“伦敦被难”的孙中山这一事迹。1895年，广州起事失败后，清廷遂向各国清使馆发电，悬赏1000两花红银缉拿孙中山。可孙中山毫不畏惧，继续在海内外从事革命活动。同年9月，他到达伦敦，随即拜见了师友康德黎。10月11日，孙中山在清使馆宣传革命时不幸被诱捕。康德黎得知孙中山被囚之事，立即偕同孟生博士（Dr. Manssion）先后要求伦敦警署和英国外交部采取行动，但均无果。于是他们在英国《全球报》（Globe）上披露了孙中山蒙难的消息，一时间各报转载，伦敦民众闻知大哗，造成了强大的舆论压力。英国政府被迫于22

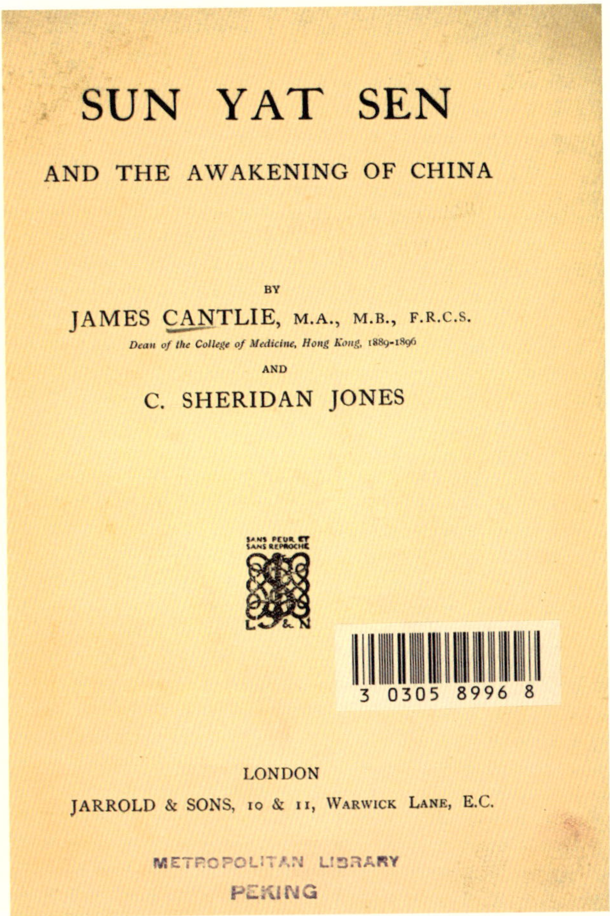

SUN YAT SEN

AND THE AWAKENING OF CHINA

BY

JAMES CANTLIE, M.A., M.B., F.R.C.S.

Dean of the College of Medicine, Hong Kong, 1889-1896

AND

C. SHERIDAN JONES

LONDON

JARROLD & SONS, 10 & 11, WARWICK LANE, E.C.

《孙逸仙和中国的觉醒》

日向清使馆递交备忘录，要求按国际公法和国际惯例释放私捕人犯。23日，清使馆被迫释放孙中山。此次事件使孙中山名闻海外，在全世界树立了革命者的光辉形象。在此之前，世界上没有人想到过在“不变的中国”会发生革命。现在人们知道中国在发生革命，孙中山就是这场革命的领袖和象征。

书中还摘录了一封1912年3月3日，时任中华民国大总统的孙中山致函康德黎夫妇的信。信中提及孙中山在革命完成之后，希望辞去大总统一职，由袁世凯继任。在另一封信件中，孙中山曾说：“当我从现在的地位回顾以往的艰辛与苦斗，念及你们始终不渝、令人难忘的盛情厚谊，使我更加感激你们。”

康德黎在书中回顾了自己与孙中山 25 载相遇与相识的历程，对孙中山作出很高的评价："他总是我们家里最受欢迎的来宾，孩子们和仆人对他都很尊敬。他态度和蔼，谦谦有礼，常为他人着想，谈吐风趣，风度怡人，以一种无法形容的方式将人吸引到他这一边。这令我想到他是奉献给他所从事的事业的一个独特的存在。"

1925 年，孙中山病逝，康德黎拖着年迈的身体，参加了在伦敦举行的孙中山追悼会，报告孙中山生平事迹，泪声俱下。次年，康德黎因病不幸逝于英国，享年 75 岁。

康德黎与孙中山，相遇相知，相扶相助，几十年风雨相伴。而今我们可以穿越时空，重温他们亦师亦友的传世佳话，着实要感谢康氏之作。

《中华民国》

The Flowery Republic

彭福英

1911年，中国爆发了一场资产阶级民主革命，是为辛亥革命。辛亥革命成功地推翻了清朝的统治，结束了中国长达两千多年的封建帝制，开启了民主共和新纪元。有关这一重大历史事件的中外文献汗牛充栋，其中包括当时在华的外国学者、记者、外交家等的著作，《中华民国》即为此类文献的代表作之一。中国国家图书馆藏本，为阿普尔顿出版公司1913年初版。

此书作者弗里德里克·麦考密克（Frederick McCormick，1870—1951），为美国著名记者。1900年来华，为《哈勃周刊》（Harper's Weekly）提供有关义和团运动的报道；其后任美联社特派记者，亲历了日俄战争和辛亥革命。麦考密克在华多年，对中国颇有了解和研究。主要著作有：《中华民国》（*The Flowery Republic*）、《日本的威胁》（*The*

Menace of Japan）、《俄国在亚太地区的悲剧》（*The Tragedy of Russia in Pacific Asia*）等。

该书共分 42 章，按照时间顺序，以接近于日记的形式，翔实记述了从四川保路运动到孙中山解职、临时政府北迁的历史过程。作者行笔流畅，以第一人称的口吻和穿插的些许谈话使得该书内容生动，可读性极强。在整个辛亥革命期间，作者尤为关注的是

FAT OFFICIALS AND THE LEAN PEOPLE
Lean One: 'I grow lean."
Fat One: "I grow fat."

THE MANDARIN AND THE FOREIGNERS: THE RARE BIRD

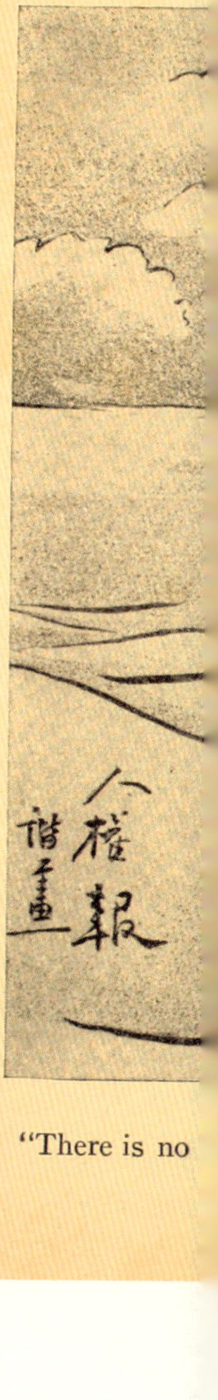

"There is no

中华民国临时政府的财政状况以及列强对中国辛亥革命的态度。书中收录了他与孙中山的谈话。在谈话中孙中山要求美国承认并支持新成立的中华民国。作者则认为："假如中国能表现出治理自己的能力，解决内部分歧，以保障外国人的利益，外国的承认是没问题的。"在考察辛亥革命后中国的状况时，麦考密克则敏锐地指出当时拥护进步的革

THE SHIP OF STATE IN CHINA
...s are growing higher, the storm increases, and there is only beauty and pleasure to console." [From a cartoon published at Canton.]

《中华民国》

命派是少数，大部分中国人是很保守的，并满足于封建王朝的统治；中华民国成立之初，面临的是一个内忧外患的局面，因而“辛亥革命只能像一阵风暴，抽打水面，怒花四起，然而它并不能搅乱中国生活的深流”。作者撰写此书时，已在华十余年，对中国颇有了解和研究，因而对中华民国的成立始终抱消极的态度。

书中插图丰富，有些为作者拍摄的照片，有些为讽刺漫画。1911年3月1日创刊的《人权报》，作为资产阶级革命派在广州的重要言论机关之一，以“唤起民族思想”为宗旨，多从此书中摘用插图，以影射清政府摇摇欲坠、政府官员不务正业、百姓身处水深火热之中的境况。

民国时期是美国研究孙中山和辛亥革命的“萌生阶段”，相关的研究大体上以回忆、访问为主。而麦考密克作为当时美国的特派记者，能够亲临革命现场，广泛搜集第一手材料，同时参阅《北华捷报》（North China Herald）、《泰晤士报》（The London Times）等中外各大报纸。除此之外，著名汉学家卫理（Edward T. William）和丁家立（Charles D. Tenney）对其所用汉文文献的翻译也提供了帮助和参考。材料的真实可靠以及作者个人独到的见解使《中华民国》成为这个阶段美国研究孙中山和辛亥革命的代表性著作，具有很高的史料价值和研究价值，同时也为美国乃至其他国家对这段历史的研究提供了丰富的文献资料和参考。